圣俗之间

从韦伯到福柯

———— 邵铁峰 著 ————

BETWEEN THE SACRED
AND THE SECULAR:

From Max Weber to Michel Foucault

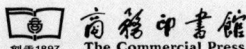

献给我的母亲

目 录

导论 现代世界中的宗教 ………………………………………… 1
    一、自然与历史 ………………………………………………… 1
    二、卢梭的历史哲学：从自然状态到社会状态 ……………… 3
    三、康德的历史哲学：大自然的天意 ………………………… 8
    四、现代世界的诞生 …………………………………………… 10
    五、宗教社会学：从韦伯的新教命题谈起 …………………… 15

第一章 "上帝死了"之后的宗教问题：
以涂尔干与西美尔为中心 ……………………………… 23
    一、上帝死了 …………………………………………………… 23
    二、宗教的真实性 ……………………………………………… 27
    三、引进新神：涂尔干与西美尔的宗教社会学中的"上帝" … 31
    四、宗教是如何可能的？ ……………………………………… 38
    五、圣俗之分 …………………………………………………… 41

第二章 宗教与知识论 …………………………………………… 46
    第一节 涂尔干的知识论：宗教与概念 ……………………… 46
        一、引言 …………………………………………………… 46
        二、原始分类与科学的同源性 …………………………… 48
        三、范畴 …………………………………………………… 51

四、概念与人性的双重构造 ……………………………… 53
　第二节　西美尔的相对主义 ……………………………………… 57
　　　一、引言 …………………………………………………… 57
　　　二、相对主义与形式社会学 ……………………………… 58
　　　三、韦伯与西美尔的一个比较 …………………………… 64
　　　四、相对主义的核心：互动 ……………………………… 68
　　　五、宗教与社会 …………………………………………… 71

第三章　宗教与货币 ……………………………………………… 74

　第一节　宗教与货币的形式相似性之一：信仰 ………………… 74
　　　一、引言 …………………………………………………… 74
　　　二、宗教信仰 ……………………………………………… 77
　　　三、对货币的宗教信仰 …………………………………… 81
　　　四、宗教信仰还是系统信任？ …………………………… 85
　第二节　宗教与货币的形式相似性之二：统一性 ……………… 90
　　　一、货币与社会分化 ……………………………………… 90
　　　二、货币与个体自由 ……………………………………… 92
　　　三、货币的统一功能 ……………………………………… 96
　　　四、现代人的疏离感 ……………………………………… 99

第四章　宗教与法律 ……………………………………………… 101

　第一节　中世纪欧洲教会法中的主教问题 ……………………… 101
　　　一、引言 …………………………………………………… 101
　　　二、教会法中的主教 ……………………………………… 102
　　　三、从查理曼到封建时代的政教关系 …………………… 105
　　　四、主教的"权威" ……………………………………… 109
　　　五、结语 …………………………………………………… 112

第二节　公民宗教与西方政治思想中的法律 … 113
一、贝拉的公民宗教理论 … 113
二、上层建筑：《圣经》中的上帝与自由主义 … 116
三、基础结构：公民德性与个人主义 … 120
四、道德的政治 … 123

第五章　宗教与秩序 … 126
第一节　伊凡的抗议 … 126
一、约伯问题 … 126
二、自由与幸福 … 128
三、弑父之路 … 131
四、人神的悲剧 … 135
第二节　秩序化论证：以帕森斯、贝格尔与格尔茨为例 … 137
一、帕森斯论秩序 … 137
二、权力的秩序化 … 140
三、贝格尔、格尔茨：意义与符号 … 142

第六章　宗教与权力 … 147
第一节　宗教社会学中的权力问题 … 147
一、霍布斯问题的失衡 … 147
二、秩序的权力化 … 149
三、布尔迪厄的启示 … 151
第二节　福柯权力理论中的基督教 … 153
一、引言 … 153
二、灵魂是身体的监狱 … 155
三、基督教忏悔实践的双重意义 … 159
四、主体解释学：权力技术与自我技术 … 163
五、对宗教经济学的思考：以福柯的权力理论为视角 … 168

六、灵魂技术学 …………………………………………… 171

第七章　宗教个体化的两种模式 ……………………… 173
一、制度宗教内部的个体化模式 ………………………… 173
二、非制度宗教的个体化模式 …………………………… 177
三、两种个体化模式之间的关联 ………………………… 181
四、结语 …………………………………………………… 184

参考文献 …………………………………………………… 186

导论　现代世界中的宗教

一、自然与历史

阿伦特（Hannah Arendt）曾经从希腊人对"不朽"（immortality）的理解出发，将他们的历史观念大致区分为两个阵营：诗歌与史学为一方，它们对于伟大（greatness）的关注是以自然概念与历史概念之间最紧密的联系作为基础的，历史将那些以自己的行动与言辞（deeds and words）证明自己配得上自然的有死之人纳入到了记忆之中，他们永存的名声意味着，他们可与永恒之物并存；哲学则为另一方，柏拉图与亚里士多德割断了不朽与伟大的行动—言辞之间的联系，而将其与思想联结起来。① 基督教的历史哲学则与希腊的诗歌、史学、哲学传统大相径庭，它将人的不朽完全系之于一个独一无二的事件，即道成肉身。"复活在我，生命也在我"（约 11:25）的宣示许诺了人在历史中凭借信仰战胜死亡而走向不朽的希望。

在学界，有一种极具影响力的看法将古希腊与基督教的历史观念之间的区别概括为循环型与线型之间的区别，前者是轮回的，后者则是终末论的。例如，伽达默尔（Hans-Georg Gadamer）表示，基督教引出了线型的历史时间，并因此脱离了古希腊的倾向于自然周期节律的轮回时间的观念。在基督教所理解的救赎历史中，人的此在既是有限的，又与无限相联系。黑格尔对于历史理性的说明，也仍是这种意义上的形而上学。② 洛维特（Karl Löwith）也认为，古希腊的哲学家与历史学家都相信，生生灭灭的宇宙规律就是解释历史的典范，无论将来发生什么事情，都与过去、现在一

---

① Hannah Arendt, *Between Past and Future: Six Exercises in Political Thought* (New York: The Viking Press, 1961), 46–48.
② 伽达默尔：《真理与方法 II》，洪汉鼎译，北京：商务印书馆，2013年，第33页；伽达默尔：《伽达默尔集》，邓安庆等译，上海：上海远东出版社，2002年，第100页。

样，遵循着同样的逻各斯（logos）；基督教则将历史首先视为救赎历史，其中，过去乃是对未来的一种许诺，对过去的解释也就随之成为回溯的预言。① 沃格林（Eric Voegelin）②、蒂利希（Paul Tillich）③ 也都做出了类似的论断。按照莫米利亚诺（Arnaldo Momigliano）的看法，在希腊—基督教的对比中将希腊人的历史意识看作是"非历史"的，从而突出基督教的"历史"意识，这种区别从根本上来自于奥古斯丁，并且是后者的时间论证的基本组成部分。④ 依此说法，则古希腊与基督教的历史观念之间的区分能够如此确立下来，奥古斯丁可谓功莫大焉。

事实上，奥古斯丁并未将希腊人的历史观念简化为轮回，甚至亦未将轮回视为"历史"观念，而是视之为自然神学对世界的一种解释。他之所以提到柏拉图的轮回观，恰恰是为了解释这一问题，即：若世界有一个时间上的开端，上帝为何不在此前创造世界？阿伦特曾说，在西方历史的开端，人的必死性与自然的不朽之间的区分，人造的事物与依其自身而存在的事物之间的区分，是历史学不言自明的预设。⑤ 历史学的对象是人造的事件，自然哲学的对象是自然—世界，这就引出了另一个问题：如果"世界"的起源原本并不属于历史的对象，而属于自然学的对象，基督教又是如何将其呈现为"历史"呢？

从希腊—罗马的传统来看，历史叙述的乃是人与诸神在过去所发生的故事，世界的最初原因与本原（arche）从来都不是历史叙述的对象（赫西俄德也许是个例外），而是亚里士多德所说的第一哲学（prima philosophia）的研究对象。奥古斯丁本人也将"世界"作为"自然学"（physiologicas）（《上帝之城》，6:8）、"自然科学"（《上帝之城》，11:25）或"自然哲学"（《上帝之城》，18:6）的研究对象。在基督教的史学传统中，虽然优西比乌

---

① 洛维特：《世界历史与救赎历史》，李秋零译，上海：上海人民出版社，2005年，第33—35页。

② Eric Voegelin, *The World of the Polis,* ed. Athanasias Moulakis (Columbia and London: University of Missouri Press, 2000), 116–118.

③ 蒂利希：《历史的历史性与非历史性诠释》，陈家富译，《道风》2003年总第19辑，第30—31页。

④ 莫米利亚诺：《论古代及近代的历史学》，晏绍祥译，北京：北京大学出版社，2015年，第186页。

⑤ Hannah Arendt, *Between Past and Future: Six Exercises in Political Thought* (New York: The Viking Press, 1961), 42–43.

开创性地将历史的对象从政治—战争转向了教会，[1]但未变的是：世界历史在他那里还是付诸阙如的。在奥古斯丁这里，原本属于自然学的"世界"问题之所以可能转变为"世界历史"问题，关键即在于，世界是神的作品，由上帝的圣言所造（《上帝之城》，7:26—30，11:24，11:29，12:25）。圣经用于表示"创造"的动词是希伯来语 bara，这一词在摩西五经的其他章节中同样用于表示上帝在历史中的主权行动（如，创 34:10，民 16:30）。所有这些例子均可用于支持这一概括，即 bara 的主体从来都是上帝，而不是任何受造物。bara 在《新约》中对应的翻译是希腊语 ktizein，它有时用于指涉世界的原初建造，有时用于指涉上帝在历史中的行动，尤其是基督的来临。[2]对奥古斯丁而言，"世界"源自"创造"，这是前所未有的全新之事，而创造即上帝之城的起源，也就是上帝之城历史的开始。他说得很清楚，《上帝之城》的第十一卷至第十四卷就是在讨论双城的起源（《上帝之城》，18:1），因此，说上帝创造了整个自然，建造了一切存在与运动的开端与结果（《上帝之城》，7:30），就不仅仅具有宇宙发生论的意涵，亦具有了历史哲学的意涵。原本属于自然哲学的研究对象的世界，之所以可被转变为历史哲学的研究对象，就是因为世界源自创造，它代表着上帝之城的起源。"自然"与"历史"之间的张力在此得到了缓和。

二、卢梭的历史哲学：从自然状态到社会状态

希腊人的历史学家叙述的乃是以一个重大的政治事件为轴心的历史，其中，城邦政治生活对于公民之道德实践是不可或缺的。但是，从哲学家们的解释来看，历史服从于"自然"，前者本身并无自我规定，后者则是好的生活方式的本体论基础。古典自然法认为："要判定对人而言何者本于自然（by nature）就是善的，或者是自然的对人而言的善（natural human good），就必须判定人的天性（nature）或者人的自然构成（nature

---

[1] 莫米利亚诺认为，教会史不同于一般的历史，因为它是抗击魔鬼的历史。优西比乌所创造的基督教史学的基本架构极其强调对迫害者和异端的斗争，它着意的是教义传统的纯洁性。异教徒感兴趣的是英雄，基督徒感兴趣的则是圣徒，由亚大纳西（Athanasius）开创的圣徒传的传统最重要的特征即为对魔鬼活动的记录。就此而言，魔鬼入侵史要早于野蛮人对罗马帝国的大规模入侵。莫米利亚诺：《论古代与近代的历史学》，晏绍祥译，北京：北京大学出版社，2015 年，第 118—121 页。

[2] Jaroslav Pelikan, "Creation and Causality in the History of Christian Thought," *The Journal of Religion* 40, no. 4 (1960): 248.

constitution）是什么。"① 人在"自然"中，须依从宇宙目的论秩序来追求善。

但是，在基督教的体系内，对于每一个社群来说，根本性的政治问题是：在涉及人类历史的整个过程中，我们站在哪里？而即便是世俗化了的衍生性政治学体系，无论是启蒙运动的观念认为人类向着宪政政府这个最高成就进步，或是在国家社会主义的那些有关第三王国的观念中，这个问题依然是西方的根本性问题。② 基督教的历史哲学将历史视为上帝的神圣筹划，其中充斥着上帝之城与地上之城的紧张对立，但其最终指向始终是终极救赎的上帝之城。作为人对上帝的背离的原罪，它象征着原始黄金时代的结束与世界历史的起源，原罪意味着这样一个事实：没有人能从零开始，而完全不受历史的影响。③ 这种单向进程的历史是神学意义上的历史，其预设仍然在于上帝创世说与耶稣的复临。通过耶稣的道成肉身与受难复活，人重建与上帝的关系，历史成为上帝的筹划，是有起点（天使的堕落）、中点（耶稣道成肉身）与终点（末世审判）的显示上帝之公义与全能的载体。

不论是人处于希腊人的"自然"中，还是处于基督信仰的"历史"中，人都并非意义的最终承担者，遑论意义的创造者。对于前者来说，善的依据以及人之追求善的能力来自于对一个客观的自然秩序的遵从：道德的人就是"自然"的人；对于后者来说，人袭自上帝形象的神圣性不容否定，但人亦须自承其罪性与有限性。善的依据以及人之追求善的能力来自于对神的言说的服从：道德的人就是"宗教"的人。但是，现代历史意识是从古典的宇宙论和基督教神学为它所造成的原初限制中解放出来而实现的。④ 笛卡尔提出的"我思故我在"（Cogito, ergo sum）确立了自我意识存在的优位性，其认识论亦支撑着其伦理学，并成就了道德根源的内在化，亦即，道德根源不在于实体的宇宙秩序，而在于内在独立的现代主体自身。这一主题发展至康德，则成为其道德哲学——神学的核心：自由。尽管笛卡尔并非权宜地保留了上帝的地位，他限制了怀疑范围并接受现有的道德和宗教，但是与其同时代的帕斯卡已经敏锐地把握到笛卡尔"根深蒂固的现世性和

---

① 列奥·施特劳斯：《自然权利与历史》，彭刚译，北京：三联书店，2003年，第128页。
② 沃格林：《政治观念史稿：希腊化、罗马和早期基督教》，谢华育译，上海：华东师范大学出版社，2007年，第269页。
③ 约瑟夫·拉辛格：《基督教导论》，静也译，上海：三联书店，2002年，第209页。
④ 洛维特：《世界历史与救赎历史》，第232页。

对上帝的漠然"。① 现代人不仅摆脱了"自然",也摆脱了上帝,成为真正的主体,善之向度不必再假于外而是内在于主体自身。

既然人已经夺取了善的定义权,恶的观念也相应地发生了变化。在基督教传统教义中,对于恶的界定总是涉及人与上帝之间的关系。"只是从霍布斯开始,关于自然法的哲学学说根本上成了一种关于自然状态的学说。在他之前,'自然状态'这个术语更其为基督教神学而非政治哲学所有。自然状态尤其是与蒙恩状态(state of grace)相区别,它又可再分为纯洁的自然状态和堕落的状态。霍布斯抛弃了这一区分,以公民社会状态取代了蒙恩状态。"② 霍布斯所谓的"自然状态"已经不是希腊人的"自然",而是一种前社会生存状态,是由最原始的欲望支配着的生活。只是出于对死亡的恐惧和以之为依据的自我保全的欲望,人们处于一种普遍的战争状态:一切人对一切人之间恒存的乃是互相敌对、冲突和征服,亦即恶出自不具有超验意义的自然状态,这种恶显然已经不再具有神学意义。自然状态下的人是孤零零的人,他既不处于"自然"的秩序中,也不处于上帝的秩序中。要摆脱自然状态,人需要由自己创造秩序,此即利维坦。后者恰恰来自于赤裸裸的自然状态。易言之,自然状态作为起点而非目的赋予了人进行自由创造的无限可能性。正是在对人的自由的肯定意义上,可以发现保罗的"因信称义"、奥古斯丁的"自由意志"、唯名论对"意志"相对于理智之优先性的强调这条基督教的个体性言路与霍布斯政治哲学的亲合性。③ 但是,神与人之间的紧张对立已经被置换为人与人之间普遍的战争状态即恶。由此,自由实现了于传统哲学—神学的全面决裂。

在霍布斯笔下,自然状态的人并非完全是理论假定,而是与其政治末世论相关的人类历史的原初阶段,这是一种人的科学的新起点:自然状态的人没有原罪,但他们是恶的,只是这种恶并无神学意义。然而,对于卢梭来说,霍布斯的这两点都是站不住脚的。

卢梭在其第一本著作《论科学和艺术的复兴是否有助于使风俗日趋纯朴》(下文简称《论文一》)即已提出了文化的恶的问题。他认为,随着人类的科学和艺术进于完善,人类的灵魂败坏了,而这并非我们时代特有的

---

① 彼得·毕尔格:《主体的退隐》,陈良梅等译,南京:南京大学出版社,2004年,第35页。
② 施特劳斯:《自然权利与历史》,第188页。
③ 吴增定:《有朽者的不朽:现代政治哲学的历史意识》,载《现代政治与自然》,渠敬东编,上海:上海人民出版社,2003年,第264页。

一种不幸。① 1762 年，他在致马勒塞尔伯的信中再次提到："人生来是自由的，仅仅由于社会习俗，人才变得邪恶。"② 在此基础上，他在《论人类不平等的起源和基础》（下文简称《论文二》）中提出了对霍布斯的驳难：自然状态下的人不是恶的。自然人具有天然的怜悯心，这是最堕落的品行都难以摧垮的力量，仅就其原初性而言，它与康德的"敬重"有相似之处。怜悯心能克制个人身上强烈的自爱情绪和自尊心，促进全人类的互相保护。③ 虽然卢梭声称自己是基督徒，但是他并不相信人类里有原罪，所谓恶也并无神学意义，而仅仅与人类的此岸历史进程有关。人类堕落的发生与神圣无涉，而只是由于一些"不幸的偶然事件"，自此罪恶开始出现。与霍布斯相反，卢梭认为，社会状态是恶的，自然状态则是善的。

卢梭这样的思想对于其时崇信科学和理性的思想气候不啻是一枚惊雷，以至伏尔泰质疑卢梭妄图将人类远离文明而返回蛮荒。但是康德却在其中看到了卢梭的创见和真知，尽管卢梭未从纯粹科学意义来理解自然人这个概念，他只是从伦理学和目的论的意义上理解它。④ 正是在卢梭反对文化恶而提倡自然状态的表述中，康德把握到：永恒性不是在人之已是之中，而是在人之应是之中。卢梭所谓的自然状态不是一种构成原理，而是调整原理。⑤ 康德即沿着卢梭所开辟的这条道路向前突破，虽然他是以分析入手，并且以文明人为起点，而卢梭则是以综合入手，并且以自然人为起点，但二者都试图拔除人类的堕落状态的遮蔽而寻求一种"本真的人"，就此而言，二人的文字都充斥着呼吁与警醒的性质。

乍看之下，《社会契约论》与《论文一》和《论文二》的运思路向似乎存在着断层：前者对人类的社会状态进行了肯定，后二者对社会状态进行了否定。但是，这两种社会状态亦存在着差别乃至对立。《社会契约论》提出：由自然状态进入社会状态，人类便产生了一场最堪注目的变化——人

---

① 《十八世纪法国哲学》，北京大学哲学系外国哲学史教研室编译，北京：商务印书馆，1979 年，第 146 页。
② 卢梭：《卢梭自传》，刘阳译，江苏文艺出版社，1998 年，第 157 页。
③ 卢梭：《论人类不平等的起源和基础》，高煜译，高毅校，桂林：广西师范大学出版社，2002 年，第 96—98 页。
④ 但是也不能一言断定卢梭的自然状态完全没有科学依据。事实上，卢梭在考察自然状态时，参考了当时大量的旅行笔记。可参崇明：《卢梭社会理论的宗教渊源初探》，载《现代政治与自然》，第 102 页。
⑤ 卡西尔：《卢梭·康德·歌德》，刘东译，北京：三联书店，1992 年，第 12、24 页。

丧失了天然的自由，却获得了道德的自由，且唯有道德的自由才促使人类真正成为自己的主人。①放弃自己的自由就是放弃自己做人的资格与道德性，为此，卢梭特别驳斥所谓的"无限的服从"、"个人与个人之间的战争"是"无效的"，是"荒谬的"。②然而社会契约却要求：每个结合者及其自身的一切权利全都转让给整个集体。社会契约的来源是自由意志，但只有个体服从于公意时，才是真正的自由。《论文二》则以自然的人为依据列数现代文明社会的堕落与罪恶，为了摆脱这种状态实现人类的真正自由，必须建构一种全新的社会，这一社会的合法性须以上帝的超验正义和人的自然为根基。这一结论即成为《社会契约论》中试图解决的任务。因此，《论文二》"看起来是一部探讨人性、历史、社会和政治的作品。但其根本上是部宗教著作。"③《论文一》和《论文二》批判的乃是文明社会且主要是现代文明社会，《社会契约论》则力图纠正现代文明社会的种种弊端而建立一个理想的政治公民共同体，即公意国家。

当卢梭在《论文一》将人类的堕落归之于不幸而又偶然的事件，并鼓吹回归自然状态的人时，读者易于陷入这样的印象：卢梭维护的是古代永恒轮回的自然观，但是考虑到他将人类和人类社会的堕落与社会而非先天形式直接联系起来，并将古今政治家的差异（"古代的政治家们从不休止地讲求风尚与德行；而我们的政治家则只讲求生意和金钱。"④）引入论题时，他坚持的历史因素便显露无遗：人类文明社会的特征实是历史的产物。无疑，古今政治家皆隶属于文明状态的人，卢梭抑今扬古的目的在于建构一个不同于现代文明社会的公意国家。⑤易言之，恶的解决方案依赖于此世道德—政治领域的变革，这一变革由人自身完成。由自然状态到现代文明社会状态再到公意国家的历史正是基督教救赎历史的世俗化翻版。⑥

就其将道德根源置于内心并以此世政治改革来消除恶的观点而言，卢

---

① 卢梭：《社会契约论》，何兆武译，北京：商务印书馆，2003年，第26页。
② 同上书，第14—16页。
③ 崇明：《卢梭社会理论的宗教渊源初探》，第114页。
④ 卢梭：《论科学与艺术》，何兆武译，北京：商务印书馆，1963年，第24页。
⑤ 但是，自然之善与道德自由亦存在着矛盾，因为人在自然上并非政治的动物，卢梭在《社会契约论》提出了如下看法：基督徒都是好人，却无法成为好公民，基督教"毁灭性的缺陷也就存在于它那完美性本身"。卢梭：《社会契约论》，第183页。关于卢梭的这种困境，亦可参吴增定：《有朽者的不朽：现代政治哲学的历史意识》，第286—287页；彼得·毕尔格：《主体的退隐》，第96页。
⑥ 吴增定：《有朽者的不朽：现代政治哲学的历史意识》，第286页。

梭则可谓是 18 世纪神义论转向的代言人。在消除现代文明社会的恶而转向公意国家的历史过程中，他笔下的人具有相当的主动色彩。

三、康德的历史哲学：大自然的天意

"人是目的"不仅是理解康德道德哲学，亦是理解其历史哲学的关键所在，但是，自从《世界公民观点之下的普遍历史观念》（1784）、《人类历史起源臆测》（1785）①等一系列专门讨论历史问题的文字发表以来，康德所建构的历史哲学中的"历史"已经开始取代上帝在传统的历史神学中的地位。但是在此历史哲学中，"恶"亦不再是道德哲学中的"恶"，而转向了颇类于霍布斯政治哲学意义上的"恶"——人与人之间的冲突或者非社会性。

普遍的人类历史被看作是大自然的一项隐蔽计划，它以实现人类物种的完美的公民结合状态亦即普遍的公民法治社会为目的。然而，社会不是通过个体意志的原初内在和谐而简单地结合在一起（沙夫茨伯里和卢梭的乐观主义正以此为基础），而是置于吸引与排斥的对抗状态中，这种对抗构成任何社会秩序的中心和预设。②此即作为驱动力的"非社会的社会性"。③"人类要求和睦一致，但是大自然却更懂得什么东西才会对他们的物种有好处；大自然要求纷争不和。"④恶成为大自然使人类的全部禀赋得以发展所采用的手段。

在康德的历史哲学中，作为历史的主体的人正是作为自然的"最终目的"的人，因此，其历史哲学不属于纯粹的道德哲学（即道德的形而上学），亦不属于自然哲学，而是如黎德尔（Manfred Riedel）所言，属于"道德哲学的经验部分"，或"应有的实践哲学之一章"。⑤《人类历史起源臆测》中，康德对《旧约·创世记》进行了人类学的阐释。人类违背的已经不再是上帝，而是大自然的声音，诱发此违背或反叛的则是理性：人类第一次使用理性即是误用理性。但是，人类离开伊甸园，却是从"单纯的

---

① 两篇收录于康德：《历史理性批判文集》，何兆武译，北京：商务印书馆，1996 年。
② 卡西尔：《康德历史哲学的基础》，吴国源译，《世界哲学》2006 年第 3 期，第 74 页。
③ 康德：《历史理性批判文集》，何兆武译，北京：商务印书馆，1996 年，第 6 页。
④ 同上书，第 8 页。
⑤ 李明辉：《康德的"历史"概念及其历史哲学》，载《康德历史哲学论文集·导论》，台北：联经，2002 年，第 29 页。

动物状态过渡到人道状态。"① 亦即"从大自然的保护制过渡到自由状态"②，因此，由恶开始的自由历史，甚至恶之本身对于大自然的目的也不是可有可无的。在自由历史进程中，恶自身成为善的起点，并作为道德和谐的世界公民社会的一个必经阶段而被赋予积极意义。

自由状态的起点是一场道德方面的堕落，其后果则是作为惩罚的生活灾难，这种变化使得"每一个人就有理由把自己所遭受的一切灾难和自己犯下的一切罪恶，都归咎于自己本身的过错；然而，同时作为整体（作为整个物种）的一个成员，则应该惊叹和赞美这种安排的智慧性与合目的性。"③ 在此基础上，甚至战争也可以成为带动文化之继续前进的一种手段。因此，如果明白了大自然的隐秘计划，我们即须"满足于天意，满足于人间事务全体的总进程，这个过程并不是由善开始而走向恶，而是从坏逐渐地发展到好。"④ 尽管坦承社会历史中的恶与苦难，但是通过将其方向置于"历史"的最终目的之下，康德仍然秉持一种相信进步的历史观。就此而言，康德历史哲学与18世纪神义论达成了一致。

康德解释道，人类第一次使用理性就是误用理性，且丧失了自然的保护，对堕落的惩罚即是人对自己承担的责任。人类把目前所遭遇的艰难困苦的状态"终究要归之于他们自身以及他们自身的选择"。⑤ 人类逼迫上帝退场并建立自身的主权必然意味着，人不得不同时接过对恶与苦难问题的担当。当康德呼吁同时代的人们"要敢于运用自己的理性"时，他当然知道，人的自由不仅仅是一种解脱，倒是在更多的意义上是一种责任乃至重负。

18世纪单向的、指向最终目的的进步历史叙述发展至黑格尔，则以"形而上学的历史主义弥补了已消灭的基督宗教天意信仰"⑥，"未来"成为时代的本质，"人们期待着，未来将赋予现在的所作所为和所发生的事情一种历史的权利和一种历史学的辩护。"⑦ 而在青年黑格尔学派那里，他们

---

① 康德：《历史理性批判文集》，第68页。
② 同上书，第67页。
③ 同上书，第68页。
④ 同上书，第78页。
⑤ 同上书，第77页。
⑥ 洛维特：《从黑格尔到尼采：19世纪思维中的革命性决裂》，李秋零译，北京：三联书店，2006年，第292页。
⑦ 同上书，第294页。

不仅要作历史的结果,而且还要自己开创时代,就此而言是比黑格尔更为积极的历史主义。相比之下,康德虽然也主张目的论的历史哲学,但是他的历史哲学是依据人类的有限观点来理解历史的,正是在此前提下,世界公民社会或者永久和平状态只是具有历史可能性而非历史的必然。康德与黑格尔的"历史"观恰恰在此显示出根本差异,后者将世界史视为"绝对精神在时间中的展现,这是一种全知观点亦即从上帝的观点理解下的历史。"①

在古典自然法和基督信仰中,人服从于一个外在于人的更为宏大的客观秩序。然而,到了现代哲学,人成为意义的创造者和承担者,成为真正的主体。在此框架中,18世纪的神义论最终取消了传统基督教义中对于原罪、人神对立这样的思想观念,善恶的定义权也与"自然"、与"上帝"相分离。内在性的历史后果之一即是:原先超越于历史的上帝最终如席勒所说的转化为世界历史本身。"从莱辛的《人类教育》(1780)和赫尔德的《人类哲学观念》(1784—1797)通过诺瓦利斯的《基督教或欧洲》(1799)等等到黑格尔的《历史哲学讲演录》(1837),思想史学家将会发现这是一系列对历史作神义论的尝试,其中世界历史被认为是神圣借以实现自己的过程。"②上帝之城乃至上帝均被转移到此世历史,人类消除恶以至完善呈现出一种"时间的政治学"特征:在人的自由历史中(或者起点)所产生的恶,需要历史本身来承担并消除。现代历史哲学摧毁了"自然秩序"与"神圣天意",成为纯粹的"人的历史"。亦即,现代人的历史最终变成了世俗历史或世界历史。也正是在此背景下,在19世纪出现了历史解释科学,这反映的乃是现代世界中新的时间经验与偶在经验,并促成了对传统的基本概念加以解先验化的潮流。③

四、现代世界的诞生

在贝格尔(Peter Berger)看来,自然科学对神学的挑战相对而言是温和的,人文科学的挑战则更具挑战性。历史学与心理学联手将神学扔进了相对化的旋涡:首先是历史学威胁到了神学的根基,因为它使得宗教传统

---

① 李明辉:《康德的"历史"概念及其历史哲学》,第7页。
② 维塞尔:《十八世纪的神义论与上帝之死》,徐永红译,《道风》1996年春季卷,第104页。
③ 哈贝马斯:《后形而上学思想》,曹卫东、付德根译,南京:译林出版社,2012年,第33页。

的诸多神圣不可侵犯的因素逐渐被认为是人的产物；接着是心理学将宗教视为人的欲望与需要的投射。而历史学的断言比心理学的断言更为严肃。①当历史唯独就是"世界"历史的时候，也就是"现代"世界的本体论基础彻底开始瓦解的时候。

现代意义上的世界不仅仅是古希腊时代的作为自然哲学研究对象的世界，而且也包括了作为精神科学之研究对象的人的世界。若依据自然哲学的理解，则对世界的认识就是对自然的认识。在此方面，16世纪以前，亚里士多德的自然哲学为解释世界的运作提供了基本原理，并深刻影响了中世纪的基督教世界。②但是，若将世界视为人实践的生存于其中的世界时，它就呈现出另一面貌。

在古希腊哲学中，占统治地位的是城邦，而不是世界。柏拉图与亚里士多德不论如何操心人的灵魂的内在秩序问题，都没有忘记城邦之外可能存在的敌人。柏拉图将理想国中的卫士比作品种优良的牧犬，强调他们一定要对家里人温顺，对敌人却要凶狠（《理想国》，375a1—c5，439e1—d5）。亚里士多德则不仅对理想城邦的人口的多少，还对国境的大小做出了规定，并特意强调，一个城邦的地理环境应是敌人难于进入而居民却容易外出的，而为了保障安全并便于克敌制胜，城邦应兼顾海军与陆军的发展（《政治学》，1326b36—27b15）。这清楚地表明，人只要作为一种政治动物生存于某个具体的政治共同体之中，就可能面临该共同体之外的敌人，正如在泛希腊主义的文明框架中，希腊人内部仍然爆发了伯罗奔尼撒战争一样。因此，柏拉图、亚里士多德笔下的人不仅要应对灵魂内部的激情与欲望，也要应对城邦之外的敌人。

然而，在亚里士多德以后的哲学中（斯多亚学派［Stoics］、伊壁鸠鲁学派［Epicureans］与犬儒主义［Cynicism］），城邦乃至一切政治身份都不再是人的完善所必需的事物了，相反，完善乃非政治的，它独立于任何事物，而只与人的内在意志有关。由此，在柏拉图、亚里士多德那里需要以理性驯服的激情，在他们这里则应该完全不能影响到人。他们笔下的哲学

---

① 贝格尔：《天使的传言》，高师宁译，北京：中国人民大学出版社，2003年，第35—36页。

② 玛格丽特·奥斯勒：《重构世界：从中世纪到近代早期欧洲的自然、上帝和人类认识》，张卜天译，长沙：湖南科学技术出版社，2012年，第4—15页。

家是无情的（a-pathetic）。① 他们没有外在的敌人，而只有灵魂内部的敌人。在这里出现了一种新的趋势，即去政治化与内向化的统一。在斯多亚学派去政治化的论述中，第一次出现了对于人类共同体的哲学阐释。例如，对爱比克泰德（Epictetus）来说，城邦乃至任何政治身份都已经丧失了它们在苏格拉底、柏拉图以及亚里士多德哲学中的必要性了。他认为，人不再是雅典人、斯巴达人，或者是科林斯人，也不再是一个自由人或奴隶，而是一个世界公民。柏拉图、亚里士多德所设想的城邦与城邦之间的不和已经完全失去了意义，因为自然的人已经不再是某一个特殊的政治共同体中的人了，而是那个唯一的普遍共同体中的人了。这个共同体是伦理学意义上的，而不是政治学意义上的。在爱比克泰德看来，人类最伟大的、最崇高的、最广阔的共同体就是由人和神组成的共同体，是神播下种子，造就了地球上的所有生物，尤其是造就了地球上的理性生物。只有这些理性生物的自然本性才使他们能够与神交流，而且通过理性与神一体。因此，人是神的儿子，既然如此，自然不必也不应该为人中间发生的事情而感到恐惧。② 人的本质与政治身份无关，在亚里士多德那里还是合乎自然的奴隶制度在斯多亚自然法中却是反乎自然的，原因即在于此。

将政治身份与人的本质相分离去政治化趋势，关注人的内在深度的内向化趋势，③ 以及这两种趋势的统一在基督教哲学中均有了进一步的深化。世界主义倾向（cosmopolitan tendency）在斯多亚的学说中，尤其是在中晚期的斯多亚学说中是很明显的。在早期，像克里斯普（Chrysippus）这样的人可能会强调，宇宙公民的资格可能只限于那些遵循普遍法则而生活的人，但是，晚些时候的斯多亚则倾向于更强调由一种神圣的理性法则（即逻各斯）支配着的一切人的统一。虽然当中也存在教派主义倾向，正如爱比克泰德所说的那样，只有那些"理性的创造物"，才能恰当地被称为"宇宙的公民"（a citizen of universe）或神之子（a son of god）。但是，总体而言，斯多亚学说强调的仍是普遍性的理性能力，以及由此而强调的在一个更广

---

① James V. Schall, *At the Limits of Political Philosophy* (Washington, D. C.: The Catholic University of America Press, 1996), 36–37. 在斯多亚学派那里，恶人是由激情鼓动的，智者则完全独立于激情。关于这一点，可参考 Charles Taylor, *Sources of the Self: The Making of the Modern Identity* (Cambridge, Massachusetts: Harvard University Press, 2001), 125–126.

② 爱比克泰德：《爱比克泰德论说集》，第一卷，第9章，第1节，王文华译，北京：商务印书馆，2009年，第58—59页。

③ 可参 Charles Taylor, *Sources of the Self: The Making of the Modern Identity*, 127–142.

阔的世界（cosmopolis）——它超越了任何个体的城邦或国家——中的一切人之间的友谊。①基督教虽脱胎于犹太教这一民族宗教，但经过"外邦人的使徒"保罗的努力，到公元2世纪最后30年的时候，已经开始自称"大公"教会了。教会之为"大公"，并非政治意义上的，而是宗教意义上的，与此相应的是，人并不自然地就是一个政治人，而是一个神—人关系中的宗教人。就其去政治化倾向而言，基督教与斯多亚主义显然是一致的，正如有人指出的那样，奥古斯丁对于上帝之城与地上之城的区分也受到了斯多亚主义的普遍性的世界与临时性的城邦或国家之间的区分的影响。②

然而，在斯多亚学派与基督教这里表现出来的世界主义倾向毕竟只是观念上的倾向而已，罗马帝国亦是如此。诚然，罗马帝国有其独特的地方。对古希腊人来说，政治构成法律，因此，法总是因政体而异；对罗马人来说，法律自身的权威则来自于自然法或普遍的道德理性，他们将国家首先理解为合法的结构，这标志着国家演变史上的重要一步。不止如此，罗马人还将国家等同于由（通过）公法而建立起的公共实体，这种西塞罗式的理解区分了私人与公共，也因此区分了社会与国家。③但是，用我们今天的眼光来看，罗马帝国无论在何种意义上也不能称为"世界"帝国。

即使在后来的西方人重现罗马帝国的努力中，罗马也只是西方天主教的而已。对拜占庭来说，罗马是帝国的发源地，而对于西方来说，罗马是圣彼得的受难之地，是使徒建立的整个基督教会的典范。当利奥三世在公元800年将"罗马人的皇帝"这一称号授予查理曼大帝时，"希腊人"也就是东方的拜占庭帝国就不再属于欧洲了——欧洲成为罗马—拉丁文化的体现者，这几乎完全是一个宗教意义上的概念。治理和统治的普世性归于真正的罗马人皇帝，而他是由教宗来加冕的。④无论如何，"罗马人的皇帝"——虽然常常名不副实——这一称号已一语道尽："罗马人"的皇帝。

柏拉图、亚里士多德思考的不是人类共同体，而是以城邦为模型的政治共同体。在斯多亚主义与基督教中出现了世界主义倾向，但是，世界—

---

① Darrin M. McMahon, "Fear & Trembling, Strangers & Strange Lands," *Daedalus* 137, no. 3 (2008): 9.

② Ibid., 11–12.

③ Geoffrey R. Skoll, *Social Theory of Fear: Terror, Torture, and Death in a Post-Capitalist World* (New York: Palgrave Macmillan, 2010), 43.

④ 厄尔曼：《中世纪政治思想史》，夏洞奇译，南京：译林出版社，2011年，第59—63、70页。

城邦与上帝之城—地上之城的区分注定他们不会去提出人类命运共同体的问题。只有到了现代世界的诞生，伴随着西方对他者的征服，人类才开始真正现实地成为命运共同体，"世界"真正现实地成为世界，人现实地成为世界人，人类现实地成为共同体，其标志性的开端当属新大陆的"发现"。1492 年，哥伦布发现新大陆，这一重大的历史事件成为世界新秩序的基石，一直至今。"发现"不仅意味着原本隐藏之物得以出现，也意味着将他者或他物据为己有，并依照发现者的意志加以塑造。①全世界开始成为欧洲人的原料产地与市场，从这时起，人类共同体开始形成。就此而言，今天人们反复论及的"全球化"进程实质上仍源于新大陆的发现。

自从发现新大陆以来，这个世界开始成为"西方"的世界：人类成为一个共同体，最早是通过西方对他者的征服来完成的。亨廷顿曾经说过，西方赢得世界靠的不是思想、价值观或宗教，而是它运用有组织的暴力方面的优势。②若真如此，值得询问的一个问题是：西方是如何制造出这种优势的？对于这个问题的回答必然涉及西方对于人及世界的态度的转变。按照海德格尔的看法，技术的时代意味着"世界"成为图像，以及人成为主体，这两大对现代之本质具有决定意义的进程也照亮了"现代"历史的基本进程。他在《技术的追问》《世界图像的时代》《现象学与神学》《尼采》等一系列论作中不断地对这一问题做出说明。在他看来：

> 从本质上看来，世界图像并非意指一幅关于世界的图像，而是指世界被把握为图像了。这时，存在者整体便以下述方式被看待了，即：唯就存在者被具有表象和制造作用的人摆置而言，存在者才是存在着的。在出现世界图像的地方，实现着一种关于存在者整体的本质性决断。存在者的存在是在存在者之被表象状态（Vorgestelltheit）中被寻求和发现的。
>
> 然而，只要存在者没有在上述意义上得到解释，那么，世界也就不能进入图像中，也就不可能有世界图像。存在者在被表象状态中成为存在着的，这一事实使存在者进入其中的时代成为与前面的时代相区别的一个新时代。"现代世界图像"（Weltbild der Neuzeit）和"现

---

① 莫尔特曼：《俗世中的上帝》，曾念粤译，北京：中国人民大学出版社，2003 年，第 4 页。
② 亨廷顿：《文明的冲突与世界秩序的重建》，周琪等译，北京：新华出版社，2009 年，第 30 页。

代的世界图像"（neuzeitliches Weltbild）这两个说法讲的是同一回事，它们假定了某种以前决不可能有的东西，亦即一个中世纪的世界图像和一个古代的世界图像。世界图像并非从一个以前的中世纪的世界图像演变为一个现代的世界图像；而不如说，根本上世界成为图像，这样一回事情标志着现代之本质。相反地，对于中世纪来说，存在者乃是 ens creatum［受造物］，是作为最高原因的人格性的创世的上帝的造物。那时，存在者存在意味着：归属于造物序列的某个特定等级，并且作为这样一种造物符合于创造因（即 analogia entis）。但在这里，存在者之存在从来就不在于：存在者作为对象被带到人面前，存在者被摆置到人的决定和支配领域之中，并唯有这样才成为存在着的。①

从中世纪到现代哲学的一个重大转变是上帝开始退场，与此相应的一个趋势则是，人开始成为唯一的主体。传统形而上学的主导问题"什么是存在者"到了现代形而上学的开端转变为一个方法问题或道路问题，即人本身借以为自己寻求一个无条件的确定之物的道路、人本身借以界定真理之本质的道路问题。从笛卡尔以来，人成为真正的也是唯一的"主体"（Subjekt）。②亦即，人变成了表象者，思维即表象（vor-stellen），是与被表象者的表象关系，而表象也不再是"为……自行解蔽"，而是"对……的把捉和掌握"。存在者亦相应地不再是在场者，而变成了对象。③这种技术—科学的思维方式将一切表象都表象为可控制的客体，甚至使得人们误以为一切思与言都是客观化的。技术第一次将全人类的时间与空间观念统一了起来，人类真正现实地共存于一个"世界"之中，亨廷顿式的"文明的冲突"即使能够成立，也只有在这一前提下才可能成立。

五、宗教社会学：从韦伯的新教命题谈起

海德格尔对于现代世界与主体的哲学说明在韦伯的宗教社会学中已有充分体现，具体而言，即为后者的新教命题。在这一命题中，韦伯不仅探讨了世界的除魅及其被作为计算的对象而被支配的宗教根源，也展示了人

---

① 海德格尔：《林中路》，孙周兴译，上海：上海译文出版社，2004年，第91—92页。
② 海德格尔：《尼采》（下），孙周兴译，北京：商务印书馆，2014年，第827页。
③ 海德格尔：《林中路》，第89、110—111页。

变成"职业人"的历史过程。他的《新教伦理与资本主义精神》写于1904年，完成不久即受邀参加在圣路易举办的"人文学科及自然科学会议"（Congress of Arts and Sciences）。他于1904年到达美国，圣诞节前不久返德，写出了《北美的教会与教派》(Churches and sects in North America)，后者经润饰后以《新教教派与资本主义精神》(The Protestant Sects and the Spirit of Capitalism) 为名发表，构成通常意义上的《新教伦理》的第二部。在写给李凯尔特的一封信中，韦伯将《新教教派与资本主义精神》称为"新教的苦行主义作为近代志业文明的基石——一种对近代经济的精神论的建构"。①

1919年6月底，韦伯开始为了"宗教社会学论文集"而对《新教伦理》进行修订。②"导论"（帕森斯译为 Author's Introduction）则写于1920年。这一时期，韦伯主要以注释的形式对《新教伦理》做了一定的修订，将其与《儒教与道教》（1915）、《印度教与佛教》（1916—1917）、《古犹太教》（1917—1920）、《中间考察》等一系列论作（关于儒、道、印度教、佛教与古犹太教等的文字与"The Social Psychology of the World Religions"组成了《世界诸宗教的经济伦理》) 一起集合为《宗教社会学论文集》，由于韦伯在1920年突然去世，他的整个宗教社会学的宏大计划并没有完成。亦即，"导论"原非《新教伦理与资本主义精神》的一部分，而是韦伯为其整个宗教社会学而作，其间相隔十余年。有论者认为，前后相较，韦伯的写作意图或者价值关联已经发生了变化：1905年版本中，韦伯要处理的问题的焦点是，寻求新教理性的禁欲主义对现代资本主义精神兴起的影响，而1920年版本则已经转移至西方文明的独特性，或者一种理性主义的比较的、跨文化研究。③与此相应，马歇尔（Gordon Marshall）区分了《新教伦理与资本主义精神》的两种解读方法：一种是"谱系学的"（genealogical），这种方法注意到了韦伯思想的发展、变迁过程，亦注意到了他在宗教问题上的写作意图的变化；另一种则为"目的论的"（teleological），这种方法

---

① 转引自韦伯：《学术与政治》，康乐、简惠美译，桂林：广西师范大学出版社，2004年，第27—28页。

② 黑尔维希·施密特-格林策：《世界诸宗教的经济伦理》，载《韦伯的新教伦理：由来、根据和背景》，哈特穆特·莱曼、京特·罗特编，阎克文译，沈阳：辽宁教育出版社，2001年，第384页。

③ Weber, *The Protestant Ethic and the Spirit of Capitalism and Other Writings,* ed. and trans. Peter Baehr & Gordon C. Well (New York : Penguin Books, 2002), xxiii–xlii.

忽视了韦伯宗教论著在写作上的时间差别，而将他的所有论著进行了系统化，以西方文明的理性主义作为韦伯作品的一贯的内在逻辑。之所以称之为"目的论的"，是因为马歇尔认为，这种解读方法预设了韦伯在最初写作《新教伦理》时，已经有了对此后十五年的一个清晰的写作计划。它实际上是帕森斯遗产（Parsonsian legacy）的一部分。①

一方面，确应注意"导论"（1920）与《新教伦理》（1905版）的年代之别，韦伯在两个时期研究意图的差异，这对我们理解韦伯本人的思想发展不无裨益，诸多学者也已经注意到这个问题。但是，也应注意到韦伯在1920年对1905年版本所做的修订，这种修订至少可以反映出：韦伯是试图将《新教伦理》（1905）整合进儒道、犹太教系列研究的。亦即，韦伯主观上也希望自己有关宗教的社会学研究可以以"西方理性主义之独特性"这一线索串联起来。兹暂举两例：第一，在1920年的版本中，韦伯在提及"资本主义精神"时，特意加上限定词"近代"，且1920年的修订版本比1905年多出一个注释，该注释强调，这种资本主义是指西方特有的、近代的理性经营的资本主义，而不同于诸如中国、印度、巴比伦、希腊、罗马等地的资本主义。第二，一个十分重要的概念"除魅"也是1920年修订版本所加的。在一个对于"除魅"的注释中，韦伯提醒读者，除魅过程的分析可参照其《世界诸宗教的经济伦理》诸论文。另有注释则指出，"除魅"之重要性在《世界诸宗教的经济伦理》中方会明晰起来。亦即，在1905年无"除魅"概念，1920年修订时方加上，并指明，此概念在1915—1919年所作的《世界诸宗教的经济伦理》中更为明晰。由此来看，韦伯的串"线"意图是非常明显的。② 鉴于此，以"理性主义"来对《新教伦理与资本主义精神》进行解读并无不妥。

韦伯分析资本主义精神的线索是理性主义，舍勒的着眼点则在于现代精神气质的心性体验结构，即心的秩序。③ 倘若说，韦伯笔下的资本主义

---

① Gordon Marshall, *In Search of the Spirit of Capitalism: An Essay on Max Weber's Protestant Ethic Thesis* (Aldershot: Gregg Revivals, 1993), 49.

② 韦伯：《新教伦理与资本主义精神》，康乐、简惠美译，桂林：广西师范大学出版社，2007年，第84、99页。类似例证可对照第95、174页。

③ 若以涂尔干的方法论为依据，则韦伯的研究会被视为"心理学还原主义"（psychological reductionism），参 Whitney Pope, Jere Cohen & Lawrence E. Hazelrigg, "On the Divergence of Weber and Durkheim," in *Emile Durkheim: Critical Assessments*, ed. Peter Hamilton (London: Routledge, 1995), 229–242.

主要是经济资本主义与政治资本主义的话，舍勒所关注就是"心性资本主义"。① 在他看来，资本主义精神就是原本从属性的欲求态度变成了支配性灵魂，"新的获取精神和劳动精神把中世纪—古代之世界观重视质量的凝思性认识态度变为重视数量的计算性认识态度，从而规定着世界观和科学"。② 这就不可避免地牵涉到舍勒的"怨恨论"。后者从对怨恨的现象学哲学分析推进到社会学论域，其探究背景正是松巴特（Werner Sombart）和韦伯的论争：资本主义精神气质的起源究竟是什么？③

与韦伯不同，松巴特在托马斯主义的学说体系中已经发现了一种与指向救世财富无关的、对纯世俗的赢利欲的首次辩护，而新教学说体系体现的则是超自然取向的复兴，是"原始"基督教对财产获取的复兴。在韦伯与松巴特的关于新教/天主教与资本主义精神的关系这一问题的争辩中，舍勒是站在韦伯这一边的。他承认，较之于天主教，新教与资本主义精神存在着更为紧密的联系。但是，在此论点上对韦伯的支持，实际上恰恰是出于天主教立场而对资本主义精神与新教伦理的不同解读，以及对二者的批判。在舍勒那里，不是天主教，也不是加尔文主义"产生出"资本主义精神，而是资本主义精神在宗教改革者背后已然作为原本的动力在推动所有的宗教革新，并进而在加尔文主义中打破了宗教和教会范围内的限制。亦即，不是新教伦理促生出资本主义精神，而是资本主义精神——怨恨——促生了新教改革。当松巴特赋予"市民精神"以资本主义精神形成中的发生学之首要性时，舍勒则指出，市民精神的推动力正是"怨恨"。

舍勒认为，"天主教的获救理念是：在与上帝恩典的深切有机合作时，人在伦理的自我塑造中和爱之中为自己赢利、挣得'获救'。这一理念包含着由福乐和宁静所伴随的通过基督和教会在与上帝的爱之团契和祈祷团契中获得的获救证明。"④ 加尔文主义在某种程度上正是对天主教获救理念的极度怨恨形式。怨恨的主要出发点就是报复冲动，后者则基于一种无能

---

① 曼弗雷德·弗林斯：《舍勒的心灵》，张志平、张任之译，上海：三联书店，2006年，第173—174页。
② 舍勒：《舍勒选集》（下卷），刘小枫选编，上海：三联书店，1999年，第1203页。
③ 刘小枫：《现代性社会理论绪论》，上海：三联书店，1998年，第353页。
④ 舍勒：《舍勒选集》（下卷），第1241页。

的体验（experience of impotence）[1]。由于无能而不敢表现出报复或嫉妒冲动时，则产生一种紧张关系，此时怨恨即会产生，而导致最强烈的怨恨产生的嫉妒是指向他人本质的，后者的存在被指为无法承受的羞辱（unbearable humiliation）。在所有情形中，怨恨的根源都与一种把自身与他人进行价值攀比的方式有关。[2] 在此，舍勒对雅人与俗人的区分，与其在《资产者》一文中对两种类型的人所做出的区分是一致的。雅人具有自我价值感，且原本地指向其本质与存在自身，怨恨之人则只能在与他人价值之间的比较中来把握自身价值，他们必定自己去挣得存在和价值，必定自己去通过成就来证明自己，"在他们身上具有的不是对世界及其充实的爱，而是操心——操心该怎么了结'充满敌意的世界'，操心怎么从数量上'规定'世界、根据目的安排和塑造世界"[3]。

在此，舍勒与韦伯是一致的，他们都看到了新教徒的焦虑、不安及内在孤寂感。[4] 不同的是，在韦伯笔下，被造物与神之间的不可跨越的鸿沟最终使得世界的除魅成为可能，并鼓励信徒以合乎天职的紧张世俗劳作来获取救赎确证。但是，在舍勒看来，按照天主教—托马斯主义的基本观念，肉体与理性灵魂的关系是：它们共同构成一个本质而非两个本质，因此，从根本上讲，全部世俗生活都服从于神性的律法（lex divina）的规范。而新教对肉体—精神、律法—福音、尘世—天国、君王—基督所做的紧张的二元论区分，其本身就包含着原则上拒绝神性的东西透入尘世，拒绝人的肉身域的精神化与神圣化，因而也就拒绝以某一形式从宗教伦理上限制赢利活动，而这种限制恰恰是天主教会给资产者精神设定的。加尔文主义中的"紧张"体验只是生存核心中所缺乏的获救证明——形而上学之内在空虚——的替补：

> 现代人的宗教形而上学绝望恰是产生向外倾斜精力的无止境活动渴望的根源和发端。帕斯卡很了解这种类型的人，他们由于内在的、

---

[1] Max Scheler, *Ressentiment*, trans. Lewis B. Coser & William W. Holdheim (Milwaukee Wisconsin : Marquette University Press, 1994), 30.
[2] Max Scheler, *Ressentiment*, 35–36.
[3] 舍勒：《舍勒选集》（下卷），第 1211 页。
[4] 此处应留意韦伯对犹太教"怨恨"特征的分析及其对新教预定论的影响，参韦伯：《宗教社会学》，康乐、简惠美译，桂林：广西师范大学出版社，2005 年，第 138—148 页。

形而上学的无依靠感而投身外部事务的洪流，这在加尔文主义类型之人身上可找到最纯真的表征。宗教—形而上学的绝望以及对世界和文化的日益强烈的憎恨和人对人的根本不信任具有强大的心理力量，这一切恰是加尔文主义中资本主义精神的根子。人对人的不信任以纯然"孤寂的灵魂及其与上帝之关系"为口实摧毁了一切团契共同体，最终把人的一切联结纽带引向外在的法律契约与利益结合。①

韦伯所提供的毋宁是对于目的理性摆脱了价值理性的束缚之后的社会现实（铁笼）的描述（description），而不是一种系统的分析来解释为什么技术与目的理性占据了支配地位。②舍勒则直接指明，受怨恨心性推动的新教伦理本身即包含着对赢利欲的无限制纵容。

不过，很明显的一点是，无论韦伯与舍勒对新教伦理、资本主义精神以及二者之间关系的解读有何细节上的差异，他们都意识到了一个新的世界开始了，一种新的类型的人也登上了历史舞台。通往天国的"朝圣者"被"孤独的经济人"所取代了：现代经济秩序的成长使得"灵魂得救"退场，"追求财富"本身成为君临人类之巨大且无以从中逃脱的力量。宗教业已式微，而资本主义生产标榜为价值阙如的形式理性，世俗功利主义笼罩一切，现代经济、政治、社会组织无一不遵循形式理性原则运转，人沦为仅仅是"职业人"或"秩序人"：这就是现代人焦虑不安的处境。新教伦理所造就的宇宙秩序如今以压倒性的压制力，决定着出生在此一机制中的每一个人的生活方式。意义丧失与自由丧失的铁笼现实，是形式合理性或目的理性发展的结果："理性主义"（rationalism）导致的恰恰并非必然是"理性的"（rational）。这实质上是对黑格尔命题——理性的不现实，现实的不理性——的社会学回应。③

从哈贝马斯的批判理论立场来看，韦伯对理性化的分析主要集中于"目的理性"与"形式理性"，前者主要与宗教合理化尤其是新教伦理提供的认知潜能有关，后者主要与现代法律的合理化有关，而法律的合理化实质上是为无涉价值的目的理性的经济行为与管理行为服务的，在此意义上，

---

① 舍勒：《舍勒选集》（下卷），第 1243 页。

② Inger Furseth & Pal Repstad, *An Introduction to the Sociology of Religion : Classical and Contemporary Perspectives* (Burlington, VT: Ashgate, 2006), 85.

③ Lawrence A. Scaff, *Fleeing the Iron Cage* (Berkeley: University of California Press, 1989), 87.

它最终可归为目的理性。这两种理性都抛弃了道德—实践合理性。韦伯由于将合理化的这一历史形式与整个社会合理化完全等同了起来而使其理性概念越来越狭隘化。哈贝马斯认为，韦伯直接把西方理性主义的实际形态当作出发点，而没有从一种合理化的生活世界在反事实的层面上的可能性的角度去揭示它们。① 但是，对于今天的人来说，一个无法回避的社会学事实是，资本主义秩序已经在世界范围内确立了自己的优势。

2001年9月11日，无数人通过即时的通讯工具看到了世贸大厦的倒塌。世贸大厦象征着全球资本主义，五角大楼象征着全球军国主义，白宫或国会大厦象征的则是帝国主义。② 虽然确实有人在说，西方已经在衰落了，③ 但是，西方在各个领域内的霸权仍是我们无法否认，也必须面对的一个坚硬事实。甚至可以说，西方的衰落与否并不是根本问题，哪怕以后有其他文明取代了西方的霸权地位，哪怕以后再没有了战争与征服，现代文明已经将所有人都联结到了一个互动之广度与密度均无与伦比的"世界"之中，无人能独善其身。就现代性嵌入我们生活中的安全与危险的平衡而言，"他人"已经终结了——无人能完全置身事外。④ 环境污染、能源滥用、金融危机、核武器扩散、恐怖主义兴起，所有这些都吊诡地将人与人联结到了一起。这是一个因为技术、斗争和征服而成就的共同的人类世界。在此意义上，人类在当前及以后所面临的、充满了不确定性的共同命运就是世界的命运。

现代历史已经成为世界历史，现代世界已经诞生，现代人已经成为主体，宗教又可能何为？毫不夸张地说，从思想史的角度来看，正是因为历史、世界与主体的变化才使得宗教社会学作为一门独立的学科成为可能。众所周知，宗教问题在古典社会理论中一向是重中之重，《新教伦理与资本主义精神》之于韦伯，《宗教生活的基本形式》之于涂尔干，《宗教社会学》之于西美尔，这些均为明证。然而，自从20世纪下半叶以来，宗教社会学在社会科学领域内似乎失言了。"二战"之后，在埃利亚斯（Norbert

---

① 哈贝马斯：《交往行为理论：行为合理性与社会合理化》，曹卫东译，上海：上海人民出版社，2004年，第214页。

② Geoffrey R. Skoll, *Social Theory of Fear: Terror, Torture, and Death in a Post-Capitalist World*, 119-120.

③ 多米尼克·莫伊西：《情感地缘政治学》，姚芸竹译，北京：新华出版社，2010年，第95—96页。

④ 同上书，第131页。

Elias)、古尔德纳(Alvin Gouldner)、波坦斯基(Luc Boltanski)、吉登斯(Anthony Giddens)与布尔迪厄(Pierre Bourdieu)等诸多知名社会学家的著作中,宗教问题几乎已经消失了,即使布尔迪厄的惯习理论启发了希林(Chris Shilling)与梅勒(Philip Mellor)对于身体与宗教问题的兴趣,但宗教在布尔迪厄的作品中显然是微不足道的。① 对于这种现象,希林在批评后经典时代的大多数社会学的碎裂化和宗派主义特征时也指出,考察各集合体是如何将终极关怀和共同命运的这些议题,如死亡和生命的意义,转译成所有个体都要面对的社会规范和受社会安排的伦理两难,这始终属于社会学的雄心抱负中的关键内容,然而,后经典时代的社会学长久以来一直回避了这种一般层面上的兴趣,它们对宗教的相对忽视堪为社会学格局趋于狭隘的明证。在后经典时代的社会学中,宗教往往只具有边缘性的意涵。②

宗教社会学在社会科学领域中相对弱势的地位当然并不意味着它今天所探究的问题是不重要的,相反,它所关切的对象的特殊性反而使得作为一门独立学科的宗教社会学总是可能从不同的角度与层面为希林之问提供有价值的回馈。从古典社会理论以来,宗教与其他社会现象之间的关系就一再得到细致的讨论。本书主要是从宗教社会学角度出发就其中涉及的若干议题做简略分析。

---

① Bryan S. Turner, "Introduction: Mapping the Sociology of Religion," in *The New Blackwell Companion to The Sociology of Religion*, ed. Bryan S. Turner (Malden, MA: Wiley-Blackwell, 2010), 19.

② 希林、梅勒:《社会学何为?》,李康译,北京:北京大学出版社,2009年,第262—263页。

第一章 "上帝死了"之后的宗教问题：以涂尔干与西美尔为中心

一、上帝死了

我们从西方思想史了解到的一个常识是，柏拉图试图以苏格拉底取代荷马。诗人讲述的是神话，这是一种神话神学；柏拉图讲述的则是苏格拉底的对话、申辩与死亡，这是一种爱智之学。实际上，在最初的时候，逻各斯（logos）与神话是同义词，二者均指话语或叙述，只是到了公元前5世纪哲学流派出现的时候，逻各斯才开始与神话对立。哲学开始拒斥神话，后者被认为是没有严谨论证或可信证据支持的论断。① 同样是拒斥神话，《圣经》的取向却完全不同。《圣经》中的上帝只有通过自身的行动与启示才能被人所认知，《圣经》也是在叙述上帝的所行与应许，而不是对上帝的沉思。② 就古希腊哲学而言，亚里士多德在《尼各马可伦理学》（Ethica Nicomachea）中提出，沉思是最好的生活：如果理性是神圣的，那么，与人的生活相比，作为理性的实现活动，沉思也是神圣的生活。我们必须——既然我们能够——使自身不朽，按照我们身上最好的部分（即理性）来生活（1177b29—1178a）。③ 基督教则相信，人与神在形

---

① 韦尔南：《神话与政治之间》，余中先译，北京：三联书店，2001年，第235页；亦可参韦尔南：《希腊思想的起源》，秦海鹰译，北京：北京大学出版社，2012年，第15页。沃格林将赫西俄德的诗歌视为一种特殊的符号体系，因为它们在神话与形而上学（即亚里士多德的"第一哲学"，也就是"神学"）之间建立了一种本真的过渡形式。可参 Eric Voegelin, *The World of the Polis* (Columbia and London: University of Missouri Press), 196.

② 施特劳斯：《哲学与神学的相互关系》，林国荣译，载迈尔：《古今之争中的核心问题》，林国基等译，北京：华夏出版社，2004年，第249页。

③ Aristotle, *The Works of Aristotle*, vol. 9, trans. W. D. Ross, St. George Stock, and J. Solomon (Oxford: Clarendon Press, 1925).

象上的相似指的就是人对神性的分有,即心灵(奥古斯丁)或理智(阿奎那),但最好的生活不是沉思的生活,而是虔诚的生活。① 所以,雅典传统与耶路撒冷传统在追求不朽的方式上一直都有着巨大的差异,二者之间的张力是不可消除的,以至于海德格尔甚至直言不讳地指明,基督教能否对"存在"进行本真的追问是一件可以存疑的事情。对他来说,"基督教哲学"这种说法本身就像是"木质的铁"或"方的圆",是不可成立的东西,因为答案总是在追问之前就已经确定了。具体就"存在"问题而言,就是:"对于那些认为圣经是上帝的启示和真理的人来说,在询问'究竟为什么在者在而无反倒不在?'这个问题之前就已经有了答案,这答案就是,在者,只要它不是上帝自身,就是为上帝所造。上帝自身作为非被造的造物主而'在'。"②

哲学与宗教、理性与启示、爱智之学与《圣经》之间的张力历来是西方思想中的一个长久不衰的论题。自笛卡尔以来,西方哲学对基督教之上帝的冷漠越来越明显地显示了出来。尽管笛卡尔并非权宜地保留了上帝的地位,他限制了怀疑的范围并接受现有的道德和宗教,但是,与其同时代的帕斯卡已经敏锐地把握到笛卡尔"根深蒂固的现世性和对上帝的漠然"。③ 帕斯卡旗帜鲜明地表达了自己对笛卡尔的不满:"我不能原谅笛卡尔;他在其全部的哲学之中都想能撇开上帝;然而他又不能不要上帝来轻轻碰一下,以便使得世界运动起来;除此之外,他就再也用不着上帝

---

① 此处可能面临的一个疑问是:这种判断是否适用于阿奎那?因为阿奎那不但将神学看作一门严格的科学(scientia),而且还将其看作是一门比其他思辨科学更高的科学,理由是:神学不是从借人的理智的自然之光所认知的原理出发的,而是从借一门关于上帝与天国享福者(beatorum)的科学的光照所建立的原理出发的。更重要的是,他甚至将神学归结为一门思辨科学。无怪乎福柯亦将阿奎那视为"认识你自己"(gnothi seautou)与"关心你自己"(epimeleia heautou)之间的一个楔子。他认为,从公元5世纪末至17世纪,基督教当中的主要冲突不是发生在精神性(spirituality)与科学之间,而是精神性与神学之间,而神学的一个典型代表就是阿奎那。参 Michel Foucault, *The Hermeneutics of the Subject*, ed. Frederic Gros, trans. Graham Burchell (New York: Palgrave Macmillan, 2005), 26—27. 但是,阿奎那所说的这种神学的"思辨"更多的是关于基督教的上帝的事物而不是人的事物,因此,它仍然是以启示为前提的,就此而言,这种生活显然不同于哲学的沉思的生活,而仍属于虔诚的生活。

② 海德格尔:《形而上学导论》,熊伟、王庆节译,北京:商务印书馆,2010年,第8—9页;亦可参海德格尔:《路标》,北京:商务印书馆,2009年,第73—74页。

③ 彼得·毕尔格:《主体的退隐》,陈良梅等译,南京:南京大学出版社,2004年,第35页。

了。"① 休谟虽然并未否认上帝的存在,但从彻底的经验论出发,他坚决否定了对上帝存在的先天证明与后天证明,亦否定了从道德出发对上帝存在的证明。康德虽然将上帝存在作为纯粹实践理性的悬设,但仍然接受了休谟在上帝问题上的不可知论立场,亦从根本上否定了上帝作为知识之对象的任何可能性。德国唯心论传统,从洪堡、格林兄弟、施莱尔马赫、施莱格尔,直至狄尔泰,已然停留在同一性哲学范围之内,主体与客体的同一性,思维与存在的同一性,自然与精神的同一性,一直贯穿始终;而黑格尔的辩证法亦无非是经过一切矛盾与差异化又重建同一性,将亚里士多德关于理智思维(Noesis noeseos)的原初思维提升至最纯粹的完成。②

自笛卡尔以降,现代哲学中的上帝变得越来越稀薄,这一趋势实际上可被视为苏格拉底式的"引进新神"(introduce new gods)的重演,只不过哲学家们引进新神的语境不再是古希腊神话,而是基督教信仰;新神之"新"也不再是针对那些异教神而言了,而是针对基督教的神而言了。我们甚至可在此意义上将现代哲学家们的神视为亚里士多德哲学体系中的"神"的复归,因为对于亚里士多德来说,世界自身即拥有柏拉图的创世神(Demiurge)的所有力量,所有用来需要执行自然进程的力量已内在于世界,而唯一缺失的因素就是这样做的欲望,这就是不动的动者在宇宙中发挥作用的地方,但它在亚里士多德的哲学体系中除了作为终极因而存在之外,再无其他作用。③ 神非但不再是基督教的创世之神,甚至亦不再是作为本体论概念的神了。

上帝开始退场,并最终融入了"上帝死了"的逻辑进程。尼采激烈抨击了西方自苏格拉底以降的哲学—神学对超感性、超验世界的执着,对感性世界、生成世界的诋毁:"一切第一等级的事物必须是其自身的原因(causa sui)。来源于他物被视为异议,被视为对价值的疑义。一切最高价值都属于第一等级,一切最高概念,存在者,绝对者,善,真,完美——

---

① 帕斯卡:《思想录:论宗教和其他主题的思想》,何兆武译,北京:商务印书馆,2013年,第43页。

② 伽达默尔、德里达等:《德法之争:伽达默尔与德里达的对话》,孙周兴、孙善春编译,北京:商务印书馆,2014年,第105页。

③ Adam Drozdek, *Greek Philosophers as Theologians* (Aldershot, England: Ashgate, Burlington, VT, 2007), 183–184.

这一切不可能是生成的，所以必须是 causa sui。但是，这一切也不可能彼此不等，不可能自相矛盾……于是他们有了"上帝"这个惊人的概念……最后的、最稀薄的、最空洞的东西被设定为最初的东西，自因，最真实的存在（ens realissimum）！"[1] 尼采将"存在"斥为生命衰落的表现，这对于他本人来说也意味着西方形而上学的终结。即使哲学家们还在讲述上帝，甚至这个上帝还是那个道成肉身的上帝，但就其实质而言，所有这些讨论无外乎是"宗教无神论"的先声而已。宗教所假定的东西被抛弃或改造了，绝对的内容不见了，人们现在寻求的只是证明，而不是内容。[2] 这个时候，诸多哲学家扮演的角色更类似于基督教最早的护教士，只不过他们为之辩护的显然是具有自足性的哲学，而不是基督教或任何其他宗教。

人还有没有可能在理智上为神辩护？韦伯的回答是否定的。对于新的资本主义秩序，他写道：没有人知道，将来谁会住在这个牢笼里，将来是否会有新的先知，但是，按照理性主义的发展趋向，有可能出现的最后之人是无灵魂的专家，无心的纵欲者。至此，韦伯立刻为这种分析画下了休止符，因为这样就"涉入了价值判断与信仰批判的领域，而这是此一纯粹历史陈述的论文所不该承担的"。[3] 在他看来，对终极价值理念做出评判与选择是大学讲堂之外的事情，从学术上为实践立场宣扬辩解是不可能的，也是违背学术良心的。知识人只有做黑暗时代的守夜人，而不能谋划做新先知，后者只能产生狂热的宗派。韦伯只是对现代困境做了坦诚的知性理解，尽管他表示过对这种状态的担忧，却并未开出治疗方案。原因在于：韦伯认为，这既非社会学的任务，亦非社会学的职责所在，否则，即违背了社会学的知识论主旨，并超越了社会学的界限而违背了学者的学术良心。

相反，在涂尔干与西美尔这里，他们均在自己的理论体系中，为人类

---

[1] 尼采：《偶像的黄昏》，卫茂平译，上海：华东师范大学出版社，2007，第57—58页。意思相同的论述，可对照《权力意志》中"'真实世界'的起源"一节以及"真实世界与虚假世界"一节，参尼采：《权力意志》（下卷），孙周兴译，北京：商务印书馆，2011年，第1070—1072、1087—1092页。同样在《偶像的黄昏》中，尼采又说："我担心，我们无法摆脱上帝，因为我们还相信语法……"这就将人们的"存在"信仰或"上帝"信仰最终归诸语法了。亦可参《权力意志》（上卷），第122—123、159—160、212—213、277页，以及《权力意志》（下卷），第985—987、1001—1004页等。

[2] 黑格尔：《哲学史讲演录》（第四卷），贺麟、王太庆译，北京：商务印书馆，2013年，第76页。

[3] 韦伯：《新教伦理与资本主义精神》，康乐、简惠美译，桂林：广西师范大学出版社，2007年，第188页。

所面对的新的现代世界做出了细致的分析或诊断,并就此将自己所提出的新的宗教形式作为一种可能的治疗方案。这意味着,二人对于"宗教是如何可能的?"的回答本身实质上处于与韦伯的"价值多神论"同样的现代处境之中,亦即他们的回答乃是传统的神学—形而上学坍塌之后的产物。从历史上看,费尔巴哈将神学还原为了人类学,即根据作为宗教基础的人类实在来解释宗教,自此之后,对宗教现象的所有历史学—心理学—社会学分析,均是这种思路的扩大运用。一种关于宗教的知识社会学理论将费尔巴哈的"宗教乃人之投射"这一观点推向了最终结果。① 涂尔干与西美尔对于"上帝"概念的社会学探索亦可置于这一脉络中来进行考察。甚至可以说,"上帝死了"在宗教社会学领域中最初阶段的体现就是涂尔干与西美尔对"上帝"概念的经验化表述。

二、宗教的真实性

与涂尔干不同,西美尔从未有过系统性的学术传人,其学术思想亦未曾获得过涂尔干那样广泛的传播与讨论,不过,二人同为古典社会学的奠基人,生活时间亦大致相同。在1885—1886年期间,涂尔干曾到过德国。在德国时,他访问过几所大学,冯特(Wilheim Wundt)的实验心理学给他留下了深刻的印象;他也注意到瓦格纳与施默勒(Gustav von Schmoller)等学院社会主义者的观点。涂尔干访德期间,西美尔正在柏林大学担任编外讲师,但是,二人似乎并未谋面。② 不过,西美尔的作品很早就被引介入法国,涂尔干亦早自西美尔的《论社会分化》(*Über sociale Differenzierung*, 1890)问世之后,就开始对西美尔感兴趣了。他曾翻译过西美尔的《社会集体的自我保存》(*Die Selbsthaltung der socialen Gruppe*)——《社会学》的第八章——并刊于他于1898年所创立的《社会学年鉴》的第一卷上。③ 针对西美尔的一些主要观点,涂尔干也撰写了一些批评性的文章。例如,

---

① 贝格尔:《天使的传言》,高师宁译,北京:中国人民大学出版社,2003年,第53页。费尔巴哈对于神学的人化与路德及黑格尔之间的精神联系,可参洛维特:《从黑格尔到尼采》,李秋零译,北京:三联书店,2006年,第455—456页。

② Yoshio Atoji, *Sociology at the Turn of the Century: On G. Simmel in Comparison with F. Tonnies, M. Weber and E. Durkheim*, trans. Y. Atoji, K. Okazawa and T. Ogane (Tokyo: Dobunkan Publishing Co., Ltd., 1984), 102.

③ Ibid., 99–100, 102.

在《货币哲学》问世之后,涂尔干就撰写了关于此书的评论。①

尽管二人都支持将社会学建立为一门独立的科学,并为此做出了不懈的努力,但是,在对社会学本身的学科基础以及社会学的研究对象、方法论等一系列问题上,二人的看法显然是大不一样的。西美尔认为,社会学的特有研究对象即是社会生活的形式,而非社会生活的内容。社会学得以存在的全部理由就在于对社会形式的抽象考察。正如几何学得以成立,正是出自从事物中抽象出空间形式的可能性。所以,有学者认为,形式社会学是一种社会空间几何学(geometry of social space)。② 针对西美尔的这种观点,涂尔干在 1900 年发表的《作为科学的社会学领域》(*La sociologia ed suo dominio scientifico*)中专门做了批判。涂尔干指出,西美尔所谓的"抽象"实际上是从具有不同内容(目标、意图、旨趣)的团体中提取出共有的形式,如支配、服从、竞争等,但是,这种观点"只能使社会学滞留于形而上学的状态。恰恰相反,这种状态正是社会学首先要摆脱的。"③ 在涂尔干看来,把群体想象为空洞的形式只是一种古怪的念头。他这样问道:"你会在各个地方都能遇到的行为,无论其追寻的目标实质上如何,都存在着结构。而且,确切无疑的是,无论这些目标有什么样的差别,它们都有共同之处。但是,为什么只有后者拥有社会性的特点,前者却没有呢?"④ 因此,在涂尔干看来,西美尔对抽象的运用不仅在方法论上是错误的,因为这种方法将具有同样性质的事物分割开来了;而且这种方法所获得的抽象结果(即社会学的对象)也是不确定的。涂、西二人对社会学研究对象、方法论的理解尽皆不同,又在同一时期诉诸努力,欲将社会学建立为一门独立的科学,他对西美尔做出批评不足为怪。但是,涂尔干对西美尔的一

---

① Emile Durkheim, "Durkheim's Review of Georg Simmel's *Philosophie des Geldes*," trans. Peter Baehr, in *Georg Simmel: Critical Assessments*, vol.1, ed. David Frisby (London: Routledge, 1994), 158-159.

② Francis M. Abraham, *Sociological Thought: From Comte to Sorokin; Marx, Spencer, Pareto, Durkheim, Simmel, Weber, Mannheim* (Bristol, IN, U.S.A.: Wyndham Hall Press, 1989), 151.

③ 涂尔干:《乱伦禁忌及其起源》,汲喆等译,上海:上海人民出版社,2003 年,第 250 页。

④ 同上书,第 251 页。弗莱尔(Hans Freyer)指出,作为社会现象几何学的纯粹社会学,它的错误可能是致命的,因为它将社会学思想引领到错误的道路上去。社会现象应当被理解为历史过程,它们总是在时间之流的特殊情境中发生,但是,在西美尔处,这些都变成了静态结构。根据弗莱尔的批判,西美尔欲将社会学建立为一门逻各斯—科学(Logos-Wissenschaft),而这对于社会学对象的本质乃是陌生的。Rudolf Heberle, "Simmel's Method," in *Georg Simmel*, ed. Lewis A. Coser (Englewood Cliffs, N.J.: Prentice-Hall, 1965), 116-118.

系列批评并不意味着二人在宗教问题上也只有尖锐的对立,相反,西美尔对宗教与社会的形式相似性以及对宗教的社会整合功能的强调,很容易让人与涂尔干的宗教社会学联系起来;二人的宗教社会学在诸如"上帝"及"宗教是如何可能的?"这样的问题上,的确呈现出了不少相通之处。

涂尔干与西美尔的一个重要共同之处即为,二人皆对现代社会中的传统宗教的处境做了悲观的诊断,但同时又都宣称,现代社会仍然需要宗教,这种需要并非是要将宗教化约为实用主义式的功能,而是与宗教自身的本质、价值相关。可以说,二人都对宗教做出了正面评价,这种论断本身即蕴涵着寻求新的宗教形式的意图。宗教身处其中的现实世界发生了巨大变化,这也使得宗教本身的变化成为一个可能的合理选项,但是,宗教可能发生变化,它的真实性却是不变的。与启蒙理性将宗教揭示为幻觉或虚假的意识反映不同,二人的宗教社会学并未质疑,而是积极肯定了宗教的真实性,这可谓是二人宗教社会学的一个重要前提。

涂尔干强调,"我们的整个研究都基于这样的假设:在任何时代,信仰者的一致情感都不可能出于一种纯粹幻觉。"[1] 他认为,我们在着手研究原始宗教的时候,便已经确认了它们与实在有关,并且表达了实在。任何宗教都不是虚假的。就其自身存在的方式而言,任何宗教都是真实的,都是对既存的人类生存条件做出的反应,尽管形式有所不同。[2] 这里暗含着一种逻辑关系,即信仰者的情感之所以是真的,是因为宗教就是真的;宗教是真的,则是因为宗教是对真实的人类生存条件的反映。既然所有的宗教都是真的,那么,"虚假的宗教"的说法本身就是一种自相矛盾,也因此是不可能的存在。

与涂尔干相比,西美尔对宗教的真实性的强调稍显复杂。西美尔对个体宗教的阐发属于其宗教哲学。他对传统(客观)宗教在现代文化的处境做了悲观的诊断,但同时又宣称,现代文化仍然需要宗教,且这种需要不是要将宗教化约为实用主义式的功能,而是与宗教自身的本质、价值相关。宗教身处其中的现实世界发生了巨大变化,对宗教本身的理解亦可能随之发生变化。不过,对于西美尔来说,所有这些变化都不会影响宗教的真实性,甚至可以说,宗教是否真实根本是一个无关紧要的问题。与启蒙理性

---

[1] 涂尔干:《宗教生活的基本形式》,渠东、汲喆译,北京:商务印书馆,2011年,第577页。

[2] 同上书,第2—3页。

将宗教揭示为幻觉或虚假的意识反映不同，他并未质疑宗教的真实性，而是从生命哲学的角度出发，将理智意义上的真实问题相对化了。他在《宗教社会学》中即已声称，不论用如何世俗、如何经验的方式来解释超世俗（Überirdischen）与超经验（Überempirischen）理念，这些理念的主观情感价值及其客观真理价值都不会受到影响。① 这一个层面针对的是客观宗教中的信仰的情感价值与信仰对象的真理价值，同时很明显也是对以社会学来研究宗教这一路向的辩护。但是，在另一个层面上，也就是关涉个体宗教的这一层面上，西美尔悬置了宗教的真实性问题，反而强调，它之于人之存在本身而言乃是无关紧要的。他的看法是，如果人们将宗教理解为人的基本质素，那么，真假问题也就毫无意义了，因为存在没有真假之分，只有对超越信徒之实在的信仰才有真假之分。② 在这一层面上，西美尔不但将人的基本质素视为宗教性的，而且明确将宗教与存在问题联系了起来。

这两个层面的诠释均是对西美尔如下看法的直接反映，即宗教信仰与理智标准是不相干的。众所周知，在希腊哲学与基督教的理性神学中一直存在着一种观念，即至高的存在是真善同一的。柏拉图的善的理念不仅仅是价值论上，亦是本体论上的至高存在；基督教的上帝亦不仅仅是至善的存在，亦是至真的存在。对他们来说，好的生活必然是以形而上学的真实为根据的。西方现代哲学虽然颠覆了传统的形而上学，却丝毫没有放松对真理及其确定性的追求。例如，在笛卡尔这里，确定性成了真理的决定性形式，它是对存在者之为存在者的确定，而这种"确定"恰恰是从"我思故我在"对人的自我的无可怀疑中出来的。③ 西美尔的特殊之处则在于，他在其宗教哲学中通过将宗教性化为人的"存在"而取消了"真/假"问题。在他看来，"存在"甚至与理智意义上的"真/假"无关。

在《论宗教》中，西美尔再次回应了他在《货币哲学》中已经涉及的论题：纯粹宗教意义上的信徒并不在意其信仰在理论上是否可能，而是感到他们的追求在信仰中已经得到了疏导与满足。与此相比，所有的教义

---

① Simmel, "Zur Soziologie der Religion," in *Georg Simmel Gesamtausgabe, Bd. 5*, Hrsg. von Otthein Rammstedt (Frankfurt am Main: Suhrkamp, 1992), 266–267.

② Simmel, "Das Problem der religiösen Lage," in *Georg Simmel Gesamtausgabe, Bd. 14*, Hrsg. von Otthein Rammstedt (Frankfurt am Main: Suhrkamp, 1996), 372.

③ 海德格尔：《同一与差异》，孙周兴、陈小文、余明锋译，北京：商务印书馆，2014年，第20—21页。译文对照了 Martin Heidegger, *Identität und Differenz, Martin Heidegger Gesamtausgabe, Band. 11* (Frankfurt am Main: Vittorio Klostermann GmbH, 2006), 34–35.

（超验观念）在实践经验或科学命题的意义上是否为"真"甚至都只是一种次要的旨趣（das sekundäres Interesse）而已。① 在他看来，宗教世界的材料，我们在现实层面上亦可经历到，但是，这些材料在宗教中乃是以新的张力、尺度和综合方式得到整理的。宗教最普遍的，基本上也最难以避免的困难是，它来自于与经验事实和知性标准无关的灵魂需要与冲动，因此，它关于此岸与彼岸世界的主张不可避免地会与知性标准相冲突。在此意义上，用真假来辨析宗教，即是用另一种世界的逻辑来衡量宗教，这种错误正如用宗教世界的规范或逻辑来审判科学标准，本身就是一种曲解。

对宗教真实性的坚持暗示着宗教有其独立的价值与追求，它不能被化约为其他事物，因此，不论是将宗教还原为道德，还是将宗教还原为美学，均只是在某些方面找到了宗教的功能等价物，而忽视了宗教自身的本质。

三、引进新神：涂尔干与西美尔的宗教社会学中的"上帝"

当涂尔干与西美尔在坚持宗教的真实性的时候也就间接地承认了传统的"上帝"的真实性，但是，他们并未否定"上帝死了"的思想进程，相反，他们在各自的宗教社会学中对上帝问题或宗教问题的社会学阐释倒毋宁也是一种苏格拉底式的"引进新神"。

涂尔干并非没有意识到，较之于世俗生活的发展，宗教领域已经明显衰弱了，但是，他的看法是，这种退步现象并不是在某个特定的历史时期产生的，而是贯穿于这个社会进化过程的始终。因此，它是与社会发展的基本条件有关的，它可以证明那些既带有集体性又带有宗教性的强烈的集体感情和信仰逐步淡化的趋势。这意味着，共同意识本身的平均强度也逐渐弱化了。② 共同意识的衰弱并不是现代社会的特有现象，也不是现代性的特殊后果，毋宁说，它是社会发展的必然现象。伴随着共同意识的衰落，则是个人人格的兴起，这又反过来为一种新的宗教的兴起提供了条件。

涂尔干认为，任何合作都有其固有的道德，只是在现代社会中，这种道德还未发展到我们需要的程度。但是，这种道德和前现代社会中的道德不同，它只有在个人人格逐渐完善起来的时候才会发达起来，而传统社会

---

① Simmel, "Die Religion," in *Georg Simmel Gesamtausgabe, Bd. 10*, Hrsg. von Otthein Rammstedt (Frankfurt am Main: Suhrkamp, 1995), 45–46.

② 涂尔干：《社会分工论》，渠东译，北京：三联书店，2000年，第130页。

的道德只是在个人衰微的时候才变得强盛。① 在《社会分工论》中,涂尔干注意到这样一种看法,即只有个人之间产生相互依赖的关系,个人才能依赖社会,而个人相互依赖的前提是可以自由缔结私人契约。由此,所谓的社会团结就成了个人利益之间自然达成的一致关系,而契约也只是这样一种一致关系的自然体现。这就是所谓的"契约团结"。针对将社会团结归结为契约关系的这种提法,他指出,在这种"契约团结"中,社会关系变成了游离于一切规定的经济关系,变成了当事人双方自由协定的结果。但是,问题在于,即使相互利益可以促使人们相互接近,但那只是暂时的而不能持久,因为自我利益本身是世界上最没有恒久性的东西,以自我利益为基础,人们只能形成短暂的接触和联系。② 他否定契约团结的目的在于指明,在现代社会中,任何个人都不可能是自足的,他所需要的一切都来自于社会,亦必须为社会劳动。这种情况下,单纯以个人利益为基础的契约团结不足以解释,亦无法维系社会之于个人的道德权威。价值共识与个人人格之间并非就是相互排斥的关系,这不仅表现在社会本身即内在于个人,而且一种新的宗教有可能为二者在新的历史条件下的相互协调开创契机。

从雅各宾派摧毁了天主教并试图创造一种综合的"理性宗教"去填补随之而来的精神空虚,到圣西门的新基督教和孔德的人性宗教,法国非宗教思想家一直试图寻求能够替代传统宗教、保持公共道德和个人道德的替代物。涂尔干亦受到这一问题的影响,他研究宗教作用的动机之一即为探索能够维系受到威胁的社会秩序的途径:传统宗教的完结是否意味着所有精神团体的全面崩溃?③ 显然,涂尔干的答案是否定的。对后期涂尔干而言,宗教作为社会中最深层的道德情感与理想的象征,构成了现代社会中的一种统一性力量。与其说,现代化消解了宗教,不如说,它促成了宗教的转化。那么什么样的宗教适合欧洲后传统的工业化社会呢?涂尔干在"个体膜拜"(cult of individual)或"人性宗教"(religion of humanity)现象中找到了答案。④

然而,这种所谓的人性宗教仍系之于社会。即使在《宗教生活的基本

---

① 涂尔干:《社会分工论》,第185页。
② 同上书,第161—162页。
③ 科塞:《社会思想名家》,石人译,上海人民出版社,2007年,第122页。
④ Lise Ann Tole, "Durkheim on Religion and Moral Community in Modernity," in *Emile Durkheim: Critical Assessments*, vol. 6, ed. Peter Hamilton (London: Routledge, 1995), 260 ff.

形式》中，涂尔干亦毫不避讳地谈及了个体膜拜，但是，在他看来，"个体膜拜与教会膜拜并不是两类各有殊异、背道而驰的宗教；相反，两者是由同一观念、同一原则构成的，教会膜拜适用于与整个群体有关的环境，私人膜拜则适用于个体的生活。"① 个体膜拜的存在与他的宗教社会学解释并不矛盾，因为个体膜拜所针对的宗教力仅仅是集体力的个体化形式，它的生命之源仍然内在于社会之中。② 不论是宗教的神圣性，还是个人的神圣性，均来自于社会。

关于个人道德，涂尔干更清楚地指明，它最终是社会的。个人道德要求我们力求实现的，仍然是社会所构想的理想人，这种理想类型乃是整个社会体系的基石，它能够为社会赋予统一性。③ 因此，集体情感所附着的道德事实才能够产生特殊的神圣性。这种神圣性并不是人的内在特征。相反，"正是社会将人神圣化的。……这样，人们通常所说的个人与社会的对立就不复存在了，道德个人主义，乃至对个人的膜拜，其实都是社会本身的产物。社会构建了这种膜拜，把人塑造成为这种膜拜所服侍的上帝。"④

在涂尔干处，"社会"乃是一种道德存在，个体之于社会的关系必然是一种道德关系。宗教之于社会的整合作用即是因为宗教明显是社会性的。宗教表现是表达集体实在的集体表现；传统的神已经退隐，可以履行社会整合功能、促进集体意识的新神即为社会。我们能够确定的是，"社会"是上帝的另一张面孔，或者说，神化的"社会"已经取代了上帝的位置。⑤

反观西美尔，宗教与社会的关系这一问题主要体现在他对"上帝"理念⑥的社会学阐发。在"上帝"理念这一环节上，西美尔的观点与涂尔干的相似之处主要体现在，他也明确地将上帝与作为整体的社会联系了起来。他认为，如果上帝理念的本质在于，一切多元、对立、不同的存在和意愿均在上帝中找到了起源与统一，那么，人们就可以用社会总体性（sociale

---

① 涂尔干：《宗教生活的基本形式》，第57页。
② 同上书，第62—63页。
③ 涂尔干：《社会学与哲学》，梁栋译，渠东校，上海：上海人民出版社，2002年，第61页。
④ 同上书，第63页。
⑤ 涂尔干认为，在上帝与社会之间确实存在着选择，"我不想检验哪种解决方式更为合适的原因，两者都是协调的。我只能补充说，我本人并不关心这样的选择，因为我看到上帝不过是社会的变形的和象征性的表达。"涂尔干：《社会学与哲学》，第56页。
⑥ 关于"上帝"这一概念，西美尔在《一个宗教哲学问题》及《上帝的位格》中亦有专门论述。

Gesamtheit）来替换上帝的位置。我们彼此适应的冲动，存在于其中的多元联系，用于区分及统合世界各个方面的感官的形成，其源头都是社会总体性。①

与涂尔干一样，西美尔也充分认识到了现代人身处其中的世界已经且正在发生剧烈的变动。他在《竞争社会学》（*Soziologie der Konkurrenz*）中提出，对竞争的积极作用的阐释需要以个体与社会之间的张力为背景才是可能的。根据他的理解，从集体的角度出发，则个体的主观动机呈现为客观的社会价值的手段；由参与者的视角出发，则客观价值的生产只是手段，其目的反而指向主体的满足。对种属、集体或环境而言是手段的，却可能是个体的终极目的，反之亦然。西美尔特意强调，这种关系亦适用于人与形而上整体，或与上帝之间的关系。在神圣世界筹划的理念中，单个存在无非是实现所有尘世活动之绝对终极目的的阶梯或手段；对个体而言，则不仅经验实在，而且超验实在都仅仅是他的目的的手段——他通过上帝寻求尘世的幸福、超越的拯救等。正如作为绝对存在的上帝通过人来实现自身，人亦通过上帝来实现自身。②

西美尔虽然留意到现代社会中的去中心化趋势，却没有尝试去提出一种能够建构、维系社会共识的替代性方案（如涂尔干的人性宗教），而是指出了竞争这一社会化形式对于统一的积极意义。现代社会中前所未有的激烈竞争并非单纯是一种破坏性的因素，相反，竞争的社会化作用亦为现代社会中的人们的相互依赖（如涂尔干式的有机团结）创造了条件。他指出，社会需要和谐与矛盾、合作与竞争、偏爱与疏远等一系列的数量关系，以获得某种特定的形态。这些冲突或对立绝非社会学上纯粹的消极因素，因为如果没有压制性、破坏性的能量，就不可能存在一种更丰富完善的共同体生活。③笼统而言，对于冲突、对立、张力的重视可谓是以西美尔为代表的冲突论与以帕森斯为代表的系统—功能论的一大差异，在此，西美尔显然未将价值共识或集体意识视为共同体生活唯一的统一途径，而是发现了竞争性因素对于共同体生活的积极蕴涵。事实上，西美尔的确列举了其他的几种与宗教不同方向的统一手段，其中之一就是劳动分工。

---

① Simmel, "Zur Soziologie der Religion," 282.
② Simmel, "Soziologie der Konkurrenz," in *Georg Simmel Gesamtausgabe, Bd. 7*, Hrsg. von Otthein Rammstedt (Frankfurt am Main: Suhrkamp, 1995), 226.
③ Simmel, "Soziologie der Konkurrenz," 221–222.

当然，劳动分工执行的仍然是系统整合而非社会整合的功能。直至《货币哲学》时，西美尔才表现出对劳动分工这一问题的兴趣，①但是，就我的研究主题而言，尤为让人注意的是他在《论宗教》这一以宗教为直接研究对象的论文中对劳动分工进行的诠释。西美尔认为，社会在其发展中对个体进行了劳动分工（Arbeitsteilung）。个体彼此间的劳动产品愈是不同，就愈是需要他人，通过产品交换、利益的相互满足以及个体本质的互补而达至的统一就愈强。分工是对竞争（Konkurrenz）的调整，后者意味着个体之间的相互排斥，因为他们追求同类目标的实现，而目标却并不能给所有人以充沛的空间。相反，分工则意味着相互补充与完整，因为每个人在不同的领域、以不同的方式展现自己的能力。②正如货币的距离化效果对现代大都市交往的拥挤是一种内在的保护，分工也是对现代文化中的竞争强度的一种自发调节。在此意义上，我们也可以说，分工亦执行着特殊的距离化功能。无序、无节制的竞争必然会妨碍个体与社会的发展，正是在这种情况下，劳动分工不仅在一定程度上缓和了竞争，减轻了个体生存的压力，为社会的有序运作提供了条件，而且亦使得承担不同功能的人与他人之间的互动更为频繁与持久，从而实现了现代社会的必要统一。

但是，根据西美尔的看法，诸如劳动分工这样的系统整合仍然只是对竞争的调节，而非排除。在他看来，排除竞争的社会学类型主要有两种。一是家庭，虽然孩子们可能会为父母的爱或遗产而竞争，但是，这种竞争只是由个人偶然性决定的，与家庭的原则并无关联。另一种则是宗教共同体，在这种共同体中，所有人的目标相同，但无须互相排斥。人们的活动同时有效，有着特殊的形式与命运，这可称之为消极的竞争（die passive Konkurrenz）。此外，宗教集体中亦可将表面的竞争表现为嫉妒性激情，它试图在追求至善的过程中胜过他人，这可能会推动守诚、善功、谦卑、苦行、祈祷与施舍行为，但这里缺少竞争的特征，即所获之物归属一个人，就必须同时拒绝另一个人。③

西美尔宣称，集体之所以能够形成统一，是因为它内在地排除了对立和竞争。无竞争性是作为集体生活形式的统一的先决条件，但是，这种竞争的缺乏在一般的集体生活中仍只是相对的和局部的，只是在宗教领域中

---

① David Frisby, *Georg Simmel* (London: Routledge, 2002), 77.
② Simmel, "Die Religion," 92.
③ Simmel, "Soziologie der Konkurrenz," 230–233.

才找到了无竞争性的绝对与最集中的实现。① 他强调,就统一概念而言,它的一个内在趋势即是向着宗教领域提升。大概并无一个领域能够像宗教领域一般,其中,非竞争性共存的生存方式将各自目标与旨趣的兼容性表达得如此纯粹与全面,以至于其他集体生活的和谐统一显得像是初级阶段。可能只有在宗教领域中,各个个体的能量方可得以充分的发挥而无须陷入相互竞争,因为根据耶稣的教导,在上帝之国中,人人皆有其位。每个个体的目标都是相同的,但耶稣给予了每个人实现它的可能性,使得人与人之间不但不会相互排斥(Sich-Ausschließen),而是彼此依赖(Sich-Aneinanderschließen)。② 无竞争性不仅是对系统整合的反动(因为它不仅没有将人化约为功能,而且还使个体的独特性得到了平衡发展),亦是一般的社会整合的绝对化。

正如宗教性不仅仅局限于宗教领域,但是确实又在宗教领域中得到了纯粹、绝对的表达,同样的,社会统一亦不仅仅局限于宗教领域,但确实在宗教领域得到了纯粹、绝对的表达。他仍以基督教为例指出,根据基督教的不可见的教会这一思想,一方面,基督徒都是兄弟姐妹,因为上帝是所有人的父亲;另一方面,尽管在基督教的历史中只得到了不彻底的贯彻,但是,基督教却尝试不用通过分化的中介而达至统一。唯其如此,方才获得了个体性情感与团结的综合,这种综合在"每一个体均须为所有其他人的罪负责"的观念中得到了最深刻的表达。在此观念上,基督教与神秘主义的关键性区别即在于,前者是对人格性情感的坚持,它拒绝分化的人的自为存在。因此,基督教的内在"社会化"的统一是"有机的"(organische),其特殊性就是对生理及外在社会组织的统一化手段——分化——的否弃。③

在《论宗教》中,他进一步指出,上帝即为社会统一的绝对名号。上帝既存在于社会统一中,亦是该统一的表达。诸如上帝这样的元素,其独特而又复杂的社会地位在于,他们一方面属于集体的成员,另一方面又是集体的至高者;一方面,他们将所有其他的成员联合为一个整体,另一方面,又在某种意义上作为一种独立与平衡的力量与该整体相对立。④

---

① Simmel, "Zur Soziologie der Religion," 279–280.
② Simmel, "Die Religion," 81–82.
③ Ibid., 94–95.
④ Ibid., 84.

在此，有两点需要注意：第一，在提及"上帝"时，西美尔使用的是"复数"，这就排除了以"某一种"宗教中的上帝或者仅仅以"宗教"中的上帝来垄断宗教性的可能；其次，对统一的再三强调是为了说明，超自然存在尚不就是上帝。在此，上帝与共同体之间的牵连得到了彰显。例如，原始民族的想象易于趋向创造一种巫魅现实，其中，神首先只是一种"自为存在"（Existenz für sich）。只有当他能够将自己的崇拜者组成一个集体，方才成为上帝；反之，若无崇拜者团体，则上帝不成其为上帝而是魔鬼。只有将自身与一种共同体发展出某种规整性关系——这种形式原型（Formtypus）是由人的共同体中提取出来的，该魔性存在才成为活生生、有效的上帝。在此意义上，上帝有着这样的特质：他们只存在于特定的社会形式中。西美尔以犹太教为例说道，若以血缘关系为基础，则上帝为父，信徒则是子女。若超越血缘而由不同的部族组成一个政治统一体，则上帝须具备君主的特质，因为他现在更为遥远，一方面，作为内在于整体的更为抽象的形态而存在，另一方面，又能将自身的内部成员身份塑造或转变为超越者（Über）。①

西美尔对上帝既内在（于集体）又超越（于集体）的特质的强调与涂尔干对社会既内在（于个体）又超越（于个体）的强调呈现出一种相似的逻辑关系。但是，如果说涂尔干是将宗教与社会等同起来的话，西美尔则只是认为，社会总体性可以取代上帝的位置，他并未将二者视为等同的——"社会"与"上帝"之间只是一种类比的关系，而非等同的关系。他对上帝之于集体的双重性的强调再次表明宗教信仰中的一个双向过程："内在于集体"意味着距离的克服，"超越于集体"则意味着距离化效果。西美尔澄清，自己说的并不是"人在上帝中表现自身"这样的老生常谈。他强调的是，上帝不单是个体的特征、力量、道德或道德品质、偏好与需求的理想化，而是个体之间的社会生活形式给予了宗教表现以内容。宗教冲动亦弥散于经验现实，它从后者那里获得形式，并孕育至超验领域。超验领域是宗教冲动的场所，正如经验空间是我们外在感官的场所一般。因此，也可以说，社会统一过程引发了宗教反应。②对于西美尔来说，"上帝"既存在于社会统一中，亦是社会统一的表达，也正因为如此，他维系着我

---

① Simmel, "Die Religion," 84.
② Ibid., 85.

们此在的统一（Einheit des Daseins）。

可以看出，西美尔对上帝之于社会统一的意义的说明是与共同体联系在一起的。他举例说，集体的统一在古代宗教中表现为：上帝的旨趣普遍并最终地仅仅指向共同体（Gemeinschaft）事务。① 他对上帝特质的限定彰显的并不是上帝与个体，而是与共同体之间的牵绊，这种理解亦可与涂尔干对巫术和宗教所做的区分相呼应。

四、宗教是如何可能的？

涂尔干和西美尔对于宗教真实性的坚持，对于"上帝"问题的社会学阐释，与他们对"宗教的起源"这一问题的解释是分不开的。简单而言，两人对宗教起源的发生学说明与他们各自社会学的核心概念联系在一起的：一为"社会"，一为"互动"。不过，首先需要注意的一点是，涂尔干、西美尔在追溯宗教的起源时，采用了相似的研究方法，即从"原始宗教或不发达的宗教性"开始探讨宗教的本质。在《宗教生活的基本形式》中，涂尔干的研究以他所能发现的最原始的人类学材料为依据，这种研究是建立在客观事实之上的。② 他确立了追溯宗教的最原始、最简单的阶段的两个原则：一、它应该处于组织形式最简单的社会背景中；二、不必参照过去的任何宗教体系就能对它进行解释。将成熟宗教的本质与最简单、最原始宗教的本质之间画上等号，涂尔干所寻找的普遍有效的宗教概念是一种本质性定义。

之所以要赋予原始宗教以特殊地位，仅仅是出于方法论上的考虑。因为按照涂尔干的观点，在所有信仰体系和膜拜体系的基础中，必然存在着某些基本的表现、概念或仪式态度，尽管形式多样，却总是有着同样的客观指涉以及同样的功能。正是这些恒久的因素，构成了宗教中恒久的部分。如果这些因素都简化到了必不可少的地步，简化到了若没有了它们就没有宗教的地步，那么，它们就是最为本质的要素。③ 要探求宗教生活的基本形

---

① Simmel, "Die Religion," 78–79. 在西美尔看来，基督教的整合动机亦得力于另一个完全不同的方面：新上帝的位格。最高概念的整合乃是教会整合意识的坚强支撑，因为它的人格化形式与无尽的生命力比新柏拉图主义的太一更为生动与有效。参 Simmel, "Die Religion," 80.

② 涂尔干并未到过澳洲，他的研究主要是以一些民族志资料为基础。田野调查的欠缺是许多学者对他的结论有诸多诟病的原因之一。参 Robert Nisbet, *The Sociology of Emile Durkheim* (London: Heinemann Educational, 1975), 166.

③ 涂尔干：《宗教生活的基本形式》，第 6—7 页。

式，最好从最简单的社会开始。根据涂尔干所掌握的材料，没有比氏族更为初级的社会组织了，因此，在这种社会系统中的宗教，就可以被视为我们所能知道的最简单的宗教。① 也就是说，宗教的基本形式是与社会的基本形式密切相关的，就此而言，涂尔干提出的是一种结构主义思路。

与涂尔干相同，西美尔同样认为，欲理解宗教最为高级、独立的阶段，即须在不发达阶段下一番功夫。欲探求宗教的根源，只需运用一种已被普遍认可的方法，即所有高级、纯粹的生命形态（如语言、艺术、宗教等）首先是在试验、萌芽性的状态中出现的，与其他的形式和内容交织在一起，因此，必须在这些未开化的阶段寻找才能把握这些生命形式的高级与独立阶段。②

从一种初级的、简单的阶段出发来揭示自己真正研究对象的内核，在这一点上，二者是一致的。通过这种特殊的减法来还原宗教的本质，涂尔干和西美尔都认为自己找到了宗教之所以发生的源头：一为社会，一为宗教性。伍尔夫曾经指出，西美尔的《宗教社会学》的研究路向中蕴含的社会学元素与涂尔干的宗教研究方法极为相似。③ 不过，具体何处相似，伍尔夫并未细谈。特里维诺则指明，涂尔干与西美尔都主张从宗教的不发达形式来开始自己的分析，但是，涂尔干的分析是以社会形式（social form）——氏族——开始的，西美尔则是以心理形式（psychological form）——有着神圣性、忠诚性、献身性等特点的人与人的关系——开始的。④

表面看来，二人确是通过返回宗教的初级阶段来把握宗教本质的，但是，二人的方向却截然相反。在最简单的社会中寻找最简单的宗教，涂尔干是将宗教作为一种"社会事实"来看待的，并且"最初级的"实际上就意味着"最本质的"。如果按照涂尔干的逻辑，那么，最纯粹的宗教性也

---

① 涂尔干：《宗教生活的基本形式》，第226页。这里需要强调的是，涂尔干并不是始终如一地坚持必须借助最简单的来解释发达阶段。他也承认，要了解某种制度，往往要切入到其演化的发达阶段，因为正是在发达阶段中，该制度的真实蕴涵方能清晰地显现出来，因此，尽管美洲印第安人比澳洲土著发达得多，涂尔干也"毫不避讳地利用北美印第安社会中获得的各种事实"，虽然"仅仅在补充的意义上"。参涂尔干：《宗教生活的基本形式》，第130页。

② Simmel, "Zur Soziologie der Religion," 267.

③ Kurt H. Wolff, "Review of Sociology of Religion," *Journal for the Scientific Study of Religion* 2, no.2 (Spring, 1963): 258.

④ A. Javier Trevino , "On Durkheim's Religion and Simmel's 'Religiosity'," *Journal for Scientific Study of Religion* 37, no.1 (1998): 195.

应该是在它最初级的阶段出现的。但是,西美尔却恰恰相反。他认为,首先在萌芽性的初级阶段出现的"宗教性"总是不可避免地与其他的形式、内容混杂在一起,只有当它摆脱了与这些形式和内容的纠缠,发展至自身纯粹的状态,才是宗教性这一形式的高级阶段。亦即,当涂尔干将最纯粹的宗教追溯至最简单的社会中的最简单的宗教时,西美尔则将最纯粹的宗教性与宗教——宗教性的最纯粹的对象世界——联系了起来;涂尔干要做的是将其他形式、内容剥离出去,透析真正的宗教本质,西美尔则是将宗教性视为社会形态与宗教形态共有的形式范畴,它总是不可避免地与其他形式、内容糅杂在一起。

不过,特里维诺对于涂、西二人的一个区别——社会形式(氏族)与心理形式(宗教性)的区别——的总结是十分中肯的,这种区别实质性地涉及他们对宗教起源的不同的社会学解释。关于宗教的来源,涂尔干认为,人类和自然都不具备神圣性,较之于自然崇拜和泛灵论,图腾制度是一种更基本、更原始的崇拜,前两种崇拜不过是图腾制度的派生形式或特殊方面。而图腾制度崇拜的实质上就是氏族本身,因此,宗教的起源即是"社会"。宗教不仅仅是社会本质的表达,而且其根源也正是社会本身。作为涂尔干最有雄心的一部作品,《宗教生活的基本形式》通过对原始宗教的讨论,意在展示所有思想范畴(认识、评价、情感表达等)的"社会"根源。①

西美尔的宗教社会学的整体思路的基本线索是:并非宗教创造了宗教性,而是宗教性创造了宗教。"宗教性"(Religiosität)作为一种特殊的情感内容(Gefühlsinhalt),源自于个体间相互作用的形式(Form interindividueller Wechselwirkung),这种情感将自身转化为与一种超验理念之间的关系(Verhaltniß),就形成了一种新的范畴(即宗教),使得源于人与人之间关系的形式与内容得以充分发挥。②一切宗教性都包含着无私的奉献与热烈的欲求、顺服与反抗、感官的直接性与精神的抽象性的独特混合,从而形成了一种特定的情感张力,一种真切与坚定的内在联系,一种在更高的秩序中的主体倾向,而主体同时也将这种秩序感受为关乎个人内心的。③在这一层面(人与人之间的关系)上,西美尔为这一准康德式的问

---

① Ken Thompson, *Emile Durkheim: Revised Edition* (New York: Routledge, 2002), 122.
② Simmel, "Zur Soziologie der Religion," 274.
③ Ibid., 269.

题——宗教是如何可能的？——提供了以人类经验为基础的答案。

在西美尔处，由于社会本身就是互动的集合，因此，就其最终根源而言，宗教亦源于"社会"，这也是宗教行为与社会行为之间存在着形式相似性的基础所在。西美尔指出，宗教信仰也在人与人之间的关系中体现出来，对上帝的信仰只是摆脱了经验对象与相对尺度。① 对自我（Ich）、他者及上帝的信仰的结果是相似的，是因为这些只是相同的心理张力状态（Spannungszustand）之不同表现的社会学对象。② 宗教性的确不仅仅局限于宗教，但是，宗教中的宗教性却是它的纯粹状态，而社会关系中所蕴含的宗教性则是一种不纯粹状态。宗教乃是信仰的对象世界。或者说，客观宗教作为具有具体信条、机构与神职人员的独立领域，乃是宗教性的派生物。宗教必然来自于宗教性，宗教性却不必以宗教为唯一对象。西美尔引证了拉丁文 *pietas*（虔敬）的原意指出，*pietas* 既适用于一个人对其他人的行为，亦适用于人对上帝的行为。因此，虔敬（Frömmigkeit）并不一定会发展为人与上帝，即与宗教之间的固定形式。③ 成熟宗教的独立形态（即客观宗教）只是从宗教性这种社会关系中衍生而来，它并非是对宗教性的垄断，而只是强化。易言之，宗教性只是在宗教领域中才以一种纯粹、有效的形态来呈现自身，但它并非仅仅局限在宗教领域中，后者只是它的一种尺度和表现形式而已。因此，西美尔在肯定宗教性（形式）之于宗教的优位性的同时，并未直接涉及某种宗教教义（内容）。

但是，当涂尔干将宗教的来源排他地归诸"社会"时，西美尔却倾向于对这一问题做出一种因果多元论的解释。他强调，宗教的起源不是唯一的。如果人们将恐惧或爱、祖先崇拜或自我神化、道德冲动或依赖感视为宗教的内在根源，乃是全然的错误。相反，若是将各个元素视为宗教的一种（着重号为西美尔原著所有）起源，就可信得多。④ 易言之，西美尔反对将某种单个动机或元素夸大为宗教本质的普遍法则。

五、圣俗之分

在《宗教生活的基本形式》中，涂尔干明确否定了以"超自然"或

---

① Simmel, "Die Religion," 70–71.
② Ibid., 73.
③ Ibid., 66.
④ Simmel, "Zur Soziologie der Religion," 266.

"神性"概念来定义宗教的尝试；同样，西美尔对"宗教是如何可能的？"这一问题的回答亦暗含着与涂尔干相同的推论。

涂尔干对宗教的界定始终坚持圣俗之分。在他看来，宗教现象的真实特征是"将已知和可知的整个宇宙一分为二，分为无所不包、相互排斥的两大类别。神圣事物不仅受到了禁忌的保护，同时也被禁忌隔离开来；凡俗事物则是实施这些禁忌的对象，它们必须对神圣事物敬而远之。"① 对涂尔干而言，所谓的圣俗之分无外乎"社会"与"个体"之分。只有理解这一点，方可理解涂尔干何以又明确地指出纯粹世俗的事物亦可被公共舆论转变为神圣事物，如法国大革命中的"祖国""自由""理性"。② 世俗之所以能够具有神圣性，恰恰只是出自社会的创造。但是，将宗教等同于社会的观点有着自然的扩张倾向，由于宗教的神圣性来自于社会，这也就默许了，即使制度宗教在现代社会的衰落会削弱人们之间的共同纽带，但由于社会作为道德存在总是存在的，它必然会通过或制造出必要的周期性仪式来维系和强化社会之于个人的道德权威。

对此，涂尔干这样写道："集体生活之所以唤起了宗教思想并使它达到了某种程度，是因为它所带来的狂热状态改变了人们心理活动的条件……任何社会都会感到，它有必要按时定期地强化和确认集体情感和集体意识，只有这种情感和意识才能使社会获得其统一性和人格性，这种精神的中心铸造只有通过聚合、聚集和聚会等手段才能实现，在这些场合个体被紧密地联系起来，进而一道加深他们的共同情感；于是就产生了仪典。无论在目的、在结果，还是在为取得这些结果而采取的步骤方面，这些仪典与常规的宗教仪典都没有不同之处。当基督教徒集会纪念基督降生的日子的时候，当犹太人集会纪念出埃及或颁布摩西十诫的时候，当公民们集会纪念颁布新的道德或法律体系的时候，或者当人们集会纪念国民生活中的重大事件的时候，它们之间又有什么本质的区别呢？"③ 如此一来，仪式不必局限于宗教仪式，宗教也不必局限于制度宗教了。在此意义上，可以说，涂尔干克服了整合问题的一个重要的"认识论障碍"④，即：他虽然不赞成宗教的私人化这样的提法，但至少已经不再将宗教排他地理解为体制化的教

---

① 涂尔干：《宗教生活的基本形式》，第 50 页。
② 同上书，第 295 页。
③ 同上书，第 589 页。
④ 可参李猛：《论抽象社会》，《社会学研究》1999 年第 1 期，第 12 页。

会，这也是他提出人性宗教的认识论前提。

那么，在西美尔的宗教社会学中，是否也存在着如此鲜明的圣俗之分呢？我以为，并非如此。对西美尔而言，没有宗教性的信仰，社会就不会存在，因为这种信仰是维系社会的最稳靠的纽带。按照西美尔的解释，无休无止的内在生命（Ratlosigkeit des inneren Lebens）不停地变换思想对象，最终在上帝观念中发现了绝对对象。上帝作为绝对的寻求对象，对他的信仰则是这种信仰形式、信仰关系的绝对化、超验化。[①] 不论是宗教性，还是信仰，或者是灵魂的拯救，西美尔对它们的解读呈现出一种相同的逻辑形式：从一般的宗教性衍化为纯粹的宗教性，从一般的信仰过渡到纯粹的宗教信仰，从混合着杂质的灵魂升华为纯粹灵魂的本真存在。其中，均涉及一种净化与凝缩的过程。反而言之，则神圣形式与世俗形式中都可能弥漫着相同基质，因此，宗教性在生产、孕育出成熟的宗教对象之前，有可能成为一种弥散型宗教。

在这一点上，我们可以通过西美尔与涂尔干宗教社会学的一个差异来理解。在涂尔干处，对宗教力的社会本原的揭示，必然要引出这种力如何持续有效地施加在个体身上的问题。力总是针对特定对象的，若脱离了对个体受力方式的考察，对集体力的分析就不是完整的。这个问题即为"人性如何可能？"，以西美尔的话来表达就是"社会是如何可能的？"这一问题。涂尔干所指出的日常生活与集体聚会之间的对立就是圣俗对立在社会形态学上的反映，亦即，社会的自我持存陷入了两难境地，因为集体欢腾之外的日常生活，社会在个体身上是不充分在场的。[②] 易言之，正如宗教性不必局限于宗教领域中一样，社会亦非外在于个体的存在。西美尔对"社会"的理解能够避免涂尔干那样的圣俗对立，因此，在世俗生活与灵性生活之间并不存在根本的断裂。

在《社会学》的"'社会是如何可能的？'这一问题的附录"（Exkurs über das Problem: wie ist Gesellschaft möglich?）中，西美尔借鉴了康德的知识论专门处理了这一问题。但是，正如弗雷斯比指出的那样，这一问题并不是以严格的康德式的术语来提出的，如"关于社会的知识是如何可能的？"，而是定位于更为经验的层面上，即"社会是如何可能的？"，康德

---

① Simmel, "Die Religion," 75–76.
② 汲喆：《礼物交换作为宗教生活的基本形式》，《社会学研究》2009年第3期，第3—5页。

问题中的先验主体被互动中的经验性人类主体所取代。①在西美尔看来，自然的统合与社会的统合的决定性区别在于：前者在观察性主体中才得以存在，它是经由主体对感觉材料（Sinneselementen）的整理而产生的；而社会各种因素的统合则是直接实现的，无需观察者，因为这些元素（即个体）自身就是有意识的，能够进行自我综合。因此，社会实质上就是个体心理的综合与互动。这种统一（Vereinheitlichung）不需要外在于其构成因素的东西。②因此，"社会是如何可能的？"这一问题与"自然是如何可能的？"相比，有着全然不同的方法论意义，对于后一个问题，主体通过认识形式，将给定的因素综合为自然；但是，第一个问题则由存在于元素自身中的先验条件来回答，通过这些条件，元素（个体）将自身与作为综合的"社会"联结起来。③

在人与人的互动中，每个人都参与到其他人的生活当中，宗教性即来自于这种互动，因此，这种宗教性本身即无时无刻地镶嵌在社会之中，神圣与世俗之间的张力并不如涂尔干理解得那样强烈。宗教范畴渗透并形构社会关系，后者则使得宗教成为可能，其深层基础就在于个体对待上帝的行为与个体对待社会共同体之间存在着值得注意的相似性（Analogie）。在此，最为突出的即是依附感（Gefühl der Abhängigkeit）。④同时，人与上帝之间的关系涵括了历时（Nacheinanders）与共时（Zugleich）之中的所有可能关系（Beziehungsmöglichkeiten），由此，它重现了个体与其社会群体之间存在的行为方式。⑤如此一来，日常生活与集体欢腾之间的断裂已经不复存在了。

因此，当社会关系尚未升华为客观宗教时，它与世俗机制之间的结合就可能成为一种弥散型宗教。西美尔以"宗族"为例指出，在伊斯兰教诞生之前，阿拉伯人的宗教性敬畏的对象乃是宗族。故而，的确存在着这样的社会关系，也就是人与人之间的关系，它们就其形式而言，可被视为半成品的宗教。正是这种意义上的社会关系，一旦脱离其社会旨趣内容，提

---

① David Frisby, *Georg Simmel: Revised Edition* (London: Routledge, 2002), 121.
② Simmel, *Soziologie: Untersuchungen über die Formen der Vergesellschaftung* (München: Duncker & Humblot, 1923), 22.
③ Ibid., 23.
④ Simmel, "Die Religion," 59-60.
⑤ Ibid., 60.

升至超验维度，即形成了独立意义的宗教。① 在此意义上，宗族之于伊斯兰教诞生之前的阿拉伯人而言，即类似于弥散型宗教。西美尔肯定了社会关系中的宗教维度，这使得宗教（神圣）与社会（世俗）之间的鸿沟趋于消弭。

质言之，在人与人相互的冲突与统合中，自发形成了某种具备宗教性的社会精神基调，后者影响着人对待他人或集体的方式，使得特定的社会关系表现出神圣性、忠诚性等情感特征。宗教——在西美尔那里，大多数时候指的就是客观宗教——只是宗教性的一种派生物，这就意味着，宗教性不必依托于专门的宗教组织与神职人员，亦可能指向一种世俗机制。西美尔多次强调，爱国者与其祖国、忠诚的军人与其军队之间的关系蕴含着不可否认的宗教性。宗教性散落四方，而不必局限于宗教，这恰恰为我们在它与弥散型宗教之间建立起联系提供了契机。当然，这并不是说宗教性就等同于弥散型宗教，我们所做的仅限于：将宗教性尚未上升为宗教的状态，也就是它可能的与世俗机制之间的聚合状态，作为向着弥散型宗教发展的方向之一。这种联系强调的只是二者与非宗教制度之间的亲和性，而非将二者实质等同。这种亲和性甚至可以部分地揭示西美尔的宗教性理论与贝拉的公民宗教理论之间的关联。

---

① Simmel, "Die Religion," 61.

第二章 宗教与知识论

第一节 涂尔干的知识论：宗教与概念

一、引言

按照西美尔的宗教社会学，宗教性与弥散型宗教对世俗生活、世俗机制的广泛渗透和紧密镶嵌，在某种程度上回应并解决了涂尔干式的困境，这可谓是西美尔式的"圣俗之分"对于涂尔干式的"圣俗之分"的补充与校正。我们可以从知识论的角度对这一问题做出进一步的解释。

在舍勒晚年所作的《哲学的世界观》一文中，他将人力所能及的知识分为了三种：宰制知识或成效知识（Herrschafts-oder Leistungswissen）、本质知识或教化知识（Wesens-oder Bildungswissen）与形而上学知识或救赎知识（metaphysischesoder Erlösungswissen）。① 所谓的宰制知识就是实证的专业科学知识，它需要由本质知识来为它确立相应的终极前提，因此，所谓的价值中立也就只能是一种神话了。实证知识出自控制自然、社会和灵魂的需要，它出现的一个深刻的社会—历史条件和背景即为欧洲城市市民阶级的大规模产生。实证科学的目的就是要用数学符号建构世界图景。这种图景有意忽视世界的所有"本质"，而只接纳现象之间的关系，以便根据这些关系来支配和控制自然。② 实证科学既不能解释真正的本质自身，也不能阐明真正本质的存在。它之所以能够有所成就，正是由于它把本质问题（如"什么是生命？"）彻底排除在考虑范围之外。因此，世界的本质结构和此在，最终必须依靠绝对存在者，即依靠世界和人本身最终所共有的

---

① 舍勒:《舍勒选集》（下卷），刘小枫选编，上海：三联书店，1999年，第1058页。
② 同上书，第1107—1108页。

终极原因。①

　　实证知识虽然在知识形式的划分中有着重要地位，但它在舍勒的先天价值秩序中，只对应于"适意"与"有用"的价值。本质知识与救赎知识则分别对应于精神价值与神圣价值。亦即，较之于本质知识与救赎知识，实证知识仍只是最低层次的知识。现代人恰恰对于最低层次的实用价值与感官价值十分敏感，这也必然使得实证知识能够获得显赫的权力。在古典社会理论内部，涂尔干与西美尔均警惕实证知识的僭越，他们不仅对事实—价值区分的思路给予了独具特色的社会学解释，而且也试图超越知识论传统上的先验论—经验论的区分，对知识论问题的研究做出了有益的探索。

　　众所周知，《宗教生活的基本形式》可谓是涂尔干最重要，也最具理论雄心的一部著作，在这部著作中，他对宗教现象的真实特征给出了一个广为人知的描述："它们经常将已知的和可知的整个宇宙一分为二，分为无所不包、相互排斥的两大类别。"② 亦即，宗教的宇宙论体系由两个相互排斥的类别构成。在对这个初步的宗教定义做出了必要的解释之后，他又提出了一个问题："究竟是什么东西能够使人们把这个世界看成是两个迥然有别、水火不容的世界，在感性经验中，似乎根本不存在任何可以使人们产生如此激烈的二元观念的东西。"③ 实际上，二元观念或二分法贯穿了涂尔干的整个社会理论，圣俗之分即为其中最核心的一种分类。对涂尔干来说，感觉和概念之间的区分、感官欲望（身体）与道德生活（灵魂）之间的区分只不过是圣俗之分的特例而已，究其根本而言，这两种区分有着同样的起源与本质，而且都指向了同一个问题：超越感性经验的客观性自何而来？长久以来，后一种区分似乎受到了更多的关注，而前一种区分则相对不那么受重视，与此相应的是，人们也更倾向于将涂尔干的"社会"理解为一种道德存在，而不那么关注其中的逻辑存在的蕴涵。④ 我拟就涂尔干

---

① 舍勒：《舍勒选集》（下卷），第1063页。
② 涂尔干：《宗教生活的基本形式》，渠东、汲喆译，北京：商务印书馆，2011年，第50页。
③ 同上书，第52页。
④ 帕森斯曾特意讨论过涂尔干的知识论，参帕森斯：《社会行动的结构》，张明德、夏遇南、彭刚译，南京：译林出版社，2008年，第433—442页。布尔迪厄对分类体系的讨论亦受到了涂尔干的《原始分类》的影响，参布尔迪厄、华康德：《实践与反思》，李猛、李康、邓正来校，北京：中央编译出版社，1998年，第12—14页。曼海姆虽然在《意识形态与乌托邦》中也论及了传统知识论的演变与特点，但并未提到涂尔干在社会学上的贡献；埃利亚斯在《个体的社会》中着重梳理了现代知识论的基本观点，但对涂尔干亦未置一词。

对前一种区分——感觉与概念之间的区分——的论述展开探讨,分析这一知识论问题的社会学建构与他的宗教社会学之间的理论关联。

需要注意的是,涂尔干在《宗教生活的基本形式》的导言中即已指出,他的研究主题是宗教社会学与知识理论,一方面要分析、研究已知的最简单的宗教,以确定宗教生活的基本形式,另一方面,则要确定思想和范畴之基本观念的起源。也就是说,《宗教生活的基本形式》的意旨不仅仅在于建构一种宗教社会学,也在于建构一种社会学的知识论。从这个整体的角度出发,我们才可以理解,涂尔干为什么在这部著作的导言与结论部分都不厌其烦地提及经验论与先验论之间的争论,为什么在行文中不断地论及分类图式、因果律、理想化能力,因为"知识是如何可能的?"这样的康德式问题原本确实属于哲学问题,而涂尔干却试图对其进行一种颇有新意的社会学建构,甚至试图以这种社会学的解答取代哲学解答。①

二、原始分类与科学的同源性

涂尔干在《宗教生活的基本形式》提出,圣俗之间的异质性的特殊之处即在于,它是绝对的,在人类思想的所有历史上,从未有事物的两种范畴如此截然分明。这当然并不意味着二者之间毫无关联,相反,涂尔干对禁忌体系与苦行仪式的讨论已经指明二者之间确实存在着一种对抗关系。但是,在《原始分类》中,涂尔干和莫斯也注意到,在人类社会中,总是存在着这样的信念:即使是异质性最强的事物之间也具有相互转化的可能性。如此一来,涂尔干必然要回答的一个问题是:转化的可能性是否与这种异质性相矛盾呢?

绝对的异质性本身就是一种分类观念,因为按照涂尔干的看法,当分类简化到只有两个类别时,这两个类别就必然会被想象为彼此对立的,例如,如果白色凤头鹦鹉属于一个胞族,那么,黑色的就属于另一个胞族。②但是,转化的可能性从根本上亦涉及分类体系的起源与本质。我们可以从两个方面来说明这一问题:第一,涂尔干对图腾的宇宙论体系与分类观念的理解;第二,涂尔干对类别混淆的解释。

关于第一点,涂尔干认为,宗教作为观念体系总是倾向于向人们提供

---

① 与曼海姆的立场相比,涂尔干的立场对社会学在知识论上的探索显得更自信,可对比曼海姆:《意识形态与乌托邦》,黎鸣、李书崇译,上海:三联书店,2011年,第285—287页。

② 涂尔干:《宗教生活的基本形式》,第199页。

一种世界的完整表现，即宇宙论体系。一个部落可能有几个胞族，每个胞族又分为若干个氏族，在一个部落中实行的各种图腾崇拜并不是并行发展的，而是相辅相成的，整个宇宙就在图腾之间进行了完整的划分。"每种神话基本上都是一种分类，只不过它所依据的原则来自于宗教信仰，而不是科学观念。高度组织起来的众神分摊了全部自然，就像在其他地方宇宙都分配给了各个氏族一样。"① 例如，甘比尔山部落中有十个氏族，整个世界就被划分为了十个类别，每一个都以一种专门的图腾为基础，而被划分到氏族的事物则被认为是图腾的各种变异形式。因此，氏族的图腾"只是一个单一整体的部分，是一个单一宗教的要素。"②

关于第二点，涂尔干认为，原始分类之所以会在不同的类别、不同的界域之间产生混淆，是因为这种宗教的基本要点是："氏族中的人和图腾标记所再现的事物被认为具有相同的本质。"③ 涂尔干认为，在图腾制度中，图腾标记、由这种标记再现其外观的动物或植物以及氏族成员均具有神圣性。所有被安排在同一个氏族中的事物，无论是人、动物、植物，还是非生物，都只是不同形式的图腾存在而已。④ 如果一个氏族的图腾是乌鸦，则所有被划归到这一图腾中的事物（雨、雷电、雹和冬天等）也就被视为不同形式的乌鸦。氏族成员对图腾生物的态度与信徒对神的态度完全不同，因为前者亦属神圣世界。涂尔干注意到，最初的时候，各个界域之间都是相互混淆的。例如，岩石有性别、有生育能力，人类则被想成动物或植物。正是宗教信仰把感觉所体会到的世界替换成了另一个不同的世界，搭建起了不同界域之间的桥梁，不同的事物被赋予唯一的本质（社会）。正是通过这种唯一的本质，不同的事物之间、不同的界域之间才建立起了亲缘关系。

按照涂尔干的看法，产生这种混淆的最重要的一个原因就是宗教力明

---

① 涂尔干、莫斯：《原始分类》，汲喆译，上海：上海人民出版社，2005年，第80页。韦尔南在阐释古希腊宗教的人类学意义时也明确指出，一个万神殿构成了思考、区别、归置种种自然、社会、人类现象的一种方式。见氏著：《神话与政治之间》，余中先译，北京：三联书店，2001年，第271页。

② 涂尔干：《宗教生活的基本形式》，第208页。

③ 同上书，第320页。

④ 在这一点上，曼海姆的观点有所不同。他虽然也承认，思想与观念来自于一个群体的集体的历史经验，但是，他同时认为，并不存在一种带有唯一一个倾向的集体经验的复合体，对世界的认识是通过许多不同的方向而得到的，因为许多同时产生于相互冲突的思想倾向以对"共同"经验的不同解释来争斗。见氏著：《意识形态与乌托邦》，第269页。

显具有传染性，而宗教力就是实体化了的集体力，即道德力。它被人们看作是所有功效的源泉，从逻辑的角度而言，这些混同与掺和却能够将人们凭感觉分割开来的各种事物完全联系在一起，从而为未来的科学解释开辟了道路。①

因此，涂尔干对原始分类的阐释实际上存在着两个层面上的"多"与"一"的统一。首先，多个氏族与一个部落具有统一性。每个氏族的特定崇拜具有很强的自主性，但同时，这些崇拜又是彼此契合的，不同类别的事物依据一个统一的计划进行整体的安排，因为他们借以融合的社会群体是统一的，即部落，所以，最初的逻辑体系的同一性无非是社会统一性的翻版而已。其次，被划归到同一个氏族中的多样事物被视为同一图腾的不同形式，因此，氏族成员与图腾生物之间的关系位于同一层次。这两个层面的统一表明，逻辑的理解是社会的一种功能，正是通过这种逻辑，人们对世界的最初解释才成为可能。"宗教对思想的最重要的贡献就是它们建构了事物之间这种可能存在的亲缘关系的最初表现。"②而一旦心灵将感觉分裂的东西联系起来，科学和哲学也就成为可能了。③

"纵然原始分类在某些方面与科学分类具有很大差别，前者也已经具备了后者的所有本质和特征。"④原因有二：其一，原始分类将事物安排在相互之间具有确定联系且共同组成了一个单一整体的群体中，这一点，我们在上文已有了详细的说明；其二，原始分类体系与科学一样，具有纯粹的思辨目的。它们的目标不是辅助行动，而是联系观念，统一知识，因此，它们将成为科学的分类，将建构最初的自然哲学。在涂尔干看来，弗雷泽将逻辑关系视为社会关系的基础，恰恰是颠倒了事实。相反，"最初的逻辑范畴就是社会范畴，最初的事物分类就是人的分类，事物正是在这些分类中被整合起来的。因为人们被分为各个群体，同时也用这些群体的形式来思考自身，他们在观念中也要对其他事物进行分门别类的处理，这样，最初这两种分类模式就毫无差别地融合起来了。"⑤

---

① 涂尔干：《宗教生活的基本形式》，第441页。
② 同上书，第321页。
③ 这一点在哲学上的一个明证是，亚里士多德在将爱好神话的人也称为"爱好智慧的人"，即哲学家。参亚里士多德：《形而上学》，982b15—20，吴寿彭译，北京：商务印书馆，1996年。
④ 涂尔干、莫斯：《原始分类》，第86页。
⑤ 同上书，第87—88页。

在涂尔干看来，"宗教总是用理智的语言来转述现实，它在本质上与科学所采用的方式并无不同之处；两者都力图将事物联系起来，建立它们的内部关系，将它们分类，使它们系统化。"① 就解释世界这个角度而言，科学思想只是宗教思想更完善的形式，在历史进程中，当科学脱离了宗教之后，就在认识与思维方面替代了宗教。

三、范畴

整体来看，《宗教生活的基本形式》的结构非常清晰，导言处理的是"研究主题"，第一卷是先导问题，第二卷讨论的是信仰，即观念或智识概念，第三卷讨论的是仪式，即行为，最后是结论。在导言与结论，尤其是在结论部分，我们不难发现，涂尔干对范畴问题，也就是对知识论问题的社会学重构占了更大的分量，其目的正在于显明：社会绝非无逻辑或反逻辑的存在，相反，逻辑思维本身即来源于社会。原始分类与科学的同源性实质上也说明了，"思想的基本范畴，因而也包括科学的基本范畴都起源于宗教。"② 分类与范畴直接相关，最明朗的证据即在于，涂尔干在《宗教生活的基本形式》的第三卷第三章《图腾信仰（续）》中的"图腾的宇宙论体系与类的观念"一节中明确地指出，他在《原始分类》中已经讨论了这样的分类，而在这样的分类体系中体现出来的逻辑体系的统一性则表明，认识的基本观念和思维的基本范畴乃是社会因素的产物。③ 确切而言，类别范畴乃是最重要的范畴。④

可以肯定的是，涂尔干对自己对于分类—范畴问题的社会学重释的开创性是颇具自信的。在他和莫斯合著的《原始分类》中，他们开宗明义地说，定义、演绎和归纳的科学思维方式"乃是名副其实的社会制度，唯有社会学才能追溯和说明它的起源"⑤。之后，他们又说，分类问题"是我们首先提出来的，以往还从来没有人像我们这样阐述过这一问题"⑥。在《宗教生活的基本形式》中，他再次申明，直至他的那个时代，只有哲学家们

---

① 涂尔干：《宗教生活的基本形式》，第592页。
② 同上书，第579页。
③ 同上书，第192—199页。《宗教生活的基本形式》第二卷第三章注释4中所引述的《分类的几种原始形式》即为我们此处提到的《原始分类》一书。
④ 同上书，第606页。
⑤ 涂尔干、莫斯：《原始分类》，第2页。
⑥ 同上书，第8页。

讨论过范畴问题。① 涂尔干一而再再而三地强调他本人的知识论在社会学乃至在人类认识上的意义，这本身就表明了这一理论关怀在其思想中的重要地位。

涂尔干将哲学上对知识论问题的探索区分为两种立场，即先验论与经验论，他的讨论基本上也是围绕着这两种学说展开的。总体而言，涂尔干似乎更倾向于先验论的立场。他明确指出，"先验论的基本命题是：知识是由两类要素构成的，它们不仅不能相互还原，而且分别处在相互叠置的不同层次。我们的假设将不做任何修正，坚决贯彻这一原则。"② 涂尔干的圣俗之分几乎就是先验论的这一命题在社会学上的表达。先验论确信理性能够把这个世界的逻辑面向准确地表达出来，也正因为如此，它需要赋予心灵以"某种超越经验的力量，以及对直接经受的体验有所添加的力量。"③ 但是，涂尔干认为，问题在于，对于这种力量，先验论未能做出符合实证精神的解释与证明。关于经验论，他认为，它由于将范畴看作是由个体经验构成的而剥夺了范畴的普遍性与必然性的属性，最终导致了反理性主义。④

涂尔干在《宗教生活的基本形式》第三卷第三章《积极膜拜（续）》中以因果观念为例，非常简明地说明了关于因果观念和一般范畴的社会学理论如何在调和先验论与经验论的同时而又予以超越的。他认为，因果关系概念蕴含的首要因素就是效力、生成力与作用力的观念，而这种力的观念必定会表现出双重性，首先，它只能来自于我们的内在经验，也就是产生于我们的精神生活；其次，它必须是非人格的。能够满足这两个条件的力只能源于共同生活，即集体力。在他看来，"这种理论同先验论一样，维护了因果关系先入为主的、必然性的特点；同时，它也没有局限于确定这种特征，而是对其进行了说明；它也没有像经验主义者那样，常常以解释为借口，却使问题本身不见了踪影。"⑤ 通过将因果观念与集体力联系起来，涂尔干进一步确认了自己的观点：感觉是个体的、主观的，范畴则是框架，

---

① 涂尔干：《宗教生活的基本形式》，第10页。
② 同上书，第16页。
③ 同上。
④ 涂尔干说道，某些哲学家拒绝了因果概念的客观价值，因为他们从因果关系中发现的只是任意构造的想象，与事物本身没有什么对应关系。（涂尔干：《宗教生活的基本形式》，第500页。）他虽然没有明说，但此处提及的观点明显来自于休谟。
⑤ 涂尔干：《宗教生活的基本形式》，第507页。

它绝不是个体经验的简单总结，而是知识得以阐发的具有稳定性的形式，它的构成要素所表达的关系只有在社会中并通过社会才能被了解。

社会将自身转变成某种思想方式，转变成所有共同行动都必不可少的条件，即范畴，后者强加给我们的必然性并不是简单的习惯性结果，也不是物理学或形而上学意义上的必然性，而是一种特殊的道德必然性，它对智识生活的影响就像道德强制对意志产生的作用一样。① 范畴不仅来自于社会，而且它表达的事物也具有社会性质，其内容包括了社会存在的各个方面。由此，涂尔干认为，一方面，他的知识论既保留了先验论赋予理性的权力，但又不像先验论那样假设经验之前的东西；另一方面，他的知识论既保留了经验论对实证精神的追求，力求在可见的经验世界历来说明理性的权力，但同时也拒绝了经验论在范畴问题上的简单化处理。

四、概念与人性的双重构造

针对社会理论中的行动者与结构的二元争论，布尔迪厄曾言简意赅地指出："被称为'结构主义'的观点赋予'主导性的意识形态'和'国家的意识形态机器'一种永动力，从而将所有行动者置于进行结构再生产或者进行结构转化的游戏之外；而被称为'个人主义'的观点则重新引入行动者，但是这些行动者已经被简化成了计算机中可以相互置换的没有历史的纯意愿。在上述两种情境中，被忽略的是在惯习与从历史中继承而来的客观结构的关系中形成的实践活动的真实逻辑，教师的日常分类行为就是这一逻辑的实施范本。"② 如果仅仅从这个角度出发来解读涂尔干的知识论建构，我们很可能只会简单地得出结论说，涂尔干注意到了社会结构对人的心智结构的形塑作用，或者，我们也可能从这个角度看到涂尔干的"人性宗教"的说法如何避免了社会—个人之间的非此即彼的决定论立场。但是，这些并不能穷尽涂尔干的知识论的主旨与意义。

如前所述，《宗教生活的基本形式》有两个研究主题，即宗教社会学与知识论，二者显然都与社会密切相关，但说它们与社会相关，只是一种最稳妥、最安全，却也相对比较粗疏的理解，基本上未能进入涂尔干知识论的深层。确切而言，他的宗教社会学与知识论共同探讨了一个问题，即人

---

① 涂尔干：《宗教生活的基本形式》，第20页。
② 布尔迪厄、华康德：《实践与反思》，李猛、李康译，邓正来校，北京：中央编译出版社，1998年，第93页。

性，也就是人的宗教本性。

关于宗教社会学与人性之间关联，涂尔干有十分清晰的表述。在《宗教生活的基本形式》中，他开篇即指出，之所以以原始宗教作为研究的主题，"是因为它似乎比别的宗教更适合我们理解人的宗教本性，也就是说，它似乎更便于我们展示出人性的本质的、永恒的方面。"① 从这句话中，我们可以看出两个意思：第一，人的本性是宗教的，这种宗教本性就是人性本质的、永恒的方面；第二，宗教社会学的研究目的就在于展示人的宗教本性。他甚至直接表示，"宗教科学的主要目的就是去发现人类的宗教本性究竟是由什么构成的。"②

那么，知识论与人性之间又有什么关系呢？涂尔干指出，社会的存在不仅仅需要最低限度的道德一致性，也需要最低限度的逻辑一致性，知识的形式或思维的形式最终就来源于社会。他提出了这样一个问题：使社会生活成为逻辑生活的主要源泉的究竟是什么？对此，他是这么回答的：既然逻辑思维是由概念组成的，则整个问题即可简化为社会在概念的形成过程中如何起作用的问题了。因此，知识论问题也就更具体地转化成了概念问题。在他看来，概念不同于感觉，它有两个独特的属性：第一，它是相对不变的；第二，它是普遍的、非个人的表现。这就是"概念即集体表现"的含义所在，而用概念思考就意味着把可变性与永久性、个体与社会联系起来。在《宗教生活的基本形式》中，涂尔干已经强调："如果说概念表达了社会用以表达事物的方式，也就等于说概念思维是与人性相伴而生的。我们不认为概念思维是后来文化的产物。一个不用概念进行思想的人，不能算作人，因为他不是社会存在。"③ 由此，概念与人性构造本身联系了起来，非个人思想以集体思想的形式向人性显露了出来。

《宗教生活的基本形式》问世之后，涂尔干又发表了《人性的双重性及其条件》④一文回应他所面临的一系列质疑。可以说，这篇论文最扼要，也最全面地概括了他的知识论，也正是在这篇论文中，他再次明确地将概念与道德并举，将二者视为人的双重构造的表现。正如康德将思辨理性与实

---

① 涂尔干：《宗教生活的基本形式》，第 1 页。
② 同上书，第 134 页。
③ 同上书，第 603—604 页。
④ 该文法语原题为"Le dualisme de la nature humaine et ses conditions sociales"，中文版载于涂尔干：《乱伦禁忌及其起源》，汲喆等译，上海：上海人民出版社，2006 年，第 177—188 页。

践理性看作是同一能力的两个不同侧面,涂尔干也将科学(涉及感觉和概念之间的区分)和道德(涉及感官欲望与道德生活之间的区分)这两种人类活动方式看作是同出一脉的,他认为,二者都意味着个体有能力超越自身特有的观点,过一种非个人的生活。① 如果按照这种思路来理解,我们就会发现,甚至《宗教生活的基本形式》中所彰显的那两个研究主题实质上就是对人性的研究,在此意义上,我们甚至可将涂尔干的宗教社会学称为一种人性社会学。

人的本性中最有特点的特殊性就是人性构造上的双重性,也就是上文提到的个人性与非个人性之间的对立,前者从自身的视角出发去表现与自身相关的一切,后者则能够表达超出自身以外的东西的一切。② 感觉与利己主义倾向均来自于人的个体构造,而理性活动则均依赖于社会因素。尤其让人吃惊的是,按照涂尔干本人的说法,他在《社会分工论》中证明了"道德规范是社会精心构造的规范",而在《宗教生活的基本形式》中则"试图证明:概念,这种所有逻辑思维的素材,本来都是集体表现。它们所具有的非个人的特点,恰恰证明了它们来自于匿名和非个人的行动。我们甚至发现,我们用来推断我们称为范畴的基本概念和崇高概念的基础,是根据社会现象的模式塑造而成的。"③

涂尔干的人性双重论乃是解决现代哲学史上的笛卡尔的心物二元之两难处境的社会学尝试。④ 他赞同先验论赋予理性的权力,对他来说,不论是在道德上,还是在智识概念上,理性所具有的高出现实或加到现实之上的东西就是一种理想化的能力。根据涂尔干的看法,在道德上,绝对的自我中心主义就像绝对的利他主义一样是现实中永远不可能完全达到的理想界限;在知识论上,亦存在同样的问题。在人们利用概念进行思考的时候,概念与感觉之间仍然存在着一种对抗与排斥的关系。感觉并不会自发地进入概念框架,反而会抵制后者,为了使其符合概念框架,则须强制它服从某种运转机制。但同时,我们也不可能彻底克服感觉的对抗作用,概念不

---

① 在这篇论文中,不仅仅是在知识论问题上,而且在道德问题上,涂尔干都是以先验论—经验论这种基本的区分来展开论述的。
② 涂尔干:《乱伦禁忌及其起源》,第178—180页。
③ 同上书,第188页。
④ 渠敬东:《现代社会中的人性及教育:以涂尔干社会理论为视角》,上海:三联书店,2006年,第162页。

可能完全将感觉转变成可理解的术语。因此，一种能够完全表达所有实在的科学也只能是可以不断接近却无法实现的理想。这也就意味着，我们自身存在着永恒的分裂，因为我们不可能同时满足自身的两种存在，不论是在道德上，还是在知识论上。

如果将理性成为理想化的能力，那么，毋庸置疑，概念和价值亦可在与感觉的对立中被称为理想："如果所有判断都包含着理想，我们就会有各种类型的理想。其中，有些理想的功能是表达它们所依附的实在，可以确切地称之为概念。另一些理想的功能则相反，即转变与它们相关的实在，这些就是价值的理想。在第一种情况中，理想是事物的象征，从而使事物成为理解的对象。在第二种情况中，事物本身象征着理想，并作为中介发挥作用，理想通过这种中介可以成为可理解的事物。"① 涂尔干在《宗教生活的基本形式》的结论部分提出，理想恰好符合对神圣的定义，它是社会生活的自然产物；理想化的能力是人们赖以生存的条件，没有这种能力，人就不成其为人。② 既然概念与道德都是理想，则以它们为研究对象的社会学自然也就是以理想为研究对象了，在此意义上，"社会学是从理想领域出发的：这是社会学的起点，而不是逐渐达到的研究终点。"③

至此，我们就可以回答这一节的开头所提出的那个问题了，即：超越感性经验的客观性自何而来？这种客观性在知识论上的体现即为范畴—概念的普遍性与非个人性，它实质上就是来自于人的宗教本性，即人性的双重构造中的社会存在。因此，当涂尔干将社会制度作为超越感性经验的客观化的集体观念与情感，并进而将宗教视为几乎所有重大的人类制度的来源时，这不仅仅是简单地将宗教的本质归结于了社会，而且也深入到了人性的问题：由于人的宗教本性乃是社会存在——这种存在是既存在个体之中又超越于个体的实在——所以，这也是对从霍布斯到边沁的以利己主义的人性来构建社会秩序这样一条思路的驳斥。④

---

① 涂尔干：《社会学与哲学》，第104页。
② 涂尔干：《宗教生活的基本形式》，第584页。
③ 涂尔干：《社会学与哲学》，第104页。
④ 此处涉及涂尔干的一个非常重要的观点：社会不是创造出来的，而是自然的。他认为，作为一种特殊的实在，社会并非理性创造出来的唯名存在，相反，它"只是自然的一部分，其实就是自然的最高表现。社会王国也是自然王国。"同样地，对于宗教力，他也指出了它在历史中所表现出来的双重性：它既是自然的，又是人类的；既是道德的，又是物质的。参涂尔干：《宗教生活的基本形式》，第21、305页。

但是，正如我已经证明的那样，对霍布斯以来的人性问题的批判并不仅仅是在道德层面上进行的，也是在知识论层面上进行的。涂尔干通过原始的分类图式与因果观念等一系列表现形式证明了，范畴与科学具有同质性，它是一种集体表现，构成了人的精神生活的永恒模式。作为一种人类制度，范畴本身就是概念，而且人类智识只有通过具有普遍性与非个人性的概念才可以得到沟通。知识论与宗教社会学都以人的宗教本性为研究对象，都指向了超越感性经验的判断，前者所涉及的智识概念是社会的逻辑存在。这也意味着，涂尔干所谓的人的宗教本性实质上就是精神生活的最高形式，即集体意识，它对应的就是圣俗之分当中的"圣"这一维度。这意味着，当我们使用概念来进行表达与思考的时候——而这几乎是难以避免的——就已经生存于并承载着一种客观的道德秩序了，因此，所谓的事实—价值区分本身即是以这一道德秩序作为前提的。

第二节 西美尔的相对主义

一、引言

西美尔本人深受康德、黑格尔哲学的影响，但是，较之于这两位巨人使人困扰的严谨性与体系化，他使人困扰的却是他的非系统性、跨学科性、碎片化与琐细，这实际上也是他长期无法被学院体制接受、无学派流于后世而只有"弥散性"影响的重要原因之一。[①] 这些特点不仅表现在他所关注的研究对象上：他一生撰写了大量以"不登大雅之堂、非学术对象"为对象的小品文，如笑、卖淫、卖弄风情等，且不少是发表在并非专载学术论文的刊物上。而且更表现在他的写作风格上：西美尔的论文中，令人叫绝的"类比"随处可见，思想灵光亦时时闪现，这种似乎带有诗性的思维方式自然有时显得欠缺逻辑上的严密性，这也是涂尔干、韦伯对他进行批评的原因之一。即使是他最广为人知的大部头著作《社会学》（1908年出版，但该书问世之前，里面的章节都已经以论文的形式发表）与《货币哲学》

---

① 这一说法是由科瑟提出的，Lewis A. Coser, "Introduction," in *Georg Simmel* (Englewood Cliffs, N.J.: Prentice-Hall, 1965), 23-24；皮茨瓦拉（E. Przywara）亦持相同看法：西美尔的思想"飘到四方，消散于他人的思想之中。"载王岳川、刘小枫、韩德力主编：《东西方文化评论（第四辑）》，北京：北京大学出版社，1992年，第256页。

问世之后,让人疑惑与诟病不已的缘由之一仍为:它们到底是不是系统性的?①哈贝马斯慷慨地将西美尔誉为"时代的诊断者",但终究不无遗憾地提醒我们:西美尔的非系统性。②这为我们的阅读、理解都造成了一些困难。③这种琐碎的风格也表现在他的宗教理论方面。韦伯、涂尔干皆有宗教社会学专著,但西美尔的一系列讨论散见于各种论文、著作中,这其中包括专门以宗教为研究对象的,也包括以非宗教为研究对象的,因此,梳理、提取他的宗教社会学本身也是一项耗时耗力的工作。

实际上,非系统这一特征是与西美尔一生都十分注重的方法论原则"相对主义"(Relativismus)联系在一起的。可以说,相对主义原则是西美尔社会学视角的核心。④"错综复杂地交织起来,不加整理的相互关联,进入纠缠不清的交错关系当中——这些都不是思考的障碍,反倒是思考的前提。这种折中的思想倾向是根植于西美尔的拟态式的精神,即适应众多题材和背景而渐次改变肌肤颜色的精神之中的。如果体系式的精神是通过整体展开的终结来完成自己的精神的话,即是以死来完成的精神的话,那么,拟态式的精神就是不知终结的精神,是活着做出反应的精神。同时,也是一种没有出处、不知来由的精神,也是一种失去了家园的精神。"⑤北川东子的这段话这可谓是对西美尔的相对主义的一个合适注解。

二、相对主义与形式社会学

西美尔的相对主义方法论涉及他对作为一门独立学科的社会学的理解。在《社会学的基本问题》(*Grundfragen der Soziologie*)中,西美尔指出,

---

① David Frisby, *Georg Simmel: Revised Edition,* 115–120.

② Jürgen Habermas, "Georg Simmel on Philosophy and Culture: Postscript to a Collection of Essays," trans. Mathieu Deflem, *Critical Inquiry* 22, no. 3 (Spring, 1996): 405.

③ 但是,似乎也正是这种显得不怎么严谨、显得琐细的风格适合于发挥西美尔"同时代人所不具备的直观理解力"。他文字的精微处与穿透力,不少就体现在这些碎片中。如,西美尔经常被一些学者与现象学联系起来,甚至直接归入现象学思潮,参见 John E. Jalbert, "Time, Death, and History in Simmel and Heidegger," *Human Studies* 26, no. 2 (2003): 259–283. 早在 1911 年的《上帝的位格》("Die Persönlichkeit Gottes"[该论文被 A. Javier Trevino 誉为是西美尔的宗教著作中"理智上最有启发性"的一篇,见 "On Durkheim's Religion and Simmel's 'Religiosity'," *Journal for Scientific Study of Religion* 37, no. 1(1998): 194.])中,西美尔对"回忆"的描述,即已鲜明地表现出了现象学的时间意识。

④ Bryan S. Turner, "Simmel, Rationalization and the Sociology of Money," 277.

⑤ 北川东子:《齐美尔:生存形式》,赵玉婷译,石家庄:河北教育出版社,2002 年,第 32 页。

反对将社会学确立为一门独立科学的意见主要有两种,其一是对"社会"概念的过分削弱,另一种则是对"社会"概念的过分提高。第一种观点认为,所有的生存都指向个体及其特征与经验,社会则作为一种抽象,尽管对于实际目的是不可或缺的,对现象的某种暂时的概括也是有用的,却不能成为一个超出个体本质及事件的对象。对于这种观点而言,社会太微不足道,以至于不能界定为一门科学领域。第二种观点则认为,人之所是与所为,皆内在于社会,一种关于"人"的科学同时却不是"社会"的科学是不可能的。这种思想认为,历史学、心理学与规范性科学这些个别学科皆可由社会科学所取代。社会化(Vergesellschaftung/sociation)已经将所有的人类旨趣、内容与过程都合并为特殊的整体。这种界定将社会学视为无所不包的科学,与第一种观点各走极端。[①]

针对第一种观点,西美尔指明,单独的个体绝不是人类世界的最终元素或原子。"个体"概念作为不可分解的整体,不是认知对象,而仅仅是体验(Erleben)的对象。我们了解这一整体的方式与其他的认知方式不同。对于人,我们能够科学认识的是单个的特征,后者可能仅仅发生一次,也可能存在于彼此的影响中,每一特征都要求相对独立的考察。对其根源的推导,又将我们引向了心理、文化、环境等不可胜数的元素的影响。只有分析与把握这些元素,将它们化约为简单而又深刻的水平上,我们才能接近为所有更高级的精神综合提供基础的"最终之物"。[②] 这意味着,对每一个个体的科学认识都不得不陷入无穷无尽的追溯过程,因此,西美尔实际上取消了对个体进行科学认识的可能性。对西美尔而言,个体本身就是由无数元素相结合的产物。但是,西美尔并不是要找出一种可替代个体的"终极"元素。实际上,根据他的相对主义,寻找所谓的终极元素根本是徒费心力。对于考察方式而言,水彩、字母、水确实"存在",但是,绘画、书、河流仅仅是综合(Synthesen)。这种综合作为统一体不是存在于客观现实性中,而是存在于涉及它们的意识中。易言之,"形式"总是一种联系,总是由主体添加于客观现实之上。[③]

在西美尔看来,第一种(个体)实在论对社会概念以及由此对社会学

---

① Simmel, "Grundfragen der Soziologie," in *Georg Simmel Gesamtausgabe, Bd. 16*, Hrsg. von Otthein Rammstedt (Frankfurt am Main: Suhrkamp, 1999), 63.

② Ibid., 65–66.

③ Ibid., 66.

的批判，实质上取消了任何可以认识的现实，因为它将这种现实推移到了一种无穷后退的过程中。西美尔提出，认识应当根据一种完全不同的原则来把握，该原则从相同的外在现象综合中提取出大量不同但又确定、统一的认识对象。人们可将这一原则标示为综合与人的精神之间不同距离的象征。我们从不同的间距（Abstand）来看同一个空间对象，则后者即呈现为不同的图像，但是，在每一种距离，该图像以自己确定的方式，且只是在这个方式的意义上是"正确"的。"个体"与"社会"也是在这个意义上显现的。①

对西美尔来说，直接的真实性不是由一系列的个体事件的认知来把握的，相反，这种真实性首先是由作为图像的综合而给予的。只有认识目的能够决定，人们是应该在个体层面，还是应该在集体（社会）层面上寻求直接显现或体验的现实性，因此，它们只是我们的观察方式而已，与"实在"存在着距离。这种实在不可能是"科学"，相反，它借助"个体"或"社会"范畴而采用或吸取了认识的形式。②

针对第二种观点，西美尔认为，为了将社会学建设成为一门真正独立的、关于社会的科学，社会学须拥有得到明确界定、承认科学分析的对象。他认为，在一个特定概念的引导下，任何一门科学都只能从现象的整体性或体验的直接性中提取出一个序列或一个层面，社会学亦然。因此，西美尔也否定了诸如孔德、斯宾塞的以社会学取代神学的方案。斯宾塞式的对人类社会进步发展的信仰在西美尔早期的著作《论社会分化》（*Über Sociale Differenzierung*）与《道德科学导论》（*Einleitung in die Moralwissenschaft*）中表现得十分明显，但是，尽管有着明显的达尔文主义倾向，西美尔却拒绝了斯宾塞与孔德对社会学的理解，后二者将社会学视为无所不包的综合性科学，是所有其他科学的女王。他们相信，作为科学的社会学能够取代，乃至取消其他学科。③ 西美尔则认为，社会学的研究对象是通过抽象化过程（Abstraktionsprozess）而呈现出来的，但是，如果单就此而言，则社会学并未与诸如逻辑学或国民经济学这样的学科区分开来，因为后二者同样在特定概念（如认识或经济）的引导下，构造了来自于事实而又相互关联的图景，发现了它们的规则与演化。每一学科所建构的图景都只是整体的一部分，所有的图景都是在人与人之间的相互作用中得以

---

① Simmel, "Grundfragen der Soziologie," 66.
② Ibid., 68.
③ Ibid., 63.

表现的，或者说，它们本身就是这种相互作用，后者不能被追溯至自认为是自为存在的个体那里。①按照西美尔的理解，法学、政治学、文学、心理学、神学等学科将会继续存在，而不是像有些人认为的那样将被社会学取代。

西美尔既否定了个体实在论，又否定了社会实在论。根据他的理解，社会学可分为一般社会学（general sociology）、形式社会学或纯粹社会学（formal sociology/pure sociology）与哲学社会学（philosophical sociology）。虽然他有时会离析这三个层面，但更多的是常常将三者整合为一个整体。②关于一般社会学（die allgemeinen Soziologie），西美尔首先强调，尽管社会学几乎涵盖了所有的人类生存领域，但是，它与所有其他形式的科学形式一样，未能避免抽象的片面性。他的一个基本观点是，能够直接把握人类生存整体性的科学并不存在。所有的社会现象，无论它以何种质料来表现自身，都必须服从于该质料的自然法则或内在逻辑。任何的理智成就总是与思想、法则、客体行为这样的限制联系在一起。但是，同时，西美尔也指出，在对事物的抽象中，任何事实都不可能仅通过自身的逻辑来实现，而必须需要历史或心理力量。对认识而言，事实是不可能直接把握的整体，被我们认作客观内容的，乃是采用某种特定因此也是片面的范畴的结果。③一般社会学以历史—社会生活为研究对象，这实际上是对与形式相对的"内容"的研究。

关于哲学社会学（die philosophischen Soziologie），西美尔认为，哲学社会学关注的是生命、我们的普遍存在、精神的整体性，并询问这种整体性的证明。哲学社会学由两个领域构成，一个包括具体研究的条件、基础概念与前提，这些不可能由研究本身来完成，因为研究须以这些条件为基础；另一个包括具体研究的完成与联系，并且被置于与某些问题和概念——它们并不内在于经验和直接的对象知识中——的关联中。第一个领域是具体问题的认识论（Erkenntnistheorie），第二个则是形而上学（Metaphysik）。④

在这社会学的三个领域的划分中，最广为人知的当数他的形式社会学。

---

① Simmel, "Grundfragen der Soziologie," 71–72.
② George Ritzer, *Classical Sociological Theory* (New York: McGraw-Hill, 1996), 266.
③ Simmel, "Grundfragen der Soziologie," 76.
④ Ibid., 84–85.

一般社会学以社会地形成的历史生活为对象，这种"社会"特性被视为未分化的整体；哲学社会学则处理人类的基本本质与不可避免的命运；至于形式社会学（die formalen Soziologie），它的研究对象乃是人与人之间关系的互动形式（即社会化形式）以及人们卷入这些形式的类型。这些形式包括上下级、冲突、交换、竞争、分工、合作、党派的形成、社会性等。① 西美尔认为，社会是个体之间的相互作用，那么，描述这种互动的"形式"就是最严格与最本质的"社会"意义上的社会科学的任务。如果说一般社会学的领域是由整个历史生活构成的话，那么，形式社会学就是对于形式本身的研究，它从社会现象中抽象出社会化元素，并将社会化形式与形形色色的内容和意图分离开来：社会化形式如同语言内容的语法。②

"社会化"这一概念则体现了西美尔试图避免方法论上的个人主义（它从本体论上宣称，只有个体才存在）与社会整体主义（它人格化了诸如国家、教会这样的被物化为自主的社会的集体实体）的意图。社会生活形式使得研究诸如家庭、交换关系等对象成为可能。③

西美尔反复强调，社会学（乃至一切科学）只能通过形式范畴来把握世界，且只能把握现象的整体中的一个序列或一个层面，这是否与形式主义方法论相矛盾呢？并非如此。假若每一形式范畴都代表着一个完整自足的世界，有着自身的逻辑与必然性，那么，各个世界（如宗教、艺术、科学、法律等）之间就只能处于静态的和谐状态中，但是，一旦将它们置于相对主义网络中，则每一现象就会与其他现象发生联系，进而打破了每一世界固有的界限。因此，在本体论意义上，不存在一个让研究者排列孰重彼轻的碎片的等级。每一个碎片、每一个社会片断，自身都包含着昭示"整个世界的总体意义"的可能性。碎片不仅能够成为社会学思考的出发点，而且其重要性就在于它与本质之间的关联。将碎片视为整体的象征，能够将它从孤立状态中解救出来，而置之于一个更宽广的情景中，大量使用类比也有同样的作用。④

---

① Simmel, "Grundfragen der Soziologie," 83.
② Ibid., 82–83.
③ Bryan S. Turner, "Simmel, Rationalization and the Sociology of Money," in *Georg Simmel: Critical Assessments*, vol. 2, ed. David Frisby (London: Routledge, 1994), 277.
④ 戴维·弗里斯比：《现代性的碎片：齐美尔、克拉考尔和本雅明作品中的现代性理论》，卢晖临、周怡、李林艳译，北京：商务印书馆，2003，第70页。

不少学者都认为，孔德、涂尔干、韦伯等社会学家与哲学家的中心关切是他们时代所面对的问题，西美尔的关切则是非历史的。① 这种说法并无不妥，因为西美尔社会学的核心概念"形式"本身就是要独立于历史—社会内容的。以"宗教性"为例，与作为形式的"宗教性"（不论是社会宗教性，还是生命宗教性）相比，教义变迁、机构演化、神职人员的变动都只是次要因素。社会学诚然以社会生活的社会化形式作为研究对象，但是，根据西美尔一贯的辩证思维，这种非历史的研究路向亦需有具体的历史—社会内容作为补充或者佐证。他的作品中，抽象—形式方法与具体—历史内容是相互渗透的。以这种方法，西美尔才能将他所使用的相对主义展示为认识论与理论向导。②

在《宗教社会学》中，西美尔宣称，社会生活的形式与内容的发展，是通过多元的领域与多元的呈现方式而表现出来的：同样的内容以不同的形式出现，同样的形式亦以不同的内容来表达。③ 理解这一点对我们理解西美尔的宗教理论是至关重要的，甚至可以说，这一观念是他整个宗教理论的基石。根据他的解释，形式与内容的区分，使得我们能够为相同的质料赋予多样的形式，亦能为多样的质料创造相同的形式。④ 作为经验世界与实践世界的现实是我们用以整理内容的诸多形式之一，而对于同一内容，我们又可以用艺术、宗教、科学或游戏等不同的形式进行整理。经验现实绝非就是"世界"，而是与其他世界并存的"一个"世界，它们由相同的质料、不同的形式与前提所构成。⑤ 亦即，每一个世界，就其自身而言，都是一个整体，有其自身的逻辑与真实性，这种整体又只是可能的生命整体的片断。就此而言，"宗教"与"科学"标准自然有着各自的自足性，这也是西美尔反驳启蒙运动的宗教批判的理论准备之一。

---

① Kurt H Wolff, "The Challenge of Durkheim and Simmel," in *Georg Simmel: Critical Assessments,* vol. 1, ed. David Frisby (London: Routledge, 1994), 193, 196.

② Frank J. Lechner, "Simmel on Social Space," in *Georg Simmel: Critical Assessments*, vol. 3, ed. David Frisby (London: Routledge, 1994), 98.

③ Simmel, "Zur Soziologie der Religion," 272.

④ Simmel, "Die Religion," 42. 可对照1898年发表的《宗教社会学》，其中亦提到，"相同的内容会有多样的形式，而多样的内容则可能有相同的形式"。

⑤ Simmel, "Die Religion," 43–44.

三、韦伯与西美尔的一个比较

我们先从一个有趣但在很大程度上被学界所忽视的对比开始，即韦伯和西美尔在宗教身份与经济行为之间的关系这一问题上的差异。[1] 根据韦伯的解释，在加尔文宗那里，宗教信徒要在时时刻刻都面对被选或被弃的、有系统的自我检视下形成救赎确证，这即为一种系统化的伦理实践，其中添加的积极因素是必须在世俗的职业生活中做出信仰证明（自助者，神助之）。伦理实践中的无计划性、无系统性被解除，代之以首尾一贯的方法，整个生活被彻底基督教化。在现世之中（但又是为了来世的缘故）将行为理性化，正是禁欲主义新教的职业观引起的结果。禁欲的新教职业伦理不仅限制了财产享受或者非理性地使用财产，还将获利冲动合法化与伦理化，从而与资本主义精神形成了"有择亲和"（elective affinity）的关系。

韦伯同样看到了犹太人对金钱的欲望，但是，在韦伯处，犹太教与清教的唯一不同之处在于相对缺乏体系化的禁欲主义。[2] 确切地说，犹太教缺乏由个人之救赎确证的观念所产生出来的一种与"现世"的统一关系。犹太人所展示出来的经济心态（Wirtschaftsgesinnung）是有决心、有机制地去冷酷地利用任何赚钱的机会，然而这样的心态恰恰与近代资本主义的特色相反。[3] 同样，在提及天主教时，韦伯也指出，加尔文宗的禁欲与天

---

[1] 学界已经注意到，韦伯的解释社会学与西美尔的形式社会学之间也存在着不可忽视的联系。关于这一点，滕布鲁克认为，韦伯的"理想类型"与狄尔泰和西美尔的思想有关，可以参考 F. H. Tenbruck, "Formal Sociology," in *Georg Simmel,* ed. Lewis A. Coser (Englewood Cliffs, N.J.: Prentice-Hall, 1965), 84–86；不过，弗雷斯比则认为，这一说法证据不足。参西美尔：《金钱、性别、现代生活风格》，顾仁明译，上海：学林出版社，2000年，第214页。阿闭吉男认为，韦伯的解释社会学的首次出现是以西美尔的社会学理论为前提的。可参 Yoshio Atoji, *Sociology at the Turn of the Century: On G. Simmel in Comparison with F. Tonnies, M. Weber and E. Durkheim,* 87. 兰德曼（M. Landmann）甚至认为，即使是韦伯，也从西美尔那儿继承了作为"宗教社会学"这样一门新的科学领域。亦即，在宗教社会学方面，西美尔实际上是韦伯的先行者，转引自 Yoshio Atoji, *Sociology at the Turn of the Century: On G. Simmel in Comparison with F. Tonnies, M. Weber and E. Durkheim,* 91. 毋庸置疑的是，韦伯曾经读过西美尔的《货币哲学》，他在《宗教社会学论集·导论》中提及了《货币哲学》："西美尔的《货币哲学》一书里，'货币经济'与'资本主义'被过分地混为一谈，而妨害到了他对事实的讨论。"参见韦伯：《新教伦理与资本主义精神》，康乐、简惠美译，桂林：广西师范大学出版社，2007年，第5页。

[2] 韦伯：《宗教社会学》，康乐、简惠美译，桂林：广西师范大学出版社，2005年，第292页。

[3] 同上书，第296、305页。

主教的禁欲的决定性区别在于，天主教的讲求系统性方法的禁欲仅止于修道僧，而加尔文宗的伦理生活样式的系统化则是整个生活的彻底基督教化。①

可以看出，韦伯始终将犹太教或天主教置于与新教的经济伦理的对立之中，其重点在于突出这些宗教与西方理性化文明不甚合拍的地方。但是，西美尔的相关解读则完全不同。首先，与韦伯形成鲜明对比的是，西美尔在犹太教与新教之间找到一种共性，即它们都有着对金钱的强烈兴趣和欲望。他提醒我们，柏拉图《法律篇》（*Nomoi*）中已经指明，公民被禁止持有任何形式的黄金或白银财富，一切贸易和商业原则上都保留给了外来人去做。②外来人由于其社会地位的限制，不能与他所寄居的社会群体发生有机联系，这反而为他们从事不涉个人色彩的经济交易提供了条件。具体到新教教派，如同英国的贵格会一样，法国的胡格诺派由于其受人关注与受限制的社会地位，就将更大的"紧张"运用于金钱活动上。即使在贵格会已经完全获得了政治平等之后，他们依然将自己排除在其他兴趣之外：他们不宣誓，因此不能担任公职；他们鄙弃任何与生活的装饰相关的事物，甚至包括体育；他们也放弃了农业活动，因为他们拒绝缴纳什一税。因此，金钱活动就成了他们唯一的外在兴趣。③虔敬派亦然，他们的勤奋与贪婪不是某种伪善的表现，而是病态的、逃避任何文化兴趣的基督教世界的表现，也是一种虔敬的表现。这种虔敬无法容忍任何与它相对立的世俗高贵，却宁可容忍一种世俗的卑贱活动。④在此，西美尔表面是在探求不被主流社会所容的群体对于金钱的共同兴趣，但其深层目的则在于展示：货币作为纯粹的手段，无需任何实质的规定，因此，它可适用于任何目的，不论是高尚的，还是卑劣的。新教徒尽管在世界图像上极度排斥现世，却并不妨碍他们渴望获取金钱。

其次，西美尔认为，不论是犹太人对金钱的欲望，还是天主教对金钱的拒斥，其根源都在于金钱与宗教的形式相似性。他明确地将犹太人对

---

① 韦伯：《新教伦理与资本主义精神》，第105—106页。当然，韦伯也提到了其他的区别，如天主教会某些制度的实施，尤其是赎罪券的贩卖，也扼杀了有系统的禁欲的萌芽。同上书，第106页。

② Simmel, *Philosophie des Geldes, Georg Simmel Gesamtausgabe*, Bd. 6, Hrsg. von Otthein Rammstedt (Frankfurt am Main: Suhrkamp, 1989), 286.

③ Ibid., 281–282.

④ Ibid., 282.

"与金钱有关的一切事宜"所具有的特别能力和兴趣与他们所受的"一神论教育"联系了起来。他认为,几千年来,犹太人总是习惯崇拜一个统一的、至高的本质对象,并习惯于在其中寻求所有个别兴趣的目标和交汇点,他们将这种性格运用于经济领域,从而成就了经济上的成功。① 如果说,韦伯在新教伦理与资本主义精神之间发现了有择亲和(elective affinity)的话,那么,西美尔就是在犹太教伦理与货币的整合功能之间找到了有择亲和,因为在他看来,在金钱与上帝中,一切的多元性与对立之物皆可找到一种目标与交汇点。这事实上赋予了金钱一种与上帝同等独特的至高地位:二者都是不受相对性束缚的绝对。

与犹太民族形成鲜明对比的是天主教对金钱的态度。在西美尔看来,在天主教中,对利息的拒斥就是对货币本身的拒斥。但是,天主教与犹太人对金钱的不同心态,却是出自同样的原因,即金钱与宗教的相似性,因为宗教与神职人员对金钱事务所经常表现出来的敌意或许可追溯到对至高的经济整合与至高的宇宙整合之间的心理上的形式相似性(die psychologische Formähnlichkeit)的直觉,或者,神职人员已经意识到,在金钱兴趣与宗教兴趣之间存在着竞争的危险。② 西美尔从这些现象中看到的是:作为绝对手段的货币成为各种目的序列的整合点,这在心理上与上帝观念达成了一致,并因此可能篡夺上帝的权位。

由上可以看出,当犹太教与新教徒都同样有着强烈的赚钱冲动时,西美尔在其中找到的同一个原因,即货币是一种绝对手段,作为一种纯粹的符号,它的交换功能就是它的纯粹存在形式;当犹太人与天主教表现出对金钱的不同心态时,西美尔在其中找到的是仍是同一个原因,即货币与上帝在心理上的形式相似性。如果说,韦伯的比较研究突出了两种宗教之间的"对立",那么,西美尔的比较研究则最终将两种宗教归结为某种"平行"或者"相似性"。这种差异自然是与他们不同的问题意识分不开的——前者的宗教研究从属于他对西方理性主义的辨析,后者在这里的讨论则从属于他对货币功能的辨析。货币是表现在经济活动中的物与物之

---

① Simmel, *Philosophie des Geldes,* 305-306. 当然,这种一神论观念并非唯一的解释性因素,西美尔在《货币哲学》中对犹太人经济行为的成功做出了多维的社会学解释,其中一个很重要的理由就是:犹太民族在社会群体中的"陌生人"(Fremde/stranger)身份及地位。参 Simmel, *Philosophie des Geldes,* 281-291, 尤其是 285 页以下。

② Simmel, *Philosophie des Geldes,* 306.

纯粹关系的物化，而物与物之间的关系实质上就是人与人之间的关系。人与人之间的交换活动是一种社会化的形式，而交换本身则由货币以一种具体、独立、似乎是凝固的形式予以再现，在此意义上，货币就是社会化形式一种实体化。

就我此处关注的重点而言，西美尔对这种"相似性"的讨论实际上有着不可忽视的知识论上的原因，即相对主义。相对主义首先即意味着事物彼此之间并非处于孤立状态中，如克拉考尔所述，西美尔的核心原则就是，精神与理智生活的所有表现都以一种无法穷尽的方式相互联系着，没有任何一个单一的对象可从这种联系网络中脱离而出。易言之，无数社会现象之间都存在着我们知道或尚未知道的联系，这种联系是必然的。通过揭示社会现象之间的共有意义与原始基础，西美尔将一系列现象从孤立中解放出来，在网络中对个别现象的意义进行解释。①西美尔对社会生活、文化现象非同寻常的洞察力，似乎来源于他敏锐的审美触觉。他总是津津有味地从关系性网络中择取出一小断片来进行鉴赏，就是在这些断片中，他总是能够建立起与其他断片以及与整体之间的联系，诸如货币之于上帝这样的类比关系比比皆是。

同时，西美尔形式社会学中对形式与内容之间的关系的理解也涉及相对主义。克拉考尔在讨论西美尔对"类比"（Analogie）的运用时指出，类比关系中的事物处于同一形式范畴，所以，若两个对象处于类比关系中，这就意味着两者服从于同一个普遍法则。亦即，这些对象或事件有着相同的形式。②正如我们在上面看到的那样，西美尔在犹太教与天主教对金钱的不同心态中，以及在犹太教与新教对金钱同样强烈的欲望中，都看到了一种形式相似性。正是因为对纯粹形式的关注，才可以撇开其中不同的内容。以此为前提，西美尔自然关注的是：如何从不同的社会—生活现象（内容）中抽取出同样的形式？因此，类比法的形构本身就出自社会互动形式的抽象，在类比的运用中，人们能够从异质的现象中发现形式一致性。③对形式的探讨必然涉及西美尔的形式社会学，而形式本身以及形式与内容之间的联系不仅能够显示出碎片与整体之间的联系，而且能够显示出抽象—形式方法与具体—历史内容是相互渗透的，这也说明，他的形式社会学渗透着

---

① Siegfried Kracauer, *The Mass Ornament: Weimar Essays* (Harvard University, 1995), 232–233.
② Ibid., 236–238.
③ Volkhard Krech, *Georg Simmels Religionstheorie* (Tübingen: Mohr Siebeck, 1998), 32.

相对主义。

四、相对主义的核心：互动

早在 19 世纪 80 年代至 90 年代之间，西美尔已经凭借《论社会分化》（1890）与《道德科学导论》（1892—1893）等著作获得了国际知名度，尤其是在美国、法国。这些著作表现出明显的达尔文主义色彩，相对主义方法论亦在其中得到了初步的勾勒，但是，在德国学术界，达尔文主义与相对主义方法却并未被接受。新康德主义强烈地批判西美尔的相对主义，例如，狄尔泰拒斥西美尔将社会化形式（forms of sociation）作为社会学对象的研究方案。他认为，西美尔的研究方案将个体与个体行为置于次要的地位而贬低了其意义。① 这也是新康德主义对西美尔的相对主义不满的代表性观点。

针对这种疑问，西美尔特意在《货币哲学》中对自己的相对主义世界观与方法论做出了进一步的说明。他指出，相对性并不意味着对真实性的取消，相反，它是真实性概念的积极兑现与完成。真理是有效的，尽管它是相对的；也正因为它是相对的，才是有效的。根据西美尔的理解，教条主义、怀疑主义以及批判哲学要么是空洞的，要么是自我否定的，要么陷入了循环推理，只有相对主义的认识论原则不会将自身排除在外。② 相对主义毫无保留地认识到，在我们达成的每一个判断之上，都有着更高级的判断，后者决定前者是否为真；但是，这个更高级的判断，作为我们面对自身而建构的逻辑权威，进一步要求——可被视为一种心理过程——某个更高级的判断赋予自身合法性，同样的过程又可在后一个判断上重复发生。这是一个无穷的过程，即两个判断内容之间的合法化可以交替进行，同一个内容要么可以充当心理实在（psychische Wirklichkeit），要么可充当逻辑权威。③ 如果说理论信仰中始终存在着一种使得所有存在得以存在的理论假设（上帝、以太、"一"，等等）的话，那么，在这种相对

---

① Natalia Canto Mila, *A Sociological Theory of Value: Georg Simmel's Sociological Relationism*, 95-96. 不过，西美尔的《论社会分化》一书颇受到 1890 年以前的狄尔泰的启发和影响。关于狄尔泰对西美尔的学术影响，以及二人在西美尔谋求教职中的不和、学术观点上的差异，可参 Horst Jürgen Helle, *Georg Simmel: Einführung in seine Theorie und Methode* (München: Oldenbourg, 2001), 47.

② Simmel, *Philosophie des Geldes*, 116–117.

③ Ibid., 118.

主义中，它们也并未遭受被抛弃的命运，而是被置于与其他事物的互动中。卢卡奇已经十分清楚地看到了这一点，他反对将西美尔视为相对主义者。①

因此，西美尔所理解的相对主义指代的是一种内在生活与外在生活之间的无始无终的过程，各个因素总是在相互作用、相互关联、相互影响，其中，没有任何元素是第一，也没有任何元素是第二。②在此意义上，这种相对主义毋宁说是一种"关联主义"或"关系主义"（relationism），他试图表达的只是将万事万物都置于"互动"中。相对主义构成了西美尔社会学乃至社会哲学的轴心，互动则是这一关系模式的核心概念。③

在这一点上，西美尔对"社会"的界定最清楚地彰显了他的相对主义。虽然同样反对方法论上的个人主义，但西美尔对"社会"的理解显然与涂尔干不同。在涂尔干所提出的人性宗教中，个体人格与集体意识之间的张力之所以趋于消弭，完全系之于社会，因为对人性的崇拜仍是由社会本身建构出来的。人类共同体无外乎是一种延伸了的社会，人性宗教则无外乎是维系这种社会之道德权威的新的宗教形式。在涂尔干看来，作为逻辑与道德秩序中的最高存在，社会本身就是一种自我完满的总体或实在，它在起源和目的的意义上始终作为存在的本质。这种社会概念类似于柏拉图洞喻说中的"相"（即理念），变革时代是一种绝对实在的移植过程，即社会转变为了上帝。借用托克维尔的话来说，社会概念恰恰是大革命时代后的旧制度的复辟。④

相比之下，西美尔则认为，如果在最宽泛的意义上来理解"社会"概念，它就是个体之间心理的互动。但是，这种互动并不是暂时的、转瞬即逝的，而是频繁、集中与持久的，只有这样，才能称之为"社会化"。这些相互作用一旦得到了客观化，就形成了国家、家庭、教会、阶级与利益集团等。⑤我们经常将所有这些宏大的体系及超个体的组织与"社会"概

---

① Georg Lukacs, "Georg Simmel," in *Georg Simmel: Critical Assessments*, vol. 1, ed. David Frisby (London: Routledge, 1994), 100.

② Simmel, *Philosophie des Geldes*, 657.

③ Natalia Canto Mila, *A Sociological Theory of Value: Georg Simmel's Sociological Relationism*, 161.

④ 渠敬东：《缺席与断裂：有关失范的社会学研究》，上海：上海人民出版社，1999年，第35—36页。

⑤ Simmel, "Grundfragen der Soziologie," 68.

念联系起来，它们实际上并非他物，而就是直接地、无时无刻来自于个体之间又返回至个体之间的互动的巩固。它们由此获得了独立的存在与法则，并进而与相互规定的活力相对立或对抗。对于西美尔来说，"社会"仅仅是彼此处于互动关系中的个体集合的名称。因此，社会不是实体，亦非有形存在，而是一种过程，是个体命运与性质彼此影响的功能。①

如果说，涂尔干倾向于将社会分析为一种各种力量达成平衡的结构—功能系统（structural-functional system），是一种"物"的话，西美尔则将社会作为一种动态的互动，社会化的集合。②已经有学者指出，与涂尔干相反，在西美尔处，成为上帝的不是自成一类的社会，而是人与人之间的互动过程，后者获得了神化。③在西美尔的社会学里，诸如社会结构、社会系统，甚至社会制度之类的概念只扮演很次要的角色。从早期作品开始，西美尔就极力避免"社会"的物化或者实体化。早在1890年，西美尔就坚持，社会不是完全自我封闭的实体，也不是一个绝对的实体。较之于部分之间的互动，社会只是第二位的，只是其结果。西美尔的出发点是：任何事物都与其他的事物相互作用，都有永久变动的关系存在。社会现实处于永不止息的变动中，最适合表达这一状态的必然是关系性概念。④

对西美尔来说，社会学首先是一门关于关系及其形式的学科，个体并非最终、绝对的元素，而是一种集合性存在，由大量的关系组成。他坚持，即使是那些看似只有一个方向的关系亦涉及互动性。因此，他的相对主义只是将真实视为由动态关系的效果和过程够构成的事物，相应地，"互动"也演变为一种广泛的形而上原则。⑤就西美尔对"关系"的重视而言，他的这种思路与布尔迪厄所理解的场域也是颇为相通的。根据场域概念进行思考就是从关系的角度进行思考，布尔迪厄同意卡西尔在《实体概念与功能概念》（*Substanzbegriff und Funktionsbegriff*）一书中的观点，即近代科学的标志就是关系的思维方式，而不是狭隘得多的结构主义思维方式。他把黑

---

① Simmel,"Grundfragen der Soziologie," 69-70.
② 涂尔干与西美尔对社会学的不同理解，可与德国学界对英法自然主义传统的不满联系起来，参 Donald N. Levine, *Visions of Sociological Tradition* (Chicago: University of Chicago Press, 1995), 211.
③ 希林、梅勒：《社会学何为？》，第90页。
④ 戴维·弗里斯比：《现代性的碎片：齐美尔、克拉考尔和本雅明作品中的现代性理论》，第71—72页。
⑤ Olli Pyyhtinen, *Simmel and "The Social"* (New York: Palgrave Macmillan, 2010), 39-43.

格尔的公式改动为"现实的就是关系的":在社会世界中存在的都是各种各样的关系——不是行动者之间的互动或个人之间交互主体性的纽带,而是各种马克思所谓的"独立于个人意识和个人意志"而存在的客观关系。①因此,西美尔的相对主义并不是平常容易与历史主义或虚无主义联系起来的观念,而是一种关系性的世界观。

综上所述,西美尔的相对主义首先意味着事物彼此之间并非处于孤立状态中,而是处于无止无尽的相互作用、相互关联、相互影响的过程中,其中,没有任何元素是第一,也没有任何元素是第二。在此意义上,这种相对主义毋宁说是一种"关联主义"或"关系主义",它的核心就是"互动"。在他的形式社会学中,对形式与内容之间的区分就渗透着这种相对主义方法论。

西美尔的相对主义方法论使其社会学具有一种独特的非系统性、跳跃性与想象力,这既会使读者惊叹于他敏锐的洞察力、穿透力与启发性,但有时又难免会产生被思想追逐的疲惫感:他总是不停地从这一现象转到另一现象,从这一概念转向另一概念,但往往又在一个地方不进行彻底的说明,当我们准备进入这个问题的时候,他的笔触可能已经移向了下一个问题。因此,当我们叹服于他的想象力,却又遗憾他未能将这一问题深入下去的时候,又可能会在其他论作中发现他又对同一问题进行了发挥,虽然难免重复,但总是会与其他现象、其他问题联结在一起,因此,又必然会显得有所深入、有所革新。这种风格自然不可能如同韦伯、涂尔干的思想那样线索分明,读者在阅读他的作品时,或许会感到西美尔的思想就体现在对无穷无尽的断片的描述与把握中。

五、宗教与社会

我们已经指出,涂尔干将最纯粹的宗教追溯至最简单的社会中的最简单的宗教,西美尔则认为,首先在萌芽阶段出现的宗教性必然与其他形式和内容纠缠在一起,唯有它发展至自身的纯粹状态(即各种形态的具体宗教)时,才是宗教性这一形式的高级阶段。如前所述,圣俗之分在涂尔干

---

① 布尔迪厄、华康德:《实践与反思:反思社会学导引》,李猛、李康译,北京:中央编译出版社,1998年,第133—134页。

那里实质上是社会与个体的区分,[①]二者之间的张力是不可消弭的;而对于西美尔来说,圣俗之分并无截然分明的界线,因为宗教性本身即镶嵌于社会现象和社会关系之中。

涂尔干将"宗教"的整合功能转化为"社会"的整合功能,西美尔亦将宗教视为社会统一的绝对形式,但是,涂尔干将宗教等同于社会,西美尔则只是在社会与宗教之间做一类比,二人对"社会"概念的理解也是不同的,因此,虽然两人均承认"社会"与"宗教"的同质性,但是,对于宗教—社会的具体关系的看法却存在着差异。涂尔干的社会是一种实体(物),且有着道德担当;西美尔的社会则是关系(互动),仅仅只是集合的名称。在此基础上,二人对宗教的社会整合功能的理解亦有所差异:虽然二人都看到社会分化为个体人格的发展提供了空间,也同时认为,系统整合必须有社会整合作为必不可少的协调、补充,甚至指引;然而,涂尔干对宗教的社会整合功能的坚持总是与整个社会范围内的共识联系在一起的,而西美尔对整合的解释则侧重于人与人之间彼此的适应、和谐,且只局限于宗教领域内部。

通常将涂尔干的社会学称为社会唯实论或社会学主义(sociologism),而将西美尔称为社会唯名论(social nominalism)的提法[②]加深了这种印象,即:涂尔干总是强调集体意识和共同信仰,这一思路直接为公民宗教理论提供了资源;西美尔则总是强调个体,这一思路为私人宗教提供了资源。但是,我尝试从他们对"上帝"问题的阐释出发,展现二人的宗教社会学之间的差异在"宗教与社会的关系"这一问题上得到了最为集中的彰显。

具体而言,涂尔干并没有忽视个人主义道德和所谓的个人膜拜,相反,他承认,现代分化社会所需要的道德和共同意识恰恰只有在个人人格逐渐完善起来才会发达起来;而西美尔亦未将宗教性完全与个体联系起来,相反,他反复强调,宗教性首先是人与人之间相互作用的形式,它直接衍生出了社会层面上的统一以及宗教世界中以"上帝"观念为核心的统一,这种统一也是以共同体为指向的。

[①] "神圣事物是社会本身表现出来的事物;它包括所有集体状态、共同的传统和情感、与人们普遍感兴趣的对象有关的感情等;所有这些要素都可以依据恰当的社会心态规律结合起来。相反,世俗事物则是我们每个人根据自己的感觉材料和经验构想出来的事物。"参涂尔干:《乱伦禁忌及其起源》,汲喆等译,上海:上海人民出版社,2003 年,第 85 页。

[②] 苏国勋:《社会理论与当代现实》,北京:北京大学出版社,2005 年,第 7—8 页。

不过，虽然涂尔干与西美尔都将宗教还原为"社会"，并确认了宗教的真实性，但彼此的方向立意完全相反：在涂尔干那里，宗教是"社会的"，因此才是神圣的，因为社会本身就是具有道德权威独立实体，这也是他所设想的人性宗教的基础所在；在西美尔那里，社会是"宗教性的"，因此圣俗之分并无截然分明的界线，因为宗教性本身即可同时适用于社会领域和宗教领域，这也是我们可以将宗教性与弥散型宗教联系起来的原因所在。可以说，如果不考虑二人在方法论上的差异，对于"社会"这一概念的不同的社会学理解，造成了他们在诸多问题上的不同之处。

第三章 宗教与货币

第一节 宗教与货币的形式相似性之一：信仰

一、引言

虽然我们在第一部分已经花了不少笔墨来介绍西美尔的宗教社会学，但是，与古典社会学中的马克思、韦伯、涂尔干这些学界众所周知的思想家相比，西美尔的知名度显然要小得多。他的思想影响了当时及后世的许多学者与思想家，但是，对他的研究却长期以来饱受冷落。《货币哲学》（1900 年初版，1907 年增订再版）迟至 1978 年方有英译本，而他早期（1890 年发表）的著作《论社会分化》（*Über sociale Differenzierung*）至今尚无完整的英译本。[1] 西美尔逝世后长遭冷落的原因有很多，不少学者都有论及，有人认为，这种"冷落"与帕森斯的巨大影响有关。[2] 实际上，在 20 世纪早期的美国社会学界，在一些介绍性文本中亦可见到西美尔的名字。有学者认为，当时，西美尔的知名度尚大于韦伯、涂尔干、马克思。但之这后，他就销声匿迹了。[3] 直至 20 世纪 50 年代，伍尔夫（Kurt H. Wolff）将西美尔的一些文字翻译为英文后，才逐渐引起学界的注意。之

---

[1] John Scott, *Fifty Key Sociologists: The Contemporary Theorists* (New York: Routledge, 2007), 152–153.

[2] 可参 Frank J. Lechner, "Social Differentiation and Modernity: on Simmel's Macrosociology," in *Georg Simmel and Contemporary Sociology,* ed. Michael Kaern, Bernard S. Phillips (Dordrecht: Kluwer Academic Publishers, 1990), 155; Heinz-Jürgen Dahme, "On the Rediscovery of Georg Simmel's Sociology," in *Georg Simmel and Contemporary Sociology,* 18. 当然，现在也有越来越多的学者开始注意到帕森斯从西美尔那里汲取的精神资源，关于这方面，可参考 Gery Dean Jaworski, "Parsons, Simmel and Eclipse of Religious Values," in *Georg Simmel: Critical Assessments*, vol. 3, ed. David Frisby (London: Routledge, 1994), 342–353.

[3] John Scott, *Fifty Key Sociologists: The Contemporary Theorists,* 152, 154.

后又通过科塞（Lewis A. Coser）、霍曼斯（George Homans）、布劳（Peter Blau）、戈夫曼（Erving Goffman）等人的介绍，西美尔得到了重新发现，甚至在某种程度上出现了所谓的"西美尔复兴"。尽管如此，即便在社会学领域，我们仍然不难发现，与韦伯、涂尔干与马克思相比，西美尔显然处于一种相对边缘的地位。人们对西美尔的了解也更多地局限于他对20世纪冲突论、交换论与符号互动论的影响。①

在哲学领域亦是如此。据伽达默尔所说，海德格尔曾亲口提到他很欣赏西美尔的后期著作。② 西美尔与诸如海德格尔这样的哲学家之间的理论联系也已经开始受到了学者的关注。③ 但是，卢卡奇也曾经提出了这样一个著名的问题：为何西美尔仅仅成了一个令人称许的、杰出的启发者，而不是真正伟大的划时代的哲学家？卢氏认为，对西美尔这种"失败"的解释同时也揭示了他最丰裕的能力：若强调积极的方面，我们可称之为他的毫无约束的、无限的敏感；若强调消极的方面，则是中心的缺失，无力做出最终的选择。西美尔是他们的时代最伟大的过渡性哲学家，是真正的印象主义哲学家（philosopher of Impressionism）。④ 西美尔没有开宗立派，没有系统性的学术传人，对他的研究在长时间内的沉寂似乎也印证了卢卡奇的这种判断。

退一步讲，如果上文所说的"复兴"这种判断适用于西美尔的社会理论的话，那么，"冷落"仍适用于来描述西美尔宗教理论的研究现状。哈曼德（Phillip E. Hammond）在西美尔《宗教论文集》英文版（*Essays on Religion*）的前言中，简要介绍了西美尔的宗教论文方面的英译情况之后，不无遗憾地承认，在美国，甚至在德国本土，西美尔的宗教思想仍然鲜为人知。⑤ 甚至于西美尔对宗教的兴趣常常被视作是令人困窘的，⑥ 不过，纵

---

① Ruth A. Wallace and Alison Wolf, *Contemporary Sociological Theory: Expanding the Classical Tradition* (New Jersey: Prentice Hall, 1999), 76, 174.
② 伽达默尔：《真理与方法 I 》，洪汉鼎译，北京：商务印书馆，2013 年，第 347 页。
③ John E. Jalbert, "Time, Death, and History in Simmel and Heidegger," *Human Studies* 26, no. 2 (2003): 259–283.
④ Georg Lukacs, "Georg Simmel," in *Georg Simmel: Critical Assessments*, ed. David Frisby (London: Routledge, 1994), 98.
⑤ Phillip E. Hammond, "Foreword," in Georg Simmel, *Essays on Religion*, ed. and trans. Horst Jürgen Helle and Ludwig Nieder (New Haven : Yale University Press, 1997).
⑥ John McCole, "Georg Simmel and the Philosophy of Religion," in *New German Critique*, no. 94, Secularization and Disenchantment (Winter, 2005): 9.

其学术生涯，他对宗教问题的持续不断的兴趣在其自身思想的发展中占有重要地位。[1]他在柏林大学多次开设宗教社会学与宗教哲学的课程。1899年，在给李凯尔特的一封信中，西美尔提到：没有任何一门课程能够像宗教哲学一样令我满足，同时，这门课也是德国大学最难教授的课程，因此，我对它有着持久的兴趣。[2]他不仅就宗教问题撰写了一系列的专门论文，而且在诸如《货币哲学》《现代文化的冲突》这样并非直接以宗教为研究对象的论作中亦频频论及宗教问题。尤其需要强调的是，西美尔的《宗教社会学》（*Zur Soziologie der Religion*）于1898年9月发表，《论宗教》（*Die Religion*）第一版应他的学生马丁·布伯（Martin Buber）之约于1906年列入《社会》（*Die Gesellschaft*）丛书（同时列入该丛书的还有滕尼斯与松巴特的著作），修订版则发表于1912年。相比之下，涂尔干的《宗教现象的定义》（"De la définition des phénomènes religieux"）[3]发表于1899年的《社会学年鉴》，《宗教社会学与认识论》（"Sociologie religieuse et théorie de la Connaissance"）发表于1909年，《宗教生活的基本形式》发表于1912年，而韦伯的《新教伦理与资本主义精神》发表于1905年，《宗教社会学论文集》结集出版时则是1920年。实际上，在还深受达尔文、斯宾塞思想影响时的早期，西美尔所写的《论社会分化》就已经涉及宗教与社会之间的关系。[4]因此，将西美尔称为宗教社会学的先行者并不为过，虽然他不久就被人们遗忘。

另一方面，西美尔在其学术生涯早期就已经触及"货币"这一经济社会学论题，他的《货币心理学》（"Zur Psychologie des Geldes"）是在施默勒的影响下写就的，该作品尚受到民族心理学（Völkerpsychologie）与达尔文主义的强烈影响，不过，在这篇论文中，西美尔已经发现了现代文化中货币与上帝在心理上的相似性。[5] 19世纪80年代之后，西美尔对货币的

---

[1] John McCole, "Georg Simmel and the Philosophy of Religion," 11.

[2] 转引自Carl-Friedrich Geyer, "Georg Simmel: eine Religion der Immanenz," *Zeitschrift für Philosophische Forschung*, 45, H. 2 (1991): 186.

[3] 中译文收入涂尔干：《乱伦禁忌及其起源》，汲喆等译，上海：上海人民出版社，2006年，第65—87页。

[4] Yoshio Atoji, *Sociology at the Turn of the Century: on G. Simmel in Comparison with F. Tonnies, M. Weber and E. Durkheim*, 91, 121.

[5] Simmel, "Zur Psychologie des Geldes," *Gesamtausgabe, Bd. 2*, Hrsg. von Otthein Rammstedt (Frankfurt am Main: Suhrkamp, 1989), 64.

认知也随着理论导向的变化而相应地发生了变化,①集中体现即为《货币哲学》,这本书可谓是西美尔对货币、现代文化的一种全面的解读。作为西美尔少有的大部头著作,该书对社会交换和分工的影响、物化、大城市生活等论题进行了全面讨论,其问题意识的宽广和深远,少有人企及。离开《货币哲学》就不能把握西美尔的哲学和社会学。②

他在《货币哲学·综合卷》中对"个体自由""现代生活风格"的阐述均可视为对现代文化的一种独特的社会学理解。在书中时常能见到一系列关于货币和宗教的类比以及货币对宗教生活的影响,这并不令人奇怪,这不仅仅是因为货币经济对于价值、意义的稀释作用与宗教维系价值的作用恰恰构成了现代社会的两极,而且也因为货币的唯智主义特质与客观宗教的困境同样属于现代文化病症的表现。在这里,我将以"信仰"概念为中心来梳理西美尔对宗教与货币之形式相似性的颇具启发性的探讨。

二、宗教信仰

在正式进入讨论之前,有必要指出的是,西美尔在《宗教社会学》《论宗教》等文本中对于"宗教"与"社会"的形式相似性的讨论是有意为之的,体现着他的研究意图,而他对货币与宗教之间的形式相似性的考察,则体现出一种非系统的特点,因为这两个方面的相似性并不是西美尔始终、特地注意的问题,而是他在探索货币的本质、功能以及现代文化时所间接涉及的。我所能做的只是尽量提取出西美尔在这一问题上的洞见,并将他的货币观与宗教观联系起来,这种联系是根据其论述的内在逻辑建立起来的。

在《论社会分化》一书中,西美尔已经从心理学视角对宗教给出了解释。当西美尔在宗教教义的信仰与认识程度的变更中处理宗教问题时,他似乎将宗教信仰与一种精神的依赖性联系了起来。这给人这样一种印象:宗教信仰只是因为理智上的不完善而出现的现象,因此,宗教信仰与精神自主性的高级阶段并存的可能性被排除了。但是,西美尔并没有将二者的这种关系视为普遍有效的,我们首先须看到这一事实:他在这种关系中提

---

① Natalia Canto Mila, *A Sociological Theory of Value: Georg Simmel's Sociological Relationism* (Bielefeld: Transcript, 2005), 97-98.
② 西美尔:《金钱、性别、现代生活风格》,顾明仁译,上海:学林出版社,2000年,第241页。

到的不是一般的宗教信仰，而是特定的宗教信条。①

如果说此时西美尔只是在宗教信仰与宗教教义之间做出了初步区分的话，那么，他的宗教社会学自始就注意到两种信仰——宗教信仰与另一种信仰——之间的差异。在《宗教社会学》中，西美尔表示，人与人之间的关系并非建立在彼此可证明的了解之上的，相反，我们的情感和心理影响是在特定的、可称之为"信仰"的观念中得到表达的，这种观念又反作用于实践关系。没有这种信仰，社会将会瓦解。亦即，信仰首先指涉的并非宗教，作为宗教的本质，信仰最初是作为人与人之间（着重号为西美尔原著所有）的关系而出现的。②此处的宗教信仰指的是一种"实践信仰"，而非理论真理的低级阶段或弱化形式。

根据西美尔的看法，当人们说"我信仰上帝"时，这种信仰与对以太的存在、月球的可居住性、人的不变本质的信仰是完全不同的。这不仅意味着，虽然无法得到确证，但我依然接受上帝的存在，而且也意味着我与上帝之间的一种内在联系、一种献身感与一种生活导向。在《宗教社会学》中，西美尔并未以明晰的术语来区分这两种信仰，但是，在他学术后期所发表的《论宗教》《宗教认识论》中，他已经有意识地使用固定的术语来区分两种信仰。

在《论宗教》中，西美尔认为，信仰乃是宗教的本质，对宗教信仰的认识，首先须将它与理论意义上的信仰区分开来。知性意义上的信仰（Glauben in intellektueller Bedeutung）可与知识同列，但又低于知识。有一些东西使我们有理由声称我们知道（wissen），而知性意义上的信仰在量上要少于这些东西，鉴于此，这种信仰只是一种"认之为真"（Fürwahrhalten）。③关于理论信仰，西美尔举例说，在形而上学或认识论研究中，我们能够推导出：上帝的存在是合理或必要的前提。在此意义上，对上帝存在的信仰即如同对以太或物质的原子结构之存在的信仰一样。④然

---

① Volkhard Krech, *Georg Simmels Religionstheorie* (Tübingen: Mohr Siebeck, 1998), 15.

② Simmel, "Zur Soziologie der Religion," 274–275. 诸如子女信仰父母、爱国者信仰祖国这样的例子，在《论宗教》中再一次得到原封不动的运用。可对照 Simmel, "Die Religion," 70.

③ 《论宗教》此处的行文与《宗教认识论》（"Beiträge zur Erkenntnistheorie der Religion"）中涉及宗教信仰与理智信仰之区别的文字是相同的，可对照 Simmel, "Beiträge zur Erkenntnistheorie der Religion," in *Georg Simmel Gesamtausgabe*, Bd. 7, Hrsg. von Otthein Rammstedt (Frankfurt am Main: Suhrkamp, 1995), 14–15.

④ Simmel, "Die Religion," 69.

而,《论宗教》中,西美尔只简单指出,较之于理论信仰,宗教信仰不仅意味着信仰不可确证的上帝,而且还意味着个体与上帝之间的一种内在联系。在宗教信仰中,上帝作为信仰主体献身的指向,与理论信仰的上帝全然有别。至此,西美尔并未进一步就理论信仰做出说明,而是集中转向了宗教信仰的独特本质。

但是,在《论宗教的认识论》一文中,西美尔则花笔墨分析了"理论信仰"的本质。他征引的例证是康德的道德哲学。西美尔认为,根据康德的看法,对上帝及不朽(Unsterblichkeit/immortality)的信仰乃是保证至善(höchsten Gutes/sovereign good)——德性与幸福的一致——的道德必然要求。这种要求是绝对的,在任何情况下我们的道德本质都不可丢弃,因此也必须信仰它实现的可能性:没有这种信仰,我们的努力即毫无意义,因为至善的实现在超验条件下方有可能,这种悬设自然并无理论证明。① 宗教信仰亦无法确证,然而,它与理论信仰的本质区别在于:理论信仰能够变换其内容,而信仰主体并不因此而变成了另一个人,因为信仰的功能(Glaubens-funktion)未变。但是,在宗教信仰中,则不存在内容(Inhalt)与功能(Funktion)之间的相互独立:信仰一个不同的神就是一种不同的信仰。② 易言之,在理论信仰中,信仰上的内容与功能是可以相互独立的,只要能够担负前提性的功能,内容是否变换就只是次要的;宗教信仰则并非如此:信仰的内容和功能是不可分的。

西美尔的一个基本看法是,宗教信仰并非仅仅局限于宗教领域,而是弥散于社会现象之间。他以十分肯定的语气说道:"没有这种宗教信仰,我们所了解的'社会'(Gesellschaft)就不可能存在。"③ 他申明,这种信仰绝非一种前提式的理论假设,而是一种独特的、在人与人之间生长的心理产物。作为一种社会力量,信仰自身必然与所有其他可能的知识、意志与情感性的联结力量相联系,同时,它又在上帝信仰中以纯粹、有效的形态呈现自身。宗教信仰是这种信仰的一种扩大(Vergrößerung)与绝对化(Verabsolutierung),同时,它又使得自身的本质在每一种低级混合的表现中亦变得可见。这种信仰并不是通过延伸到超验领域才成为宗教性的,相反,超验(Transzendente)只是这种信仰的一种尺度与表现形式;它在其

---

① Simmel, "Beiträge zur Erkenntnistheorie der Religion," 15.
② Ibid., 17–18.
③ Simmel, "Die Religion," 73.

社会表征中已然是宗教性的了，这种社会表征自始即渗透着形式的宗教功能的能量。①

对人与人之间关系的信仰作为一种社会必要性，成为人自发形成的独立、典型的功能。人与人在日常生活内容与最高内容的交往实践中总是要依赖于信仰的心理形式（die psychologische Form des Glaubens），以至于产生了信仰需要，并为自己所创造的对象提供合理性，正如爱或敬仰冲动功能自发地将自身投射到对象身上。②在西美尔处，宗教性信仰既是宗教的开端与前提，又可能是宗教的成熟状态。但是，当西美尔说"信仰"是社会的必要因素的时候，这种信仰尚不是宗教世界中的纯粹的宗教信仰，而是混合着其他社会杂质的宗教信仰。根据西美尔的阐释，我们实际上可以将宗教信仰进一步区分为"一般的宗教信仰"（这种信仰始终弥漫于社会现象、社会关系之间）与"纯粹的宗教信仰"（这种信仰作为一般性宗教信仰的绝对化，只存在于宗教领域）。无疑，一般的宗教信仰中亦蕴含着纯粹的宗教性信仰元素。宗教信仰的这种内部区分表明，信仰的对象就其本质而言，可能并非仅仅是宗教领域内的。

可以看出，西美尔对宗教信仰的界定是通过两个步骤来完成：第一步即是对宗教信仰与理论信仰的区分，这可谓是对两种异质信仰之间的区分；第二步则是对一般的宗教信仰与纯粹的宗教信仰之间的区分，这可谓是对同质的信仰内部的进一步区分。信仰之所以能够普泛化，其根据仍在于宗教性的普泛化。西美尔在《宗教社会学》中十分肯定地指出，宗教情感与冲动并不仅仅表现在宗教里，相反，它们存在于各种各样的关系中。③同时，人与人之间的关系有着诸多的形式，这些形式又承载着各式各样的内容，宗教形式只是其中一种形式。能够将不纯粹的宗教信仰亦称为宗教信仰，只是因为我们预先使用了成熟形态的名称来称呼其开端与前提。④所谓的"成熟状态"无外乎指"纯粹状态"，不过，这种纯粹状态也只可能是一种"理想类型"式的存在：它仅仅在理论上可能，并成为社会学的研究对象，而不可能存在于现实中。因此，在现实的宗教世界中，宗教信仰难以避免地混杂着非宗教元素。由于将社会现象中的信仰亦称为宗教信仰，

---

① Simmel,"Die Religion," 74.
② Simmel, "Zur Soziologie der Religion," 276.
③ Ibid., 267.
④ Ibid., 269.

因此，尽管在"一般的宗教信仰"与"纯粹的宗教信仰"之间、"一般宗教性"与"纯粹宗教性"之间确实存在着差别，但是，它们属于同一形式范畴，这种差别显然并非质的差别。西美尔破除了"信仰"的"宗教"束缚，而将它扩展到了普遍的人与人的关系之中。

在西美尔看来，人们的信仰需要是实践性的，这是一种无法与理论信仰相通约的信仰。由于人与人之间的互动是自发的，我们可以认为西美尔倾向于指出，实践信仰的合法性即在于它的自发性。这种信仰总是有着对象化冲动，但其对象则可能是多元的，宗教只是其中一种表现形式。易言之，宗教作为客观现实，必然可回溯至宗教信仰，但是，宗教信仰却并不一定以宗教为指向，而是会投射到不同的对象或内容上。具体到西美尔的经济社会学，这种对象无疑就是货币。

三、对货币的宗教信仰

关于现代人对货币的宗教信仰这一问题，西美尔是从两个方面来展开论述的。

首先，作为人与人之间交换活动的物化，货币是纯粹交换功能的具体化，货币价值或流通的正常运行依托于"信仰"①。关于这一点，最为明确的证明就是，西美尔特意以铭刻在马耳他钱币上的铭文"non aes sed fides"（此乃信用，而非铜币）为例说明"信仰"因素的重要性。他先是后退一步，承认不仅是货币经济，而且是任何经济都需要这种"信仰"。但是，他紧接着又进一步说明，在借贷和对某人的信任（Vertrauen）的例子中，有一种难以描述的因素，后者在宗教领域中的宗教信仰中得到了最纯粹的表达。②

易言之，按照我们在上文对宗教信仰的内部区分，西美尔所谓的对货

---

① Simmel, *Philosophie des Geldes*, 211. 此处需要注意的是，西美尔原文使用的是"Glaube"，英译本译为"trust"，似乎是为了与后文提到的宗教"信仰"（belief）区别开来。但是，西美尔在提及对上帝的信仰时，使用的仍是"Glaube"（religiöse Glaube）一词。英译文的处理方法似乎丢失了西美尔所特意赋予这两种现象之间的类比（analogy）联系，也丢失了这两种"信仰"之间的同质性。《宗教论文集》英译本（*Essays on Religion*）在翻译"理论信仰"与"实践信仰"时，使用的分别是"theoretical belief"与"practical faith"，参 *Essays on Religion*，108–109. 法格尔（Ivan Varge）也注意到了这种区分，参 Ivan Varge, "Georg Simmel: Religion and Spirituality," in *A Sociology of Spirituality*, ed. Kieran Flanagan, Peter C. Jupp (Burlington, VT: Ashgate, 2007), 153. 就此而言，《货币哲学》英译本的处理方法似乎未能圆满地反映出西美尔的原意。

② Simmel, *Philosophie des Geldes*, 216.

币的信仰乃是一般的宗教信仰。西美尔指出，当某人说他信仰上帝时，这不是一种对上帝知识的不完善阶段，而是一种与这种知识路向全然有别的情感状态（Gemütszustand）。这种情感状态一方面肯定比知识少，另一方面却又多于知识。它可能会依赖于这些知识，却并不来自于它们。经济上的信用、对团体的信任都包含这种超理论信仰（die übertheoretischen Glauben）的因素。① 亦即，在知识的弱形式之上，存在着一种社会—心理的添加物，即一种与宗教信仰同源的情感：对货币的"信仰"与宗教信仰被置于同一范畴。

其次，对货币的信仰与宗教信仰之间相似性的另外一个重要方面体现于西美尔在《货币哲学》第六章第二节中的"信贷"一篇中所引申的"距离化"（Distanzierung）效果之于信仰的关系。西美尔认为，在用以表现生活内容之构造的景象中，人们最习以为常的当属"圆"（Kreis②），其中心即是自我，自我与客体、他人、理念和需要之间存在着一种可称之为"距离"（Distanz）的关系模式。③ "距离"是西美尔社会学中一个非常重要的原则和概念，与他的相对主义方法论、空间社会学乃至价值理论均密切相关。尽管"距离"在他后期的哲学著作中更为明显，但是，正如斯坦霍夫（Maria Steinhoff）所论证的那样，在他的社会学里已经显现出来了。在《社会学的基本问题》（Grundfragen der Soziologie）中，"距离"概念更明显地与认知旨趣理论联系了起来。西美尔指出，我们借由把握社会及社会化形式的抽象化过程依赖于现象综合与人的心灵之间的距离。他将社会学家与社会之间的关系理解为类似于艺术鉴赏者观察艺术的方式：现实之所以可能呈现出不同的图景，来自于人与现实的不同距离。④

在西美尔看来，现代文化的一个趋势是人们离精神（Geist）越来越近，离灵魂（Seele）却越来越远，这是一个距离同时增长与缩小的过程。在这种双重的现代趋势中，现代人与其周围环境的关系的发展呈现出这样的特征，即离他最近的圆（Kreis）愈来愈远，目的在于接近离他较远的

---

① Simmel, *Philosophie des Geldes*, 216.
② "Kreis"在德语中有"圆""圆圈"的意思，也有"社会群体""圈子""范围"的意思。西美尔在不少地方亦使用该词来表示社会群体、集体、圈子等。
③ Simmel, *Philosophie des Geldes*, 658.
④ David Frisby, *Sociological Impressionism: A Reassessment of Georg Simmel's Social Theory* (London: Routledge, 1992), 153.

圆。真正内在关系中的距离日益增大，外在关系中的距离则日益缩小。货币在这个双向过程中所起作用的广度与强度，首先表现为货币对距离的克服。只有价值转化为货币形式，才使得利益之间的联系能够克服利益之间的空间距离。西美尔举例，只有通过货币手段，某个德国资本家和工人才可能卷入西班牙的一桩人事变动。① 可见，这种距离的克服首先是一种"远"的克服，它拉近了人与其外在之物的距离。

但是，对西美尔来说，更有意义的乃是，货币充当着相反发展方向——货币的距离化效果——的载体。具体而言就是，货币交易在人与人之间树立了屏障，这是因为：第一，交易双方中一方得到了所欲求的东西，另一方则只得到了钱，仍需要寻求第三方来满足自身所需。这就在交易双方因对立的兴趣造成的对抗之外，增添了一种新的疏远性（Fremdheit）。第二，这也是我们要着重处理的，即货币导致了交易的普遍客观化，取消了所有的个人色彩与倾向。以货币为基础的关系的数量日增，人对于人的意义——尽管以隐匿的方式——愈来愈可追溯到货币利益上来。以这种方式，货币反而在人与人之间确立了一种内在的界限，现代生活方式正是由于这种距离而成为可能，因为若无这种心理上的距离化，则大都市中交往的拥挤与紊乱就可能是无法忍受的。诸种关系中，要么公开要么隐匿的金钱性为人与人之间附加了一道距离，这对于我们文化生活的拥挤与摩擦是一种内在的保护与协调。②

因此，西美尔在这种货币关系中看到的并非纯然消极之物，而是也注意到了它的积极意义。现代货币经济所促成的客观化关系对于人格特质的限制或取消，派生出一种必要的距离，这使得现代大都市中密集的交往、互动免除了过度的负担。这种非人格性随着理智化的历史进程而不断扩散，这在货币的特征中得到了集中体现。西美尔没有明说的是，距离化效果的确使得大都市中的人与人之间的频繁互动变得不涉个人倾向，不涉个人色彩，也因此是可忍受的，不过，这同时回应了货币的纯粹功能作用：在公共交往中，"我"对于"你"的意义仅仅是一种功能性、程序性存在，人格或者体现个人特质的交往被挤压到了私人领域。这恰恰构成了马克思严厉

---

① Simmel, *Philosophie des Geldes,* 663.
② Ibid., 664–665.

批判的对象。①

按照西美尔的理解，货币的距离化效果的意义在其扩展形式——信贷——中的表现，仍可与宗教信仰联系起来。信用交易中需要信任（Vertrauen），西美尔提醒我们注意这样一种态度，即在某些商业交往中，并不是先成为绅士才能赊账，而是要求赊账的才是绅士。即时可现的现金支付方式有着小市民气，因为它将经济序列中的诸多元素都汇集到令人不安的狭小之地（空间），而信用交易则要求一种基于信任而调整的距离。在此，西美尔特地在信用交易与上帝信仰之间做了类比。在信用交易中，价值交换的直接性被距离取代，距离的两极则通过信仰（Glaube）而联结在一起。同样，宗教性越强，上帝与个体灵魂之间的距离就愈不可估量，以激起最大限度、能够沟通二者距离的信仰。②

西美尔的本意显然是要说明，交易双方以及上帝和灵魂之间均存在着距离，这种距离通过信仰而同时得到维系与克服，因此，它们之间亦存在着形式相似性。但是，我们却因此有理由将上帝与个体之间的距离称之为"宗教性的距离化效果"。西美尔在《货币哲学》第一章第一节中已简单地介绍了经济行为能够同时发挥距离化与克服距离的功效。③与货币相同，宗教信仰中的距离化效果与距离的克服之间亦是相互包含、相互交错的关系：人与上帝之间存在着不可逾越的距离，但同时，这种距离须在一定程度上得到克服，以使二者的沟通成为可能。然而，在克服距离的过程中，距离化效果同时发挥着作用。易言之，人们在克服距离的同时，也总是在制造着距离。距离总是同时意味着张力与调节、对抗与和缓：距离本身既产生着距离又否定着距离。在此意义上，我们甚至可以说，"距离"这个概念不仅最完美地体现了西美尔的辩证法原则，而且也彰显了他对于现代文化的理解。这一点在《宗教的地位问题》（"Das Problem der religiösen Lage"）与

---

① 马克思指出，资本主义社会的一大问题在于，不是人的本质构成人与人发生联系的纽带，恰恰相反，在私有制下，产品所承认的不是人的本质的特性和权利，而是使"你"依赖于"我"的产品并因此赋予"我"支配"你"的权利的手段。参马克思：《1844 年经济学—哲学手稿》，中共中央马克思恩格斯列宁斯大林编译局编译，北京：人民出版社，2000 年，第 181、184 页。

② Simmel, *Philosophie des Geldes*, 668–669.

③ Ibid., 48–54.

《生命的矛盾与宗教》("Die Gegensätze des Lebens und die Religion")①等一系列论文中得到了更为详尽的阐发，虽然西美尔本人并没有直接将它们联系起来。

四、宗教信仰还是系统信任？

简而言之，西美尔是通过两个方面来阐发货币经济中所蕴含的"宗教信仰"质素的：首先，对货币的信仰与对宗教的信仰是同质的，二者同属宗教信仰这一范畴，虽然一个是一般的宗教信仰，一个是纯粹的宗教信仰；其次，货币的距离化效果对于"信仰"有着特殊意义。当然，西美尔本人对货币的宗教信仰因素的分析并不是系统的，在《货币哲学》中明确涉及"信仰"的主要体现在第一个方面。关于货币的纯粹交换功能，西美尔所言甚多，"信仰"反倒只是一种次要的分析变量，尽管绝非无足轻重；而距离化效果实质上已经论及了现代文化中的生活风格。

但是，西美尔的论证是否毫无漏洞呢？我以为，并非如此。虽然他扩大了"宗教信仰"的外延，并始终谨慎地将对货币的信仰视为与纯粹的宗教信仰有所区别的一般性的宗教信仰，但是，他的确在这一问题的论述中出现了一些矛盾与含混的地方。

第一，西美尔对货币的纯粹交换功能的解释，实质上已经否认了对货币的信仰乃是一种宗教信仰。西美尔认为，货币具有价值不是由于它自身是什么（质料价值），而是由于它所服务的最终目的。货币在最初能够行使功能是因为它具有内在价值，但随后它之所以具有价值，则是因为它能够发挥这些功能。作为一种纯粹的符号，货币之纯粹存在形式就是交换与度量功能。交换之外，货币毫无意义。②货币的纯粹交换功能使得它几乎可以与任何事物、任何价值进行交换，因此，它可以在任何目的序列中居于绝对手段的地位。易言之，正是功能价值与质料价值的分离才使得货币成为货币，使得它发挥着纯粹的交换功能。

在此，西美尔将货币与宗教进行了类比：与特定的宗教信条的内容相

---

① 两篇论文见 Simmel, *Essays on Religion*, ed. and trans. Horst Jürgen Helle & Ludwig Nieder (New Haven: Yale University Press, 1997), 7–19, 36–44；《宗教的地位问题》的中译文收于西美尔：《现代人与宗教》，曹卫东等译，北京：中国人民大学出版社，2003年，第45—58页。

② Simmel, *Philosophie des Geldes*, 251–252.

对照，宗教情感（即宗教性）是普遍的。①将货币与宗教联结在一起的关键在于：与它所服务的特定目的相比，功能是普遍的。一种金属成为货币是通过它的纯粹交换形式而实现的，正如超世俗观念吸取了宗教情感功能而发展成宗教。②在此，西美尔对"形式"与"功能"这两个概念的应用表现出一种可交换性。宗教性之于宗教教义，即如同货币的交换功能之于货币的质料。换句话说，不论是宗教教义在历史中的演变，还是货币质料的变化，宗教性与交换功能都是普遍的。可以看出，西美尔的确有意在现代人对货币的信仰与宗教信仰之间建立起联系，从他在《货币心理学》到《现代文化中的货币》再到《货币哲学》中一再提及货币与上帝的等同性，亦可看出这一点。

但是，即便对货币的信仰确实是宗教信仰，那么，它的交换功能亦无法将对它的信仰固定在货币本身。宗教性源自人与人之间的互动，这种互动对于人的生存、社会的维系都是不可或缺的，因为社会本身即为互动。然而，宗教性并不是由宗教或社会主动创造出来的，而是在人与人之间的互动中自发地形成的，是宗教性的对象化冲动将信仰需要投射到了自己所创造出来的信仰对象（货币或上帝）上。因此，并非宗教创造了宗教性，而是宗教性创造了宗教。③根据西美尔的理解，由于社会形态是由宗教性渗透的内容，这将越来越显示出，它们的结构决定了它们必然成为宗教性的生活与活动领域。易言之，宗教性既在宗教形态，又在社会形态中付诸实现。

乍看之下，货币与宗教一样，同属一种人为的创造物，并反过来通过社会化作用强化了对它们的信仰。但是，西美尔忽视的一个重要区别是：不论是军队之于军人，祖国之于爱国者，还是人类共同体之于大同主义者，前者都是直接而确定的信仰对象。例如，一个人可能同时是爱国者和大同主义者（此处之所以不以宗教为例，是因为西美尔将对货币的宗教信仰限制为一般的宗教信仰，而非宗教领域中纯粹的宗教信仰。为了使比较在同一层面上进行，笔者特意避开了宗教，而以他经常提及的祖国、人类共同体为例），但是，祖国与人类共同体对他而言，均为真实的信仰对象，在这种信仰关系中：(1) 神圣性、献身性、忠诚性等心理—情感特征指向的

---

① Simmel, *Philosophie des Geldes*, 252.
② Ibid., 253.
③ Simmel, "Die Religion," 49.

就是祖国和人类共同体本身,而非其他;(2)祖国、共同体作为信仰对象,能够为信仰主体提供一种生活目的,一种归属感和认同感。

然而,反观对货币的宗教信仰,我们发现,西美尔频频提及的"信用交易"或"绅士赊账"的例子,实质上都有着一个信仰漂移的过程。亦即,对货币的信仰总是很快地漂移到对另一事物(如绅士的人格、政治系统)的信仰。它的全部意义就在于交换,因此,人们对货币的信仰也无法停留,而总是指向下一个对象。此外,货币的距离化效果的一个特征即为:手段愈来愈拒绝和否认目的,最终干脆取代了终极目的,人类因此而与自身疏远。然而,一旦生活只关注货币,那么,在促使价值意识集中于货币身上的那些环境不再存在之后,它就原形毕露了——它只是纯粹的手段。① 在这种信仰的"流通"中,一以贯之的是人们对货币的纯粹交换功能的信任,但是,这种功能却是有货币身处其中的权力机制或经济系统来保证的。

至此,我们已经进入了第二个问题:货币与货币的发行者与担保者(中央权力)之间有着紧密联系,确切而言即是,货币的纯粹功能是由中央政治权力担保的。② 米拉(Natalia Canto Mila)认为,虽然未曾明言,但西美尔的确暗示我们,人们对货币之纯粹交换功能的信任(trust)与现代社会和政治体系相关。人们对货币的信任并非是对其质料价值的信任,而是对他们身处其中的社会与政治系统的信任,对维系货币的国家之稳定性与合法性的信任。③ 米拉的这种说法固然不错,但是,我们要注意的是,在这一层面上,西美尔亦明确表示,现代中央集权国家在一定程度上就是庞大货币经济的产物。④ 与封建制度不同,货币经济能够强化地方对中央权力的依赖。易言之,货币经济与政治权力之间存在的是一种共谋共生的关系,而非是单向的。

货币日益增长的去人格化(Entpersonalisierung)能够与中央集权化和扩张的社会之间存在着密切的联系,都与独立于金属价值的货币功能直接相关。货币的价值是以其可信赖性(Sicherheit)为基础的,中央政治权力

---

① Simmel, "Das Geld in der modernen Cultur," in *Georg Simmel Gesamtausgabe*, Bd. 5, Hrsg. von Otthein Rammstedt (Frankfurt am Main: Suhrkamp, 1992), 189.

② Simmel, *Philosophie des Geldes*, 213.

③ Natalia Canto Mila, *A Sociological Theory of Value: Georg Simmel's Sociological Relationism*, pp.183-184.

④ Simmel, *Philosophie des Geldes*, 224-228.

作为货币可靠性的支柱替代了货币的意义。① 在此，西美尔实际上为货币赋予了一种"政治"性格。颇有趣味的是，他在对"货币向其纯粹交换功能过渡"进行历史社会学的说明时已经间接地涉及了"统一"这一问题。在此，转述西美尔所列举的一个例证仍是有价值的，因为这个例证能够十分清楚地说明，货币的统一功能是与其"纯粹功能"密切相关的。西美尔指出，所有的古希腊货币都是神圣的，它们来自祭司阶层，该阶层同时象征着由不同的地区所联结而成的统一体。神殿有着超越地方性的中心化意义，货币则通过铭刻共同的神的象征而表现出了这种意义。凝缩在神殿中的宗教—社会统一体似乎在发行的货币中再次变得畅通无阻，并且给予货币一种超越单个钱币之金属意义的根基与功能。通过社会结构的支持以及反过来对社会结构的支持，货币抛弃了自身的质料，集中体现为货币功能的意义。② 因此，宗教—社会统一体与货币之间是一种相互支撑、相互巩固的关系，对货币的信任乃是由其背后的"权力"来保障的。

由于政治权力的无言在场，即使在最私人的交换活动中也存在着第三方。在物物交换经济中，价值内在地与个体特征联系在一起，而在货币经济中，个体只是与价值处于非直接的关系中。尽管个体与价值的转让之间的距离日益增长，但是，所有理性的经济交换都依赖于一种共同体的存在，后者作为第三方，保证了流通的相对价值，因此，一种私人的交换成为公共事务。③ 西美尔没有意识到的是，通过将对货币的纯粹交换功能的信任转化为对政治系统的信任，他已经破坏了他特意赋予现代人"对货币的宗教信仰"维度。实际上，我们也很难想象，在日常生活的每一次通过货币而进行的经济交换活动中都蕴含着一种宗教信仰因素（即使是一般的宗教信仰），毋宁说，这种所谓的"信仰"背后有着某种权力系统在发挥作用。

卢曼已经敏锐地看到了这一点。他认为，根据功能主义系统理论的研究方式，世界有着无法想象的复杂性，它所包含的可能性超出可能实现的可能性，就此而言，它是一个开放的结构。正是这一点构成了各系统努力在世界中维持自身的问题，世界和系统的关系可看作是一个超载的、不断受到威胁的不稳定性的问题。霍布斯要建立的绝对政治统治的必要条件，

---

① Simmel, *Philosophie des Geldes,* 224–225.
② Ibid., 229.
③ Jim Faught, "Neglected Affinities: Max Weber and Georg Simmel," in *Georg Simmel: Critical Assessments*, vol. 1, ed. David Frisby (London : Routledge, 1994), 169.

舒茨所阐述的他我（alter-ego）在世界中在场的理论以及帕森斯的系统理论均是在不断提高的社会复杂性的条件下，人们能够而且必须发展出有效的简化复杂性的方式的理论例证。① 在卢曼看来，信任即为简化复杂性的一种方式。但是，在简单的社会系统中，超越对具体个人的信任模式主要是通过有关真实存在、自然和超自然的，以宗教为根据的假设或神话、语言、自然法来实现，但是，在分化的现代社会中，这种信任模式是通过系统信任来实现的。② 与西美尔相同，卢曼也认同，任何一个信任货币价值的稳定性、信任花钱机会多样化连续性的人，都假定一个系统在发生功能，而且人们信任的是该功能而不是信任人。这种系统信任是通过连续性地、肯定性地使用货币的经验自然而然地建立起来的。在货币可能满足的情境中，它以一种更精确和有效的方式实现跨越时间和吸收风险的功能，因为它是专门为这些功能而设计的。对货币制度的普泛化信任，取代了对信任的艰难证明，为一个合作社会中的生活提供了确信的基础。③

既然货币的价值就在于无涉人格特质的纯粹交换功能，那么，货币经济中的人与人的信任也必定是抽象的、非人格的。在独立于质料价值的过程中，货币日益承担了作为价值符号（而非价值本身）的纯粹功能。这种发展之所以可能，是因为社会性质的变化，尤其是因为信任（trust）的发展。货币是以社会之中的信任为前提的，这种信任又反过来要求社会的稳定。若无这些条件，则货币不可能成为与其内在价值相分离的去人格化现象。④

西美尔对货币和宗教之形式相似性的类比的基础是他的形式社会学，货币与宗教之间的相似性最终是因为，它们只是宗教性在社会形式与超验形式中渗透的结果。易言之，二者的相似性仍然只是"社会"与"宗教"的相似性的延伸及具体表现。然而，我以为，虽然西美尔将对货币的信仰称为宗教信仰，但是，根据他对货币的纯粹交换功能以及货币身处其中的权力机制的理解，对货币的信仰已经被转化成一种系统信任。对货币的信

---

① 卢曼：《信任：一个社会复杂性的简化机制》，翟铁鹏、李强译，上海：上海人民出版社，2005 年，第 6—10 页。
② 同上书，第 62 页。
③ 同上书，第 65—67 页。
④ Bryan S. Turner, "Simmel, Rationalization and the Sociology of Money," in *Georg Simmel: Critical Assessments*, vol. 2, ed. David Frisby (London: Routledge, 1994), 277.

仰总是存在着一个可称之为信仰漂移的过程。亦即，由于货币的全部意义即在于交换，因此，人们对它的信仰无法固定在货币本身，而趋向在交换活动中不断地流通。对货币纯粹交换功能的信任就是对某种系统机制的信任，因此，与其说对货币的信仰是一种宗教信仰，毋宁说是一种抽象的系统信任：货币的可信靠性和安全性是由系统功能来保障的。

对西美尔来说，货币并非"拥有"功能，而是它本身就"是"功能，它在理论上的纯粹符号意义使得它成为形式化的存在。就此而言，我们能够发现一个巨大的吊诡之处：西美尔解决现代文化中的宗教困境的方案实质上是要遵循"货币"的发展方向，即朝向宗教性（形式），舍弃任何教义、信条等（内容）。但是，由于他已经将"最接近形式化理想"的特质赋予了货币，这也变相地否定了自己的方案。对货币和宗教的不同把握，使得他在"统一"问题上使用了不同层面的对象，即交换功能（货币的"形式"）和教义（宗教的"内容"），这恰恰对应了两种不同的统一：货币的统一功能是通过夷平化过程（Nivellement）以及人与人之间关系的物化而达至的，宗教的统一功能则是通过人与人之间关系的神圣化而达至的。

第二节 宗教与货币的形式相似性之二：统一性

一、货币与社会分化

布莱克利·施达尔（Bradley E. Starr）已经注意到，西美尔对现代宗教的处境问题最为有趣的说明可见于《货币哲学》。[①] 货币在现代文化中的主导地位意味着，一种客观理智的程序、技术已经广泛而深入地渗透到了这个世界，这是宗教本身必须面对的现代处境。这同时也意味着，社会分化过程正在以锐不可当之势逼迫传统宗教不得不从诸多领域中撤退出去。对于西美尔来说，"与科学逻辑相同，宗教逻辑亦经常宣称要涵括或主宰所有其他的逻辑。它一旦寻求这种野心，偶像崇拜因素、规章制度因素与世俗因素即会涌入，但是，这些因素服从的却是非宗教逻辑。"[②] 通过指明宗教逻辑扩张野心的自我反动，西美尔已经有意在宗教与其他逻辑之间划下了

[①] Bradley E. Starr, "The Tragedy of the Kingdom: Simmel and Troeltsch on Prophetic Religion," *The Journal of Religious Ethics* 24, no. 1 (Spring, 1996): 141.

[②] Simmel, "Die Religion," 45.

界限，从而使得宗教仅仅成为与其他系统并列的一个特殊系统。也就是说，他明确了这一论断，即宗教已经在现代的社会分化过程中逐步丧失了传统的中心地位，也已无力维系一种全社会范围内的价值共识了。

西美尔的这一看法在当时以及后来的诸多学者那里均可见到回应。卢曼也认为，现代社会中，关于高层次的目标和规范的共识已经不再可能了，社会的复杂性使得它的统一已不能再通过共同伦理信念来保证了。在不依赖于共同目标而达成的社会共识的情况下，现代社会仍然能够维持秩序形式和有秩序的变迁。[①] 卡萨诺瓦（José Casanova）更明确地指出，社会分化进程已经使得宗教的地位发生了变化："社会分化使得国家与市场这两个世俗领域支配着新的现代系统的分类原则。用空间—结构术语，我们可以说，如果以前的实在是围绕一个主轴心而得以建构的，那么，现在，通过两个建构整体的主轴心，一种多轴心空间被创造了出来。以功能主义系统理论的话来说就是，每一个子系统都成为其他子系统的环境，而两个子系统成为所有子系统的基本环境。因此，在新的空间结构中，宗教领域只不过是一个领域，围绕其自身独立的内在轴心而得以组织，但是处于两个主轴心的重力影响之下。然而，不论我们选取何种视角，它都将展示，现在，宗教领域在新的世俗系统中已经变成了不再那么中心化、空间上也已萎缩的领域。进而言之，从现代分化的新的主导性视角来看，人们可以补充说，宗教领域头一回完全获得了自主，专注于它自身宗教的功能，甩掉或丢失了诸多其他它过去所累积的、并不再能有效满足的非宗教功能。"[②]

实际上，西美尔在诸如《货币心理学》《货币哲学》等这样并非直接以宗教，而是以货币为研究对象的文字中的确频频论及宗教，这是因为，不论是宗教问题，还是货币问题，对于西美尔而言，它们最终都是文化问题。从根本而言，西美尔对货币的关注与诠释亦是对于现代文化的描述与反思，因此，"货币"涉及的不仅仅是经济问题，也是文化问题。西美尔在《货币哲学》前言中说道，"本研究整体的意义和目的无非是：要从经济事件的表面提取出有关所有人类的终极价值和意义的一条方针。"[③] 货币研究的整体

[①] 霍姆斯、拉莫尔：《卢曼的社会分化理论述略》，载《社会理论的诸理论》，刘小枫、苏国勋编，上海：三联书店，2005年，第185—186页。

[②] José Casanova, *Public Religion in the Modern World* (Chicago: University of Chicago Press, 1994), 21.

[③] Simmel, *Philosophie des Geldes*, 12.

也并不在于论断某种个别的知识内容及其证明，而是在于阐明如下的可能性，即从生活的每一碎片中寻求其意义的整体性。① 如此一来，在现代文化中的生存的整体意义势必成为西美尔在其货币诠释中重点关注的问题。

但是，西美尔的一个独到之处在于，他始终坚持，现代文化中的各个趋势之间是可能相互抵消、相互限制、相互交错的，并不存在一种"铁笼"或"机器"那样的总体化趋势，即便是同一种趋势、同一种现象，也可能有着彼此相对立的效果。这一点在他对货币之于个体自由这一问题的讨论中也得到了体现。简而言之，他发掘了货币在现代文化中对于个体自由的双重作用，即个体自由随着经济世界的客观化（Objektivierung）与去人格化（Entpersonalisierung）而提升，但同时，自由淡化了规定性维度，使得现代人的灵魂中心欠缺确定性。

二、货币与个体自由

分化理论在 20 世纪的发展变得更为丰富。哈贝马斯将分化理解为一种向系统向生活世界提出挑战的发展过程。但是，亚历山大则认为，分化固然伴随着文化断裂，但同时也存在着由此获得的自由和理性，倘若没有自我能力和道德发展相应提高的可能性，没有机会的扩展与增加，断裂是无法产生的。② 亦即，分化过程中同时包含着两个方向的运动，即断裂与自由。这种思路与西美尔的分化理论中所表现出来的观点是颇为相通的。从他的第一本著作《论社会分化》③ 起，社会与个体自由的关系就是西美尔论述社会分化的视角之一，也一直在他思想中占据重要地位。不过，在现代社会中的个体自由这一问题上，与涂尔干对"团结"的类型学说明（机械团结与有机团结）不同，西美尔将它更明确地与货币的本质联系在了一起。

值得一提的是，西美尔在其第一篇关于货币的论文《货币心理学》中就已经提示人们注意现代文化中货币与上帝在心理上的相似性，对于这种相似性的阐发在之后的货币研究中仍然得到了延续。施莱尔马赫曾指出，

---

① Simmel, *Philosophie des Geldes*, 12

② J.C. 亚历山大：《分化理论：问题及其前景》，载《社会理论的诸理论》，刘小枫、苏国勋编，上海：三联书店，2005 年，第 65—66 页。

③ 西美尔《社会学》中"集体的扩大与个性的发展"（"Die Erweiterung der Gruppe und die Ausbildung der Individualität"）这一章，部分地来源于《论社会分化》第三章，参 Simmel, *Soziologie: Untersuchungen über die Formen der Vergesellschaftung* (München : Duncker & Humblot, 1923), 527.

基督教以前的信仰形式将情感与特定的时间、地点联系在一起，而基督信仰则使虔诚、对上帝的渴望（Verlangen nach Gott）成为一种持续的精神状态。西美尔将现代人对货币的渴望（Verlangen nach Geld）与施莱尔马赫笔下的这种渴望做了类比。[1] 在《现代文化中的货币》（"Das Geld in der modernen Kultur," 1896）一文中，他提出，世界万物与矛盾皆可在上帝观念中得到统合，而货币则在现代生活中日益成为一切价值的绝对充分的表现形式与等价物，它成为一个中心，所有彼此对立、疏远之物皆可在此找到它们的公分母。货币导致了对具体事物的超越，使我们相信货币的全能（Allmacht）。这种相信价值交汇在货币上的信念，在心理学方面与上帝观念相类似，它更深刻地证实了货币是我们这个时代的上帝这种抱怨。[2] 在这篇论文中，西美尔已经基本上勾勒出了货币在现代文化中的神化现象，以及它的统一功能之所以能够与宗教的统一功能有着相似性的原因，即对具体事物的超越；此外，对上帝的渴望与对货币的渴望之间的心理相似性更深刻地指向了现代人在"上帝之死"之后的文化处境中对终极目标的心理需要，亦使得货币拜物教成为可能。

但是，货币在经济生活中的普遍使用是以另一社会现象为前提的，即群体规模的扩大，而这种扩大也必然伴随着个体自由的扩大。在《货币哲学》出版之前，西美尔已经注意到群体规模的扩大与个体性的发展这两种现象之间的联系，到了《货币哲学》（1900），他借助货币这一媒介更清楚地指明，货币作为一种抽象的符号，它是在相对"广阔"的社会群体的经济互动中形成的。通过法律、习俗与利益等不断拓展的联结与统一，群体亦不断延伸扩大，这就是货币由其实质价值（Substanzwert）向功能价值（Funktionswert）过渡的基础。[3] 亦即，集体的扩大原本即为货币演变为纯粹交换符号的充分条件，这也是个体自由的一个重要前提。同时，如果货币存在并流通，那么，它必然要求一种普遍化的信任氛围，这种信任超越

---

[1] 西美尔对基督教伦理学之普遍化倾向的分析只散见于他作品中的一些片段，整体而言，这种分析与韦伯的结论是一致的。参 Jim Faught: "Neglected Affinities: Max Weber and Georg Simmel," in *Georg Simmel: Critical Assessments*, vol. 1, ed. David Frisby (London: Routledge, 1994), 161.

[2] Simmel, "Das Geld in der modernen Cultur," 191.

[3] Simmel, *Philosophie des Geldes*, 221.

了以一个狭小共同体中的成员之间的相互熟悉为基础的信任,[①] 而是一种广阔的共同体中的抽象的系统信任。西美尔肯定的是,货币经济是高级文化的产物,小的经济群体不足以提供货币经济运转所需要的条件,因此,群体规模从小到大的演变,个体在这一过程中所获得的自由空间,代表的正是现代文化的一个发展趋向,如此一来,货币经济的兴起也就指向了个体自由的扩大。

在《货币哲学》中,西美尔花大量笔墨阐述了货币经济对于个体自由的双重作用。货币经济之于个体自由的第一种意义在于,它一方面取消了发达的货币经济之前的人身依附方式,另一方面亦使得彼此依赖的特殊方式成为可能,之所以说这种依赖特殊,是因为它反而会给予最大限度的自由以空间。[②] 西美尔对自由的社会学界定有几个因素需注意。首先,若自由意味着内在的独立性感觉与个体性的发展,那么,自由这一范畴就不是"关系"的缺失,而是一种与他人的"特殊"的关系。其次,西美尔认为,如果人与人之间的关系皆由近(Annäherung)与远(Distanz)的元素构成,那么,独立性就是这样一种状态:远的元素达到了最大值,但近的元素并未完全消失,正如"左"的概念无"右"亦无法存在一般。因此,唯一的问题是:同时在客观事实及主观意识中,远近因素处于何种状态或关系中才能够最适当地促进独立性?对西美尔而言,这种最适合的状态就意味着,尽管有着与他人扩展了的关系,但是,所有真正个人性质的因素都从这种关系中清除出去了。在这样的客观(即无个人因素)依赖关系中,主体是自由的。它的原因与结果以人的互换性(Auswechselbarkeit der Personen)为基础,在自愿进行或受关系结构影响的主体交换中,依赖性的主体因素显得无关紧要,这是自由感的特征。[③] 西美尔以货币经济中的雇佣劳动者为例说明,尽管他们的处境远非令人满意,但这却是走向解放的过渡阶段,因为与奴隶、佃农相比,雇佣劳动者的决定性区别在于:他们能够挑选与替换雇主,且在与雇主的关系中去除了个人性质。易言之,交换的客观化、普遍化表征的是人与人之间关系的客观化。

个体自由随着经济世界的客观化(Objektivierung)与去人格化

---

① Gianfranco Poggi, *Money and Modern Mind: Georg Simmel's Philosophy of Money* (Berkeley and Los Angeles: University of California Press, Ltd., 1993), 148.

② Simmel, *Philosophie des Geldes,* 392.

③ Ibid., 397–398.

（Entpersonalisierung）而提升。货币经济和现代分工将人与人之间的依赖关系发展到前所未有的地步，吊诡的是，就是在这种客观的依赖关系中，个体更强烈地指向自身，更积极地意识到自己的自由。货币是这一关系绝对理想的载体。① 这种解释实质上已经将货币经济与劳动分工联系了起来，对此，下文将展开进一步论述。

货币经济之于个体自由的第二种意义则在于自由的消极面向，即人的功能化。关于人的功能化的解释，实际上就是关于人的异化的解释。如前所述，如果说自由作为一种特殊的关系性概念意味着不依赖于他人的意志，那么，它首先就是不依赖于特定的个人意志。在现代分工中，我们的生存愈来愈依赖他人的劳动，但是，与其说，我们依赖的是具体的个人，毋宁说，我们依赖的仅仅是人的客观的、具有货币价值的性能，后者可由能被交换的人完成。人们的行为和存在愈是依赖复杂的技术所创造的客观条件，就必然愈是依赖更多的人，但是，所有这些人对主体的意义仅在于：他们是纯粹功能的载体（Träger）。② 来自于劳动分工的现代经济生活的趋势是使个体依赖愈来愈多的人，同时又越来越独立于某个具体的人。因为他依赖的是功能而非功能的承担者。③ 既然人只是作为功能而存在，则人只能是匿名的人，人与人之间的差异无足轻重。在经济世界的所有现象中，独一的元素也丧失了它们独特的意义，成为可交换的，而需要满足的功能则日益重要，并使得人们愈发依赖于这些功能。

毋庸置疑的事实是，对于西美尔而言，货币经济的兴起与个体自由的扩大是现代社会中的两个显著现象。通过纯粹的"量"的性质，货币能够以最精确机械的方式表现出不同的个体劳动的价值与个人倾向，因此，货币最早在经济领域内显示了群体的扩大与个体性的发展之间的一般社会学关联。④ 人与人之间面对面的直接关系的减少，而非人格化、客观化的关系却得到了增加，对于人的自由中所蕴含的这种"特殊"关系的解释已经指出了货币的统一功能的一个重要特点。

---

① Simmel, *Philosophie des Geldes,* 404.
② Ibid., 392.
③ Nicholas J. Spykman, *The Social Theory of Georg Simmel* (New Brunswick, NJ: Transaction Publishers, 2004), 221–222.
④ Simmel, *Philosophie des Geldes,* 476.

三、货币的统一功能

在西美尔这里，货币经济对于个体自由的双重作用均与货币本身的"统一"功能有关。如果按照施达尔的理解，在西美尔笔下，货币与宗教确实都有着相似的整合功能，货币在经济世界将所有的对立之物统一起来，上帝则在宗教世界将所有的对立之物统一起来。货币作为一种交换符号，通过将自身内容的虚空化而行使其经济整合力；作为宗教符号之中心的上帝观念，欲行使同样的整合功能，则须随着变得越来越深广与复杂的社会分化而变得越来越虚空。西美尔注意到：宗教内容（教义、体制等）开始衰微，许多批评家已经开始宣布，"上帝"一词逐渐变得毫无意义，它仅仅成为形式化趋势与现代宗教生活危机的征兆。① 倘若按照施达尔的解读逻辑，那么，货币与宗教的整合所赖以发生的原因应当是一致的，都是通过自身的虚空化来达成的。这也同时意味着，在上帝信仰中得到整合的个人，亦将如同在货币中得到整合的各种价值一般，被换算成了同样的价值。但是，施达尔的这种观点是经不起推敲的，因为宗教的整合功能与货币的整合功能恰恰是在两个相反的方向上发挥效力的。

根据哈贝马斯的看法："一种适当的社会科学危机概念应该能够把握住系统整合（Systemintegration）与社会整合（Sozialintegration）之间的联系。'社会整合'与'系统整合'这两个概念，分别来自于不同的理论传统。我们所谓的社会整合，涉及的是具有语言和行为能力的主体社会化过程中所处的制度系统；社会系统在这里表现为一个具有符号结构的生活世界。我们所说的系统整合，涉及的是一个自我调节的系统所具有的特殊的控制能力。"② 以哈贝马斯所理解的这两个概念作为分析工具，则不难看出，货币执行的是系统整合，宗教执行的则是社会整合。

在西美尔看来，宗教是对任何分化的否弃，个体的灵魂之间之所以有着相似性，最终是因为它们都与绝对者之间有着直接联系，在此意义上，宗教关系在原则上就排斥分化，每一个体的完善无须经由他人的活动来补充。③ 因此，在系统整合以及一般的社会整合中依然存在的社会—个体之间

---

① Bradley E. Starr, "The Tragedy of the Kingdom: Simmel and Troeltsch on Prophetic Religion," 148.

② 哈贝马斯：《合法化危机》，刘北成、曹卫东译，上海：上海人民出版社，2000年，第6—7页。

③ Simmel, "Die Religion," 93–94.

的张力、人与人之间的分工和竞争关系,在作为社会统一的绝对形式的宗教中却趋于消弭。他指出,宗教使人的价值脱离一切相对性,远离一切靠数量决定的事物。"在西方历史上,由于基督教,大众头一次被赋予了生活的终极目标,这是与一切片断、碎片、经验世界的荒悖相对立的绝对的存在价值,即:灵魂的拯救与上帝之国。在上帝之国中,每一个灵魂都各有其位,由于每一个体都是其自身的永恒拯救的载体,因此,每一个体灵魂,无论是最不显眼的、最卑劣的,还是风云人物或智者,都有着无限的价值。通过与独一的上帝的联系,灵魂折射出一切意义、绝对性与超验性。"① 在宗教中,每一个个体同上帝之间的关系都是属己的,其中,非但毫无质的降低,反而是成全自我的方式,个体之间的差异亦未取消。

相反,货币的整合功能或统一功能是通过对交换关系中的人或事物的"质"的取消而达成的。根据西美尔的解释,货币是表现在经济活动中的物与物之纯粹关系的物化,而物与物之间的关系实质上就是人与人之间的关系。人与人之间的交换活动是一种社会化的形式,而交换本身则由货币以一种具体、独立、似乎是凝固的形式予以再现,在此意义上,货币就是社会化形式的一种实体化。现代交换活动的发生就依赖于货币的特别能力:它能把最高的价值和最低的价值都均匀地化约为同一的价值形式,并因此把它们置于同一基本水平上。② 为了在不同的价值之间进行换算,只能将"质"的规定性化约为"量"的规定性。或者说,质被消融在量中。货币是"低俗的"(gemein③),因为它是万物的等价物。对许多人来说相同的东西,只能是将"最高"拉至"最低"的水平上,这就是一种夷平过程的悲剧:它直接指向了最低元素的标准。在西美尔看来,社会层次就是其成员之最低的共同层次:所有人都拥有的只能是连那些拥有最少的人也拥有的。为了使所有人看起来都平等,必须执行一个夷平化的过程,但是,这种过程并不是通过提升较低者,而是通过将较高者降低到较低者的水平来达到的。因此,集体行为的特征绝非接近于中间(平均),而是接近于最低。④ 货币将这种特征发挥得更极致。

在介绍了货币的功能价值与实质价值的分离过程之后,西美尔特意提

---

① Simmel, *Philosophie des Geldes*, 489.
② Ibid., 334.
③ 德语"gemein"一词除了"粗鄙""低俗"之意,还有"共同的""共有的"之意。
④ Simmel, "Grundfragen der Soziologie," 99.

到，普遍的精神历史趋向也表现出相似的情况。在他看来，对现象原初自然的兴趣，会使我们将这些现象理解为未分化的整体：它们作为形式与内容的统一与我们相遇，我们的价值感与形式联系起来，是因为形式是特定内容的形式；我们的价值感与内容联系起来，是因为内容是特定形式的内容。然而，一旦发展至更高的阶段，这些元素就分离开来，并以值得特殊重视的方式转向了作为纯粹形式的功能（Funktion）。正是出于这个原因，我们对宗教情绪赞赏有加，对教义内容却不甚关心。① 亦即，形式与内容的分离为功能的独立提供了条件。

对西美尔而言，宗教的价值可通过教士和教会，伦理—社会价值可通过国家权力机构和制度，认知价值可通过逻辑规范来获得具体化，但是，没有任何价值能够像经济价值那样脱离于具体的价值对象或价值过程，没有任何价值能够像经济价值那样成为价值的纯粹抽象载体。② 这表明，货币的统一功能的特别之处就在于，它（至少在理论上）能够作为经济价值的纯粹符号，因为它比任何其他领域都更接近于纯粹形式化的理想：货币在现代社会的主导性是对非人格的、抽象的社会关系的反映或再现。③

综上所述，分化过程中同时伴随着断裂与自由，在个体自由扩大的同时，来自于劳动分工的现代经济生活的趋势是使个体依赖愈来愈多的人，同时又越来越独立于某个具体的人。从西美尔的《社会学》到《货币哲学》的重要变化不仅仅是个体自由在现代文化中的复杂性得到了清醒的认识，更重要的是，自由同时也成为社会—文化病症的一种集中体现。在分工中，人与人可进行交换；在消极的自由中，金钱与个体生命的积极内容可进行交换。货币经济推动所有人类关系进入一种符号轨道，从商业交易到私人的爱的关系，它渗透着一切，结果就是一种新的人类关系的增长。这些关系仍然构成信任、爱、亲密、快乐与其他情感的表达，但是，却变得越来

---

① Simmel, *Philosophie des Geldes,* 251–252.
② Ibid., 181.
③ Bryan S. Turner, "Simmel, Rationalization and the Sociology of Money," in *Georg Simmel: Critical Assessments*, vol. 2, ed. David Frisby (London: Routledge, 1994), 278. 关于西美尔对知性与货币之间相似性的解读，可参 Jürgen Gerhards, "Georg Simmel's Contribution to a Theory of Emotions," in *Georg Simmel: Critical Assessments*, vol. 3, ed. David Frisby (London: Routledge, 1994), 123–125.

越抽象,社会关系的基本条件都处于交换状态。①个体自由在现代文化中遭遇了双重命运,它既得到了提升,又受到了异化。

货币在现代文化中的神化现象,就是货币作为无任何特性规定的纯粹手段,最终将自身转变为一种终极目标的过程。西美尔认为,对大多数人来说,货币象征着目的序列的终点,并提供给他们以各种兴趣统一联合的一个尺度、一种抽象的高度、对生活细节的统合,以至于它竟然减少了人们在宗教中寻找满足的需要。货币本来只是人们达到目的的手段,但由于这种手段的绝对性——它可以和任何商品进行交换,它挤到了内在目的和最终目的的前面,最终将这些目的掩盖并取而代之。②③货币取代了人的生存的终极目标,它不但与宗教之间存在着某种竞争关系,而且也构成了宗教在现代世界中的重要背景。

四、现代人的疏离感

在《1870 年以来德国生活与思想的趋势》一文中,西美尔这样写道:"导致叔本华哲学广泛传播的精神趋向之一就是,基督教对于灵魂而言的重要性的衰落。这种重要性在于基督教提供了生活的终极目标。尽管基督教在现代社会里已经丧失了社会法权地位,但它还是遗留给人们对所有生活与行动之绝对终极目标的渴望,这是由于灵魂深处需要的长期持续的满足在我们这个文明时代业已产生的调整造成的后果。基督教向人们灌输了对终极对象的渴望,然而却再也不让它有可能实现。"④伴随着基督教的社会法权地位的丧失,人们已经不甚可能再从这种客观宗教中获取实质性的终极目标了,叔本华哲学的解释效力就是人们这种文化处境的一个最好的脚注。终极目标的缺席必然会造成意义的匮乏乃至真空状态,如此一来,就为成就新的偶像崇拜创造了空间,也可能会使现代人产生一种为排除空虚而对忙碌的依赖感。不论是现代人对消费欲望的刺激,还是对当下可见的利益的狂热,都只是他们生活感觉发生变化的表现。

一种将生活的各个阶段、行动统一于一个恒久目标的聚合剂的丢失,

---

① Thomas Johansson, *Social Psychology and Modernity* (Buckingham & Philadelphia: Open University Press, 2000), 24.

② Simmel, *Philosophie des Geldes*, 675.

③ Ibid., 260–261.

④ 西美尔:《宗教社会学》,曹卫东译,上海:上海人民出版社,2003年,第192—193页。

间接地回应着现代人的"自由"。不论是人与人之间"无"中生有而订立的契约（如霍布斯所言），还是人在宇宙中的地位，都已不再需要与某种整全的终极目标联结在一起。如泰勒所说，人们过去常常把自己视为一个较大秩序的一部分，现代自由是借由怀疑这些秩序而产生的，但是，这些秩序在限制我们的同时，亦赋予世界和社会生活的行为以意义。在现代社会中，神圣的帷幕不再，人们亦不再有更高的目标感。目标的丧失是与一种狭隘化相联系的，人们因为只顾个人生活而失去了更为广阔的视野。①

现代人的焦躁与不安归根结底源自对自身生存整体性的疏离。西美尔认为，现代技术的宰制地位表明理智意识（intelligenten Bewußtsein）的优势，灵魂的整体性被自然科学—技术时代的喧嚣所抑制，这酿就了紧张而无方向的阴郁感，对我们生存的整体意义的疏离感。但是，另一方面，我们生存的整体意义仿佛就在我们面前，如果不是我们欠缺勇气、力量和内在安全感，这种意义似乎触手可及。西美尔指出，正是这种隐秘的不安和永不止息的欲望驱动着现代人不断变换追求的对象，从社会主义到尼采，从勃克林（Arnold Böcklin）到印象主义，从黑格尔到叔本华，如此回返往复。它们来源于现代生活的紧张骚动，反过来，现代生活的外在表现也是最内在状态的征兆、表达与爆发。灵魂的中心欠缺确定性，这使得人们总是在新的刺激、感觉与外在活动中寻求短暂的满足。②终极目标的缺失，宗教绝望使得人与自身存在相疏远，却又不断地追求外在的忙碌。这实质上仍是西美尔"远"与"近"辩证法与空间隐喻的应用。易言之，终极目标之缺失不仅仅表征着人生存的碎片化、短瞬性，而且也表征着人与其自身整体存在的疏远。现代人仍有着宗教需要，却无法获得任何实质性的终极目标，而且宗教新旧形式的交替已经失去了效用，这就缔造了一种深刻的宗教绝望。③

---

① 查尔斯·泰勒：《现代性的隐忧》，程炼译，北京：中央编译出版社，2001年，第3—5页。
② Simmel, *Philosophie des Geldes*, 674—675.
③ 在舍勒看来，新教徒试图以紧张的世俗劳作来获取救赎确证，无非是来自于一种深刻的宗教绝望。"现代人的宗教形而上学绝望恰是产生向外倾泻精力的无止境活动渴望的根源和发端。帕斯卡很了解这种类型的人，他们由于内在的、形而上学的无依靠感而投身外部事务的洪流，这在加尔文主义类型之人身上可找到最纯真的表征。"见舍勒：《舍勒选集》（下卷），刘小枫选编，上海：三联书店，1999年，第1243页。

第四章 宗教与法律

第一节 中世纪欧洲教会法中的主教问题

一、引言

历史上关于主教叙任权之争（Investiture Controversy）的影响如此深远，以至于直至 1983 年 5 月 25 日，由教宗若望保禄二世公布的《天主教法典》（*Codex Iuris Canonici*）的第 375 条第 5 项仍然规定："今后不再授予国家政权任何选举、任命、推荐或指定主教的权利及特恩。"① 再往前推 400 年，特兰托公会议（The Council of Trent）第 23 次会议第 4 章也规定："在委任主教、圣父及其他神职之时，并不需要获得民众、世俗政权或世俗官员的同意、召命或授权，委任之事并不会因为没有诸如此类的程序而变得无效；相反，本圣公会议却要宣布，不论是谁，如果仅仅是靠民众、世俗政权或世俗官员的召命和安排而升任此类教职的，或者是凭借自身的鲁莽而擅取此类教职的，那么，所有这些人都不得算是教会的圣职人员，而只能被视为不从门进去的窃贼和强盗。"②

不过，从历史上看，平信徒任命主教，即平信徒授权（lay investiture）确实一再发生，甚至可谓司空见惯。同时，教会与世俗权力之间的关系亦无法简单地归入政教合一、政教分离或政治控制宗教等任何一种现成的模式中。若将皇帝、国王、贵族等角色放到一边，将教宗、都主教、主教等角色放到另一边，则会发现，每一边的内部都不是铁板一块，而是也存在着内部冲突，且这种冲突可能为另一边所用。但是，在这一节里，我将有

---

① 《天主教法典——拉丁文中文版》，台湾地区主教团秘书处编译，台北：天主教教务协进会出版社，1992 年，第 183 页。

② 《特兰特圣公会议教规教令集》，陈文海译注，北京：商务印书馆，2012 年，第 198 页。

意忽视教会内部的冲突,而从政教关系问题入手,考察具有代表性的教会视角,重点分析中世纪欧洲的教会法中的主教的角色。在这种分析中,我也将关注"罗马"的角色。

二、教会法中的主教

对于天主教而言,教会即 ekklesia,也就是神的子民的集合。它被韦伯称为第一个法律意味下的"机构"(Anstalt)。① 教会法典之于教会的必要性,至少涉及两个重要原因:第一,教会是以可见社团组织的形式建立的,需要法典来使其"圣统制"(Ecclesiastical Hierarchy)显示出来;第二,教士阶层之职责的行使,尤其是神权与圣事的施行,需要法典来保证秩序。② 12世纪中叶隐修士格拉济亚所编订的《格拉济亚法令集》(Gratian's Decretum)被誉为《教会法大全》(Corpus Juris Canonici / Code of Canon Law)的第一部分,这代表着教会法走向法典化与系统化的重要一步。《格拉济亚法令集》对于概念的界定、提出的术语以及对问题的解决方法甚至影响了1983年的《天主教法典》,以及天主教之外的西方其他法律形态。③ 但不难理解的一点是,在法典化时代之前,天主教会已经以各种方式颁布与汇编了形形色色的有效法规,④ 遑论《圣经》本身所蕴含的古老而丰富的法律遗产——例如,《新约》中对于宗徒以及作为宗徒继任者的主教之使命的规定。

但是,在《格拉济亚法令集》之前,教会关于圣统制与主教权力的具体法规已经不仅仅显示于《圣经》这样的神圣经典中了,而且也显示于天主教会历次宗教会议所制定的宗教决议上。对于罗马教会而言,教会法是神法与人法的复合体,它既包括天主在《圣经》中所揭示的触动人类行为的旨意,亦包括教会会议的法规与批准的教会习惯。⑤ 当罗马天主教会自称为"基督的身体"时,它已经在最低的限度上揭示了自身的两个特点,即

---

① 韦伯:《法律社会学》,康乐、简惠美译,桂林:广西师范大学出版社,2005年,第255页。

② 《天主教法典》,第13—15页。

③ Anders Winroth, The Making of Gratian's Decretum (Cambridge: Cambridge University Press, 2000), 2.

④ 《格拉济亚法令集》之前所颁布的教会法规,可参奥斯莱尔·德莱舍尔:《教会法原理》,李秀清、赵博阳译,北京:法律出版社,2014年,第23—27页。

⑤ 奥斯莱尔·德莱舍尔:《教会法原理》,第2—3页。

合一性与可见性。合一的关键在于主教的统一，可见的关键则在于主教的宗教权力：教会法自一开始即对这两个问题投注了极大的精力。这意味着，教会的权力是以主教为中枢而建立与实施的。《天主教法典》第375条第1项是这样规定主教的角色的："主教是由天主制订继承宗徒位者，借赐予他们的圣神被立为教会中的牧人，使之成为教义的导师、神圣敬礼的司祭和治理的服务者。"① 这一规定有其长久的历史渊源，因为主教（episkopoi，本义为"监督者"）一职在《新约》中就已经出现了。在公元2世纪，主教的职位变得更为明显，原因之一即在于驳斥异端（如孟他努派）与教会的分裂（如多纳图派），教会会议确定了，主教乃是团体的核心和统一的象征，又对外代表信徒的团体。②

莫米利亚诺曾指出，基督教同时是最古老的与最崭新的群体：它既与创世同龄，又与奥古斯都治下的罗马帝国一同诞生。罗马主教的传承代表了基督的合法继承者的连续性，而宗徒之原初训导所保留下来的纯粹性则赋予教会以内在统一性。宗徒传统与教义正统是这个新的基督教群体的支柱，其敌人则是迫害者与异端。③ 在应对异端与裂教者的过程中，主教的教会权力愈来愈清晰地以法律的形式固定了下来。这带来了一个影响深远的观念变化，即圣神不再是像以前的人们想象的那样可平等地赐给所有人，而是有了牧羊人与羊群之间的区别。为了防止羊群走向异端或裂教的道路，领受了特殊恩赐的信仰监督者也随之进一步具有了特殊的权力与地位。Ordo 一般表示罗马帝国官职的级别，后来亦用于表示圣品。在公元3世纪初叶，神职人员（kleros）与平信徒（laikos）之间已有了明显区别，最早使用前一个名词的是罗马的克雷芒（彼前5:3）。到德尔图良时代，这两个词的区别已经固定了下来。也正是在3世纪，主教区开始形成。④ 从教会的角度来看，主教的重要性从这一事实即可略见一斑，即作为基督教会史学的开创者，凯撒利亚的优西比乌（Eusebius of Caesarea）在其《教会史》中

---

① 《天主教法典》，第181页。

② 毕尔麦尔等：《古代教会史》，雷立柏译，北京：宗教文化出版社，2015年，第63—65页。亦可参帕利坎：《大公教的形成》，翁绍军译，上海：华东师范大学出版社，2009年，第147—153、201—203页。

③ Arnaldo Momigliano, *The Classical Foundations of Modern Historiography* (Berkeley and Los Angeles, California: University of California Press, 1990), 139–140.

④ 沃尔克：《基督教会史》，孙善玲、段琦、朱代强译，北京：中国社会科学出版社，1992年，第102—104页。

不厌其烦地一再列出各个时期及各个地方的主教的承传。

唯其重要，选任主教的程序也必然要以法律的形式固定下来。事实上，教会确实很早就确立了选任主教的程序。在 3 世纪中叶，选立主教的过程一般是，先由本城神职人员，尤其是长老提名，经邻近地方的主教同意，再由会众认可或选举，然后至少须有三位主教按立（这代表了主教之间的合一）。据西普里安（Cyprianus）的记载，信徒的团体有"选择"（suffragium）权，同省的主教则有"同意"（consensus）或"决定"（iudicium）权以及祝圣（consecratio）之权。[①] 不论这其中神职人员与平信徒之间是如何进行权力分配的，但在君士坦丁之前，不论是在理论上，还是在现实中，世俗政府的角色在主教问题上是付之阙如的。就此而言，在罗马帝国给予天主教以正式的官方支持之前，教会显得更像是一个自治的机构。

转变的发生始于君士坦丁。虽然鲍尔索克（G. W. Bowersock）对于君士坦丁与狄奥多西时期政教关系之差异的对比未免夸大，[②] 但一个不争的事实是，公元 4 世纪的西方正在进行着一场千年的双向化转变：一方面，帝国的基督教化变得日益普遍与深入；另一方面，教会开始变得更为世俗化（这构成了隐修主义的一个重要背景），王权因素直接介入了教会内部事务。自君士坦丁大帝之后，教会在帝国内部获得了诸多的世俗权力，但同时也几乎变成了皇帝统治之下的一个治理机构，它不得不在重要的主教职位的选任接受帝国政府的介入。狄奥多西一世（Theodosius Ⅰ）以来，君士坦丁堡的宗主教（metropolita）就是由皇帝任命的。皇帝或国王任命主教（甚至教宗）成了之后的几个世纪里的寻常之事。

然而，教会一开始就不是对此安之若素的。作为一种建制化宗教，教会必然在尘世中，但其所承担的神圣使命又同时注定它必然不属于尘世。一种使不可见变得可见的安排必须植根于不可见的事物，同时又须在可见的事物中呈现出来。教会的本质即在于其中介性，而这种中介性又保证了它的可见性。[③] 教会是神与人之间的中介，各种圣品所构成的圣统制则构成

[①] 沃尔克：《基督教会史》，第 102—104 页；毕尔麦尔等：《古代教会史》，第 67 页。

[②] G. W. Bowersock, "From Emperor to Bishop: The Self-Conscious Transformation of Political Power in the Fourth Century A.D.," *Classical Philology* 81, no. 4 (1986): 298-307.

[③] 卡尔·施米特：《政治的神学》，刘宗坤、吴增定等译，上海：上海人民出版社，第 12—13 页。

了由教会法保障的、牧领平信徒的权力机构。安布罗斯反对世俗权力对教会的监管，因为"皇帝在教会之中，而不是在教会之上。"①

公元410年罗马的陷落代表了一种重要变化。莫米利亚诺曾提出，由于希罗多德与修昔底德，希腊人获得了将他们独特的史学保存下来的东西，即关于一个大的历史事件，或者关于一个或更多的城邦之间的内部剧变与对外战争的历史。犹太人虽与希腊人从不同的起点出发，却发展出了同一种历史，即关于一个政治共同体的编年史。②与此相较，大异其趣的是，奥古斯丁对罗马人的历史的重现简直就是一部罗马人的罪恶史。他因公元410年的罗马之陷落而撰写《上帝之城》，却从根本上就否认了罗马之陷落具有任何独一无二的历史意义，而是将批判的矛头对准了自己的同胞罗马人。他对罗马人的战争历史的诠释与重构在某种程度上造就了这一后果：罗马帝国不仅在现实中被野蛮人摧毁了，在思想上也被奥古斯丁抛弃了。③《上帝之城》中赞颂殉道士的文字比比皆是，相比之下，包括教会史家优西比乌在内的一些基督徒所不断歌功颂德的君士坦丁与狄奥多西一世则仅仅占了两小节：在这里，优西比乌的拜占庭式的神学（Byzantine theology of Eusebius）与奥罗修斯——他将"罗马和平"（Pax Romana）与基督教的诞生联系起来——的奥古斯都式的神学（Augustus theology of Orosius）都在这里遭遇了无言的批判。④这对后来教会法的发展产生了极其深远的影响。

三、从查理曼到封建时代的政教关系

奥古斯丁仅是思想史的一个方面而已——思想的发展不可能是单线的，更何况，现实也不可能如此简单明了。他的圣—俗二元划分并未获得现实的充分响应。在西罗马帝国崩溃之后，教会与主教往往取代了国家机构的职司，这主要是因为现实的需要，并非因为教会生活与国家生活的接近，⑤但教会承担世俗功能已成为当时的常态。除了查理曼时代短暂的统一之外，

---

① 菲利普·内莫：《教会法与神圣帝国的兴衰》，张立译，上海：华东师范大学出版社，2011年，第123—124页。
② Arnaldo Momigliano, *The Classical Foundations of Modern Historiography*, 16–17.
③ 吴飞：《心灵秩序与世界历史》，北京：三联书店，2013年，第6页。
④ Ernest L. Fortin, "Augustine's 'City of God' and the Modern Historical Consciousness," *The Review of Politics* 41, no. 3 (1979): 338.
⑤ 特尔慈：《基督教社会思想史》，戴盛虞、吴振嵩译，香港：基督教文艺出版社，1991年，第121页。

欧洲长达数个世纪的分裂与混乱成为教会的现实处境。即便在查理曼或亨利四世统治时期,他们的"帝国"(*imperium*)也不同于恺撒·奥古斯都(Caesar Augustus)或君士坦丁的帝国。与奥古斯都不同,查理曼及其继任者并非通过帝国的官僚机构来统治其臣民的;也没有可比作罗马或君士坦丁堡的帝国首府,奥古斯都的帝国布满了城市,而查理曼及其继任者几乎没有任何城市,他们总是在广阔的国土上移动不已,从一个地方巡视到另一个地方。① 而这个统一的帝国也转瞬即逝,之后,封建社会正式走上了历史舞台。

教会在古代晚期总是被直接整合到帝国的国家机器中,这时则成为封建制度中的自治机构。强制性的分散本来就内在于新生的封建主义中,世俗与宗教统治之间在制度上的冲突造就了封建合法性的结构的裂变。世俗政府本身被限缩到了一种新的模式中,它实质上变成了"司法"(justice)的执行者。司法是封建制度下的政治权力的核心形态(central modality),因为纯粹的封建等级制排除了任何"行政"(executive),也就是国家为了实施法律而常设的行政机构。② 中世纪欧洲长时间的分裂状态确实有助于教会在夹缝与空隙中重新把持自身的某些自主权,但这一过程也不可能一直都是顺利的,因为政教领域的混合从来不可能仅仅具有某种排他性的结果或总体化趋势,而是往往会同时具有彼此之间可能相互抵消、相互限制、相互交错的结果。教会在长时间的战乱中不得不直接面对来自于君士坦丁堡与蛮族的压力,于是,教会在意识形态上重塑了"罗马"。

基督教的历史与罗马帝国的历史本来就是难解难分地交织在一起的,二者之间的疆界也有着至关紧要的重合。这一过程早在君士坦丁以前即已开始,之后也继续延续了下去,它将二者不可分割地联合在一起,并使"罗马"与"基督教"之名成为可换的(convertible)。在公元5世纪的风暴中,西部帝国瓦解,但教会生存了下来。中世纪基督教的整个构架都是建立在可见的教会(Visible Church)这一理念之上的,其象征与支柱乃是教士,通过他们,对于一个普世的世俗国家(one universal temporal state)的信念反而保存了下来。③ 一方面是不断爆发的战争,不断面临的安全威

---

① Hraold J. Berman, *Law and Revolution: The Foundation of the Western Legal Tradition* (Cambridge, MA: Cambridge University Press, 1983), 89.

② Perry Anderson, *Passages from Antiquity to Feudalism* (London: NLB, 1974), 152-153.

③ James Bryce, *The Holy Roman Empire* (New York: The Macmillan Company, 1901), 93-96.

胁，另一方面则是教会对于和平的福音与天主教普遍主义的传播，这也很容易让人们回想起"罗马和平"时期（Pax Romana）。[1] 查理曼的帝国似乎让欧洲人看到了往昔的罗马的复兴，"日耳曼人"的皇帝通过教宗的加冕礼变成了"罗马人"的皇帝，君士坦丁堡进一步退出了拉丁教会的历史。[2]

只是现在，罗慕洛的罗马已经被罗马教会从思想上摧毁了，取而代之的是教会奠基人圣彼得的罗马，[3] 相应地，教会对于一个普世帝国的回望恰恰是为了使"剑"为己所用：这把剑应当是顺服于教会的。"君士坦丁赠礼"（Donation of Constantine）即是在这一背景下产生的。它属于教会在公元 9 世纪中期伪造的教会法，即《伪伊西多尔教令集》（Decretales Pseudo-Isidorianae）的一部分，目的是通过罗马主教的治权取代受制于世俗权力的都主教的治权，以保卫地方教会不受世俗权力的侵犯。[4] 教宗与皇帝围绕着主教叙任权所发生的冲突表面上是一种仪式上的冲突，实质乃是管治权（governmental power）上的冲突。二者均寻求控制主教，后者在主教座堂的城市中，不仅拥有灵性权力，亦拥有世俗权力，也是重要的土地所有者。这才是问题的关键所在。皇帝一方认为，君士坦丁赠礼代表的是皇帝的授职行为，教宗一方则坚持，它象征着帝国（皇帝）的权威转渡到教宗身上。按照诺南托拉的布拉祺多（Placidus of Nonantola）的说法，君士坦丁的捐赠行为确立了一种帝国行为的虔诚模式，因为他意识到，人间的帝国不能统治上帝赐予圣彼得的代理人（vicar）的土地。从教会这一方来看，君士坦丁赠礼不仅被视为教宗制的基础，亦被视为教会所支持的教宗—皇帝的关系模式。[5]

---

[1] Robert John Araujo and John A. Lucal, "A Forerunner for International Organizations: The Holy See and the Community of Christendom: With Special Emphasis on the Medieval Papacy," *Journal of Law and Religion* 20, no. 2 (2004–2005): 331.

[2] 西罗马帝国崩溃之后，欧洲与拜占庭帝国之间的关系，可参 William Carroll Bark, *Origins of the Medieval World* (Stanford, California: Stanford University Press, 1958), 62–64. 亦可参 Charles R. Bowlus, "Mitteleuropa: The Making of Europe Between Byzantium and the Latin West, CA. 800–1025," in *Paradigms and Methods in Early Medieval Studies*, ed. Celia Chazelle and Felice Lifshitz (New York: Palgrave Macmillian, 2007), 185–202.

[3] 罗马如何从罗马人的帝国发源地变成了圣彼得的受难之地这一历史，可参厄尔曼：《中世纪政治思想史》，夏洞奇译，南京：译林出版社，2011 年，第 59—63、70 页。

[4] 莱舍尔：《教会法原理》，第 25 页。

[5] Anat Tcherikover, "Reflections of the Investiture Controversy at Nonantola and Modena," *Zeitschrift für Kunstgeschichte* 60, H. 2 (1997): 156–157.

正如君主可为了自身利益而去任命主教一样，教会亦可为了自身的利益支持君主的介入。世俗权力想要教会的精神权威为自己背书，教会则想要世俗权力辅助自己，保障自己的安全。韦伯甚至指出，中世纪早期的欧洲，教会以主教确立的权势地位为范本，支持君主介入司法裁判与立法，而且教会为了自身的利益，往往直接怂恿君主的介入。① 在此方面，教宗为丕平及查理曼的加冕行为蕴含着一个极具前瞻性，但同时又极其现实的考量，即希望君主成为受召者（advocatus），也就是说，由教宗给予的保护责任被加到了王权之中，君主的剑应为大公教会所用。②

然而，从王权这一方来说，不论教会如何试图强调王权应为教权服务，但在 11 世纪之前将皇帝称为"平信徒"（layman）是不太准确的，因为他们虽然不是教士，却是"基督的代理人"（deputies of Christ），他们经常被说成是因为涂油而获得了神圣性的人，并拥有治疗的权柄。罗马主教只是"圣彼得的代理人"（deputy of St. Peter），他们要到 12 世纪才能将"基督的代理人"这一称号从皇帝手中夺过来。③ 在此之前，皇帝和国王想做的与君士坦丁想做的一样，④ 对于他们来说，教会无外乎帝国内部的一个机构而已，虽然有其特殊性，但仍处于无所不在的王权之下。例如，主教拥有司法权（episcopal jurisdiction），但它并非绝对的，主教的司法角色要服从于皇帝的介入。主教与隐修院院长若拒绝参加皇帝指派的巡回特使（missi）所召集的会议，将会被强制参加，若仍拒绝，则会提交给皇帝。皇帝也有权听审涉及主教的案子。主教在加洛林王朝的司法体系中是必要的，因为行政系统也依赖于他们的参与，但是，他们与伯爵（counts）、巡回特使执行的司法角色时有重合。⑤

世俗事务上如此，宗教事务上亦是如此，这一传统一直延续至封建时代：皇帝与国王不仅授予主教以民事与封建权威，亦授予他们宗教权威。

---

① 韦伯:《法律社会学》，第 176 页。

② 厄尔曼:《中世纪政治思想史》，第 57 页。

③ Hraold J. Berman, *Law and Revolution: The Foundation of the Western Legal Tradition* (Cambridge, MA: Cambridge University Press, 1983), 88, 92–93, 97.

④ 君士坦丁在宗徒们的十二座衣冠冢之间为自己准备了第十三座墓穴，这为他带来了"与宗徒平身"的头衔。参布鲁斯·雪莱:《基督教会史》，北京：北京大学出版社，刘平译，2004 年，第 160 页。

⑤ Jennifer R. Davis, "A Pattern for Power: Charlemagne's Delegation of Judicial Responsibility," in *The Long Morning of Medieval Europe: New Directions in Early Medieval Studies*, ed. Jennifer R. Davis and Michael McCormick (Burlington: Ashgate Publishing Company, 2008), 239–244.

他们经常出于政治利益而自己任命主教与修道院院长,甚至教宗,①以对世俗贵族形成制衡。从10世纪初以来,国王任命主教或隐修院院长的仪式包括:国王象征性地交给主教或隐修院院长权杖以及主教戒指。在主教去世之后,这些宗教权威的象征必须送回国王的宫廷。接受职权的人必须先向君主发誓效忠,宣布(commendatio)自己是国王的封臣(homo, vassus),才可以被祝圣为主教——似乎教会权力来自于王权。②革命性的转变将在13世纪再次发生。

四、主教的"权威"

《天主教法典》第129条第1项规定:"教会的治理权(potestatis regiiminis),由天主所制定,亦谓之管理权,依法规定,领有圣秩者为有治权的合格人员。"③第2项规定:"为治权的行使,平信徒得依法协助之。"就此而言,在教会的治权上,平信徒也只能依法"协助"领有圣秩者而已。教会在13世纪最终确立了七项圣事,给国王或皇帝的加冕礼并未列于其中,这表明,教会正式从法律角度确定了加冕礼的性质:它不是圣事(sacrament),而是属于圣事(sacramental),也就是说,它只不过是由教会赋予的一种可感知的普通征象,能导致某些灵性上的作用而已。④也就是说,教会法更明确地将皇帝划入了平信徒这一范畴,由此,教会几乎彻底否定了世俗权力"管理"教会内部事务的可能性。教会禁止神职人员像陪臣那样效忠于国王或其他平信徒,这基本上是对封建制度下的从属关系的否定,但这又是教会本身所无力做到的,因此,它不得不满足于将宗教权

---

① Michael McGrade, "Gottschalk of Aachen, the Investiture Controversy, and Music for the Feast of the 'Divisio apostolorum'," *Journal of the American Musicological Society* 49, no. 3 (1996): 353–354.

② 毕尔麦尔等:《中世纪教会史》,雷立柏译,北京:宗教文化出版社,2010年,第103—105页。主教权威的衰落还涉及另一个很重要的经济现实,即"私有教堂"(*ecclesia propria*)的出现。它很可能来自基督教之前的、地主的"家庭祭司传统"或"私有神庙传统"。由于这种教堂的所有权掌握在俗人手中,所以,他不需要经过主教同意即可指定圣职人员在私有教堂里生活与工作。这一习俗从公元7世纪以来在各地一直有所发展。后来地主也会将这些"教堂的房产"借给一些圣职人员或平信徒,他们又给他纳税,此制度被称为 *precaria*,即"恳请地"。参毕尔麦尔等:《古代教会史》,第239页。

③ 《天主教法典》,第87页。

④ 菲利普·内莫:《教会法与神圣帝国的兴衰》,张竝译,上海:华东师范大学出版社,2011年,第218—219页。

力与世俗权力在实际上划分清楚。①

在韦伯看来,卡里斯玛(Charisma)是一种超凡的或超自然的力量或品质,它是普通人所不能具有的,却可以通过某种仪式传给某一个人或在一个人身上创造出来,这意味着卡里斯玛可以和个人分离,成为一种客观的、可传送的实体,这就是职位性卡里斯玛(Amtscharisma)。这方面最重要的例子就是以涂油、圣职任命、按手等仪式来传送宗教性卡里斯玛,以及用涂油、加冕等仪式来传送君王的权威。经此仪式,接受者即可获得"不可磨灭的印记"(character indelebilis):职位的卡里斯玛与个人相分离了。在西方,这一过程要快于东方,因为它本身就受到了罗马人对"职位"观念的影响。②当"基督的代理人"的称号从皇帝转移到教宗身上的时候,我们看到的其实不是什么新现象,倒是某些古老的观念的重新复苏与强化,即教士阶层与平信徒之间的区分。这一观念在 11 世纪因社会结构的变迁而有了新的表达形式,即教会对于三种属性的社会等级的划分:教士、骑士与农民。③但不论如何划分,教会最终以教会法的形式确定了皇帝或国王的平信徒地位。对于皇帝地位的解释反过来又彰显了主教地位的特殊性,二者之间的不同从膏立礼上即可看出:国王和皇帝的膏立礼并无"不可撤销性",④他们也不会得到"灵魂治疗"的能力,主教则不然。⑤

易言之,灵性权力被收缩在(经过合法程序确认的)主教身上。教会

---

① 沃尔克:《基督教史》,第 260—261 页。

② 韦伯:《经济与历史;支配的类型》,康乐、简惠美译,桂林:广西师范大学出版社,2004 年,第 353、368—369、375 页。

③ 教会的土地经常变成采邑/封地(fiefs),因为主教与修道院院长也需要封臣(vassals)。君主要求教士提供军事服务,以此来利用教会土地上的战士。第一个封建世纪(即 11 世纪)见证了由教士表述的一种社会理念的支配地位,即世界划分为三个等级:战斗的武士阶层、祈祷的教士阶层与耕种的农民。这三种"自然的等级"取代了基督教世界中更古老的将人们划分为教士与平信徒的做法,前者为人们祷告,施行圣事,后者则有义务供奉与保护教士。甚至在 10 世纪初叶,三个等级的观念已经不足以描述现实世界了,在这个世界中,女性在祷告与耕种,商人与小城市总是举足轻重的。从领主阶层来看,他们才是最重要的阶层。他们的捐赠与剑保护和教会,并领导着十字军。11 世纪的封建革命使得西欧的乡村大多兴起了领主政体。皇帝可能是弱小的,他们不再有国库或任何可靠的税收来维持军队,而是需要封臣或钱币来雇佣战士。见 Steven A. Epstein, *An Economic and Social History of Later Medieval Europe, 1000-1500* (Cambridge, New York: Cambridge University Press, 2009), 58-59. 亦可参雅克·勒高夫:《试谈另一个中世纪》,周莽译,北京:商务印书馆,2014 年,第 95—107 页。

④ 《天主教法典》第 290 条规定:"圣秩圣事,一经有效领受,永不消灭。"参《天主教法典》,第 145 页。

⑤ 沃尔特·厄尔曼:《中世纪政治思想史》,第 68、80 页。

认定世俗统治者来任命主教为非法，原因在于，他们是平信徒，完全不是圣统制中的一员，因此，没有赋予灵魂治疗的资格与能力。在这种至关重要的转变过程中，教会再次发挥了自己惊人的灵活性，以旧瓶装了新酒，即对于罗马传统的"权威"概念的运用。

从共和国到帝国时代的终结，罗马政治的核心就一直矗立着对于奠基的神圣性的信念，亦即，某物一旦建立，就会连接着将来所有的世世代代，历久弥新。一个新的政治体的奠基，对于罗马人的历史而言是核心的、决定性的，且不可重复的开端。正是在这一语境中，"权威"（authority）的概念出现了，其拉丁文词源 auctoritas 来自于动词 augere（增加），而权威增加的，或有权威的人持续增加的，就是奠基（foundation）。"权威"，而非"权力"，才是元老院必然会加之于政治决定之上的东西，它将每一个行为都与罗马历史的神圣开端连接起来。西罗马帝国灭亡之后，它的政治与精神遗产传递给了基督教会。教会在面对政治事务时，变得如此"罗马"，以致于它使得基督的死与复活成为一个新的奠基的基石。作为耶稣事件的见证者，宗徒才能变成教会的"奠基之父"，教会从他们这里获得了自己的"权威"。罗马城的奠基在天主教会的奠基中得以重复，虽然已有着完全不同的内涵，但这一事实使得罗马的宗教、权威与传统的三位一体被基督教时代接收了。这种延续性的最明显的表现即在于，当教会在公元 5 世纪开始自己伟大的政治事业时，立即采用了罗马对于权威与权力的区分：它要求的是元老院的古老的权威，而将权力留给了世界的君王。① 阿伦特的这一概述并非毫无问题，但是，她确实有力揭示了：基督教在形式上继承了罗马式的权威—权力的区分，但在实质上又赋予了这一区分以新的内涵。

西罗马帝国覆灭之后，教宗杰拉斯一世（Pope Gelasius I，公元 492—496 年在位）重提了安布罗斯的主张：皇帝在教会之内，而不在教会之上。他用这两个取自罗马宪制的术语分置了教宗与皇帝的位置：前者具有权威（auctoritas），后者则仅仅具有君王权力（regia potestas），权威要高于单纯的权力，因为权力指的是对权威所规定之事的执行。② 在这种模式中，主从关系是一目了然的。此时，皇帝远在东方的君士坦丁堡，而帝国西部的分

---

① Hannah Arendt, *Between the Past and Future* (New York: Viking Press, 1961), 120–126.
② 沃尔特·厄尔曼：《中世纪政治思想史》，第 35—36 页。

裂与混乱亦为教宗的诉求提供了良好的机遇。在意大利及其毗邻地区，教会继承了过去的元老院长老（old senatorial patriciate）的地位，主教们直至11世纪都担任着意大利市镇（town）的行政统治者。①

到了11世纪末，教会法第一次在圣秩权与治权（ordination and jurisdiction）之间做出了明确区分。圣秩权是一项圣事（sacrament），亦即，上帝恩典的一个神圣标志。通过圣秩权，每一个教士都从上帝那里得到了一种权威，可以主持弥撒、祝圣圣餐、听取忏悔、管理补赎以及其他圣事仪式的权威；主教还可以任命教士，确认其他主教。治权则是由作为团体性的法律实体的教会所授予的权力。它是依法而治（govern by law），也就是在法律确立的限度内"宣示法律"（*jus dicere*/speak law）的权力。通过管辖权，每一个主教都在其教区中拥有最高的立法、行政与司法权威——但要从属于教宗——正如教宗亦通过管辖权而在作为一个整体的教会中拥有最高的立法、行政与司法权威。② 12世纪中叶，教会法学家鲁费努斯（Rufinus）提出，完整的主教权力由权威（*auctoritas*）与管理权（*administratio*）组成，获选主教需要被都主教和同一教省其他主教们所确认，这一观念构成了对教会组织的一种全新解释。"权威"即"圣秩权"（*potestas ordinis*），管理权即治权（*potestas jurisdictionis*）。③ 虽然这并不意味着治权即来自于圣秩权，因为"没有可供形式的治权时，圣秩依然可以存在，如一位已辞职的主教。而未被授予圣秩者，也可享有治权，如一位经过选举、确认，但尚未祝圣的主教。"④ 但就权威或圣秩权本身而言，主教与神恩及宗徒之间的联系是很明显的。皇帝只是平信徒，这意味着他不是领受圣秩者，也无法代表主教团对选出的主教进行"批准"，因此，也就实质性地丧失了主教叙任权。

五、结语

到封建时代为止，教会与世俗权力之间的关系至少呈现出了三种模式。一种为排斥模式，这主要指的是君士坦丁之前的基督教，此时的基督教对

---

① Perry Anderson, *Passages from Antiquity to Feudalism* (London: NLB, 1974), 155, 165.
② Harold J. Berman, *Law and Revolution I: The Foundation of the Western Legal Tradition* (Cambridge, MA: Cambridge University, 1983), 207.
③ 彭小瑜：《教会法研究》，北京：商务印书馆，2011年，第181—183页。
④ 莱舍尔：《教会法原理》，第48页。

政治，乃至对此世生活，都表现出了冷漠。第二种模式为从属模式，这主要指的是在君士坦丁、查理曼以及 11 世纪之前的封建时代，此时的基督教基本上被视为世俗政府治下的宗教部门。当然，之所以称其为从属模式，并不是说，教会内部没有反对的声音，就心甘情愿地接受了这一现实，相反，教会不论是在思想上，还是在现实中，从未放弃自治的要求，只是在这种模式中，教会与世俗政权之间的关系并不如 12、13 世纪那样剑拔弩张。第三种模式为圣俗二分模式，也就是沃尔姆斯宗教协定所确定的模式。这种模式并不是说，政教成为两个截然分开的领域，井水不犯河水。中世纪的不同寻常之处绝不在于皇帝与教宗企图建立一种神权政治，而是在于这一野心从未得以完全的实现。总是同时存在着两种统治形式，即教会的与世俗的。二者总是错综复杂地纠缠在一起，但最终指向不同的目的；二者总是处于冲突之中，但持续地限制了另一方的权力。此外，两个领域的互动从未停止，皇帝像主教一样被膏立，主教像国王一样变成封建领主。① 在第三种模式下，圣俗双方大致确定了自己的合法领域，教会否定了平信徒授权，恢复了对于主教与隐修院院长的任命权。这里不妨再次强调的是，不论是哪一种模式，"罗马"总是在或隐或显地发挥着影响。

第二节 公民宗教与西方政治思想中的法律

一、贝拉的公民宗教理论

早在 1989 年，詹姆斯·马蒂森在总结了二十年来关于公民宗教的争论之后宣称，作为一个学术讨论的话题，公民宗教几乎已经消失了，它要么被其他更热门的问题挤到了一边，要么根据其他的概念架构被重新诠释。② 也是在同一年，贝拉在对马蒂森的回应中申明，他将不再使用"公民宗教"（civil religion）这个概念，原因之一在于他感兴趣的是实质性的争议，而不是定义上的辩论。③ 在 2002 年，他再次提到，早在 1985 年的《心灵的习惯》

---

① Brian Tierney, "Medieval Canon Law and Western Constitutionalism," *The Catholic Historical Review* 52, no. 1 (1966): 7–8.

② James A. Mathisen, "Twenty Years after Bellah: Whatever Happened to American Civil Religion?" *Sociological Analysis* 50, no. 2 (1989): 140.

③ Robert Bellah, "Comment: [Twenty Years after Bellah: Whatever Happened to American Civil Religion?]" *Sociological Analysis* 50, no. 2 (1989): 147.

(*Habits of the Heart*)中他就放弃使用公民宗教的说法了,而试图以《圣经》宗教与公民共和主义取而代之。① 虽然意在翻过历史的一页,但贝拉的这番自我表述恰恰表明,他后来试图取代公民宗教的这两个概念并未超出他在《宗教与美利坚共和国的正当性》中直接提出的那个核心问题,即基督教共和国是如何可能的。因为正如贝拉承认的那样,在西方历史的大多数时间里,基督教与公民宗教之间的确一直存在着深刻的对立。② 正如这个词本身所暗示的那样,基督教共和国涵盖了基督教元素(《圣经》宗教)与共和国元素(共和主义)。

卢梭在《社会契约论》中指出,基督教割裂了神学的体系与政治的体系,双重权力的冲突使得基督教国家里不可能有任何良好的政体。③ 这就否认了基督教共和国的可能性,而贝拉则认为,美国的历史从一开始就是两种相互排斥的东西的结合,此即为基督教共和国。基督教共和国之所以可能,关键在于公民宗教所担当的两种角色:(1)在美利坚共和国充当的上层建筑角色,具体而言,即是"上帝的权威高于集体性的政治社会本身。"④ (2)在基础结构中的作用,即公民宗教通过联邦制和教会来培育和传播了共和德性。

在《社会契约论》中,卢梭区分了四种法,即政治法、民法、刑法与习惯。其中,政治法涉及政府形式,即政体。习惯则是"一切之中最重要的一种,这种法律既不是铭刻在大理石上,也不是铭刻在铜表上,而是铭刻在公民们的内心里;它形成了国家的真正宪法;它每天都在获得新的力量;当其他的法律衰老或消亡的时候,它可以复活那些法律或代替那些法律,它可以保持一个民族的创制精神,而且可以不知不觉地以习惯的力量代替权威的力量。"⑤ 如果说政治法是对全体秩序的规划,习惯则是社会中的风尚、习气,我们可将这两种法律分别对应贝拉分析"基督教共和国是如何可能的"这一问题时所涉及的上层建筑与基础结构这两个层面,或者

---

① 贝拉:《贝拉有关"公民宗教"概念看法的演变》,范丽珠译,载《宗教社会学》(第三辑),金泽、李华伟编,北京:社会科学文献出版社,2015年,第143页。
② 贝拉:《宗教与美利坚共和国的正当性》,孙尚扬译,载《社会理论的知识学建构》,上海:三联书店,刘小枫、苏国勋编,2005年,第162、170页。
③ 卢梭:《社会契约论》,何兆武译,北京:商务印书馆,2003年,第170—171页。
④ 贝拉:《宗教与美利坚共和国的正当性》,第170页。
⑤ 卢梭:《社会契约论》,第70页。

对应公民宗教的政治维度与社会维度。①

值得强调的是,在贝拉这里,公民宗教显然并不是任何一种既存的建制宗教,而是某种类似于弥散型宗教的东西。如魏乐博(Robert P. Weller)所说,"从杨氏[即杨庆堃]的理论看,在不同的堂会(congregation)组织背后,存在着一套为绝大部分美国人共享的,具有弥漫性特质的信念和实践。由此,在某种程度上我们可以将杨庆堃的开创性研究,视为更为晚近的从美国宗教研究中形成之公民宗教理论的早期形态。"②魏氏此语意在引出公民宗教与弥散型宗教之间的理论关联,但他的这种理解显然是对杨庆堃提出的"弥散型宗教"的某种偏移,因为弥散型宗教的一个关键特点即在于它对世俗机制与共同体生活的依赖,而魏乐博所论及的公民宗教,除了学校之外,它的一个重要载体却是教会这种非世俗机制。因此,弥散型宗教和公民宗教的联结点与弥散型宗教和社会宗教性的联结点同样是从消极的意义上提出的,即它们的神学、仪式、实践等并非是由某种专门、独立的制度来实行的,甚至本身的神学教义亦非明确、系统成典的。与此相应的是贝拉的这段话:

> 从亚里士多德到马基雅维里,再到孟德斯鸠,这些伟大的政治哲学家们都相信,一种政治体制就是对一个民族的经济、风俗、宗教等所有方式的表现,而生活方式又与那个社会生产的人的类型及那些人内在的政治能力密切相关。……而一个共和国必有共和的风俗——公众参与行使权力,公众的政治平等,中小财产的广泛分配且罕有极富与极贫者——这些风俗必会带来一种共和精神,一种公众为了公益而牺牲自身利益的意愿;也就是说,这些风俗必会产生受共和德性驱动的公民。③

这样一种社会生活中的公民宗教维度其实也就是卢梭所说的社会性的感情,它自然并没有系统的、清晰确定的表述,也没有明确的、专属于公民

---

① 孙尚扬:《现代社会中的意义共契与公民宗教问题》,《世界宗教研究》2015年第3期,第14页。

② Weller,范丽珠,陈纳,Madsen,郑筱筠:《制度性宗教VS分散性宗教》,《世界宗教文化》2010年第5期,第44页。

③ 贝拉:《宗教与美利坚共和国的正当性》,第175页。

宗教的建制或组织来传播、扩散这样的风尚、习俗，其弥散性特征是很明显的。

同时，按照贝拉的看法，人们对公民宗教的敌意，只怕并非针对的公民宗教本身，而是针对它在教会宗教领域中无处不在与主导性的影响。他也同意这样的论断：至少自 19 世纪早期开始，美国的宗教与其说是冥想的、神学的或内在灵修的，毋宁说是积极的、道德的与社会的。① 易言之，就塑造"风俗"这一层面而言，美国的宗教至少是部分"内在世俗化"的。贝拉对公民宗教的弥散性特征的分析的确可能成为公民宗教与弥散型宗教之间的关联所在，虽然它并不是与世俗机制相结合，而是弥散于教会宗教中。

因此，公民宗教与政治、宗教之间的关系，具体而言，就是在世俗的经验世界中（如联邦制下的学校、总统就职仪式、各种政治演说和宣言等）反映出来的超验表征，超验表征对于世俗政治秩序和公共生活的指导意义，以及教会在培育共和精神方面起到的重要作用。可以说，公民宗教本身仍然与圣俗互动这一问题密切相关。

二、上层建筑：《圣经》中的上帝与自由主义

不论是在《美国的公民宗教》("Ciril Religion in America"）中，还是在《宗教与美利坚共和国的正当性》中，贝拉显然将更多的注意力投注在"上层建筑"即政治组织形式这一层面上。例如，在后一篇论文中，"共和国早期的宗教"一节主要讨论"上层建筑"，它针对的是自由主义或权利政治；"宗教与公民的创生"一节则主要讨论"基础结构"，它针对的是现代个人主义，主要是功利型个人主义。关于上层建筑的文字在篇幅上要远远大于关于基础结构的文字，这可能是因为这些论文最初是在一个特殊的语境中诞生的，本身就具有一种深刻的现实关怀，即对越战的反思，这种反思确实会更多地涉及政府角色、政治决策这样的上层建筑层面。直至《心灵的习惯》之后，公民德性的创生才成为贝拉论述的重点。

在卢梭那里，公民宗教的坏处在于："它是建立在谬误与谎言的基础之上的，因而它欺骗人民，使人民盲从、迷信，并且把对神明的真正崇拜沦为一种空洞的仪式。更坏的是，当它变成排他性的与暴君制的时候，它会

---

① Robert Bellah, "Civil Religion in America," *Daedalus* 117, no. 3 (Summer, 1988): 109.

使全民族成为嗜血的和毫不宽容的,从而它就唯有靠谋害和屠杀才能够活下去;而且还相信杀死一个不信它那种神的人,也就是做了一桩神圣的行为。这就使得这样一个民族对其他的一切民族都处于一种天然的战争状态,那对它自身的安全也是非常之有害的。"①

但是,贝拉所理解的公民宗教却显然与此不同。他虽然提及公民宗教是"由美利坚民族的经验所体现或揭示出来的普遍与超验的宗教实在的一种真实理解,"但是,在《美国的公民宗教》一文的最后,他又提醒人们"有必要将世界象征引入我们的公民宗教","如果没有意识到我们的国家处于更高审判之下,公民宗教的传统即可能变得危险。"②这是否特意针对卢梭而发,我们不得而知,但是,显然,贝拉要求将美国的特殊性置于某种普遍的超验秩序的约束与引导之下,而这种普遍的超验秩序是与贝拉公民宗教理论之核心的"上帝"理念联系在一起的。

将上帝与超验秩序联系起来至少提示了一点,即对终极目标的确认,虽然这种确认可能也是贫乏而抽象的。对于贝拉来说,基督教与共和国的结合涉及一个意义攸关的结合,即"在一个自由的立宪国家的政治结构中保持共和国的语言和精神"③。我们可以把贝拉对美国政体与公民宗教之关系的解读大致总结为:一方面,《独立宣言》中蕴含着公民宗教,它敬畏《圣经》的上帝(而非自然神论的上帝),但同时亦含有自由主义元素;另一方面,法律和宪法程序对公民宗教保持着沉默,而且宪法也根本没有提到上帝,但它同时含有共和主义元素。④ 这里出现了几个关键词:自由主义、共和主义、《圣经》的上帝,后面这两个词无疑是针对第一个词的。在

---

① 卢梭:《社会契约论》,第 175 页。
② Robert Bellah, "Civil Religion in America," 109, 114, 115.
③ 贝拉:《宗教与美利坚共和国的正当性》,第 167 页。
④ 同上书,第 169—179 页。这一点在学界仍有争议。例如,有学者对《五月花号公约》(Mayflower Compact)与《独立宣言》中提及的"上帝"做了比较后认为,前者的神圣者无疑是《圣经》中的上帝,基督教的上帝,后者中的上帝却是"自然的上帝"。通过对自然的上帝与其在自然中并通过自然而得到呈现的真理的强调,《独立宣言》的关键理论始于:"我们认为这些真理是不证自明的",因此,政治建立于"真理"之上,而非任何的传统、习俗或习惯之上,这种真理关注所有人而并非重生者或新教徒,因此,宣言的原则是普遍的。当然,仅就此而言,不足以说明"自由主义"的特质,因为基督教亦自诩为普遍的真理。较之于《五月花号公约》,《独立宣言》的独特之处在于:它从根本上扭转了前者使世俗服务于神圣的运思路向,而完全以神圣服务于世俗,以此为政治生活的目的。参 Thomas S. Engeman and Michael P. Zuckert, *Protestantism and the American Founding* (Notre Dame, Ind.: University of Notre Dame Press, 2004).

贝拉看来，美国的国家遗产，不单是自由主义，而是一种被历史经验证实的独特的混合。

伯尔曼（Harold Berman）认为，我们总是习惯于仅仅从法律视角，也就是从宗教自由的法律基础来思考法律与宗教之间的关系，却忽视了从法律自由的宗教基础来思考法律与宗教之间的关系。① 事实上，从宗教基础入手分析现代制度的研究并不罕见，至少讨论自由主义的基督教基础的文字还是很常见的，公民宗教理论则倾向于发掘《圣经》宗教赋予政治生活之上层建筑的道德承诺。亦即，它遵循的是伯尔曼所说的后一种运思路向。贝拉历数了16世纪的日内瓦、17世纪的新英格兰以及德国青年黑格尔的公民神学，将它们作为公民宗教在历史上的呈现。② 这些例子兼顾了社会分析与思想—文献分析，但是，当贝拉言之凿凿地将《独立宣言》中的上帝视为《圣经》中的上帝时——这对他的论证至关重要——却可以让我们把目光投得更久远，看一看基督教传统的政治思想能否为我们提供有价值的线索。

在基督教传统里始终存在着二元性的思维模式，具体在法律问题上，就是对于属世之法与超验之法的区分。在奥古斯丁的世俗法理论中，政治不再能够像古典政治哲学所说的那样指导好的生活，也不再引导公民走向善，而只是为了控制冲突，保证被所有人需要的公共利益的安全。政治社会自身并不能走向善，他拒绝将政治权威作为自然状态的一部分，这代表了与古典政治哲学和希伯来思想的决裂。③ 阿奎那则同时发挥了亚里士多德与奥古斯丁的政治思想。一方面，他继承了亚里士多德《政治学》的观点，认为人类自然地就是社会与政治的动物。政府的目的是引导人们实现对他们的"自然"而言乃是必要的善好。因此，存在着借以评价统治是否正义的标准，通过提升共同善（common good），政治社会能够以一种较奥古斯丁积极得多的方式来实现神法（divine law）与表达上帝的神意。④ 与亚里士多德一致，阿奎那亦认为，人确实有着向善的本性，且只有通过训练才

---

① 哈罗德·伯尔曼:《法律与秩序:法律与宗教的复合》，姚剑波译，北京:中央编译出版社，2010年，第198页。
② 贝拉:《宗教与美利坚共和国的正当性》，第164—165页。
③ David Fergusson, *Church, State and Civil Society* (Cambridge: Cambridge University Press, 2004): 31.
④ Ibid., 33.

能使得德性臻于完善，但大多数人却不是自愿想过出于德性的生活的，所以，需要借助法律的力量强制他们养成这种习惯。① 另一方面，他也完全赞同奥古斯丁的这一判断：作为人法的制定者，人只能对外在行动做出判断，只有作为神法制定者的上帝才能判断意志的内在活动，所以，除了人法，必然还需要神法来指导人的生活。②

不论赞不赞同属世之法具有培养德性的功能，奥古斯丁与阿奎那至少在这一点上是一致的，即整个政治世界以及其中的法律具有不可避免也不可克服的局限性。根据伯尔曼的解释，西方法律传统的结构在形成期是对圣俗两界权力的划分，一个主要负责信仰与道德，一个主要负责秩序与正义。③ 问题是，基督教认为唯有上帝才是真正的正义（true justice），而真正的正义是不可能在地上实现的，无论是在国家这里，还是在基督徒身上，甚至在教会中，因为教会也如同国家一样，同时包含着被拣选者与堕落者。④ 公民宗教继承了基督教的这种精神，即将上帝认作超越并审判政治秩序的终极实在，将政治视为始终须对其主权者上帝负责的秩序。贝拉强调，杰弗逊早就将作为新国家的美国的基本合法性置于"更高法"（higher law）——它以古典自然法与《圣经》宗教作为基础——的概念之中了，而作为公民宗教的核心符号，上帝绝非钟表匠式的上帝。⑤

有学者认为，现代性内容可被《创世记》所概括，但只是并非上帝而是人自己宣布，他自己即有能力在善与恶之间做出判断。假若这种"自主"是现代性的唯一元素，那么，任一个时代都有可能称为"现代"的时代，因为每一个时代的每一次失序之后，都有可能出现所谓的"自主"。然而，现代性的一个显著要素是主张：任何善恶之间的分别既不归诸上帝，也不归诸自然，而是仅仅归诸人自身自主的自由。这一内容在"权利"观中得以显示。自此，人类的自由不再服从于上帝或自然，而是人类意志的

---

① 阿奎那：《阿奎那政治著作选》，马清槐译，北京：商务印书馆，2010年，第115—116页。
② 同上书，第108、127页。
③ 哈罗德·伯尔曼：《法律与秩序：法律与宗教的复合》，第42页。
④ R. W. Dyson, *Natural Law and Political Realism in the History of Political Thought* (New York: P. Lang, 2005), 178–179.
⑤ Bellah, "Civil Religion in America," 103–104.

产物。① 在此意义上，公民宗教理论可谓是对现代法哲学的一个激烈批判，因为在贝拉看来，如果没有意识到我们的国家处于更高审判之下，公民宗教的传统即可能变得危险。② 而这种传统从《独立宣言》开始就对一种超政治的权威——上帝——表示敬畏，上帝是判定政府的标准，是对政府存在之正当性的依据，也是一种支撑着共和国去体现的价值标准的更高级的实在。③

三、基础结构：公民德性与个人主义

关于贝拉的公民宗教理论，一个毋庸置疑的事实是，当中极其关键地涉及共和主义与自由主义这两种政治哲学传统之间的冲突。同样须承认的是，虽然有学者认为，公民宗教代表了由现代社会制造的政治神圣化④的主要进路之一，但是，贝拉从来无意于将自己的公民宗教称为政治神圣化的表现，相反，他强调的倒是政治与公共生活中的宗教维度，强调的是神圣维度对于政治的必要约束与引导。

若以柏拉图、亚里士多德的说明为标准，则现代自由主义政体必然属于坏政体，贝拉本人也并非没有意识到这一点。⑤ 对于政治意义上的自由与共和的把握构成了公民宗教的背景性框架，因为公民宗教连接或弘扬的是共和传统（这是它的内核），而自由主义则是它要反省或补充的另外一种政治传统。

自由主义理论新近的两个界定性运动是伯林的《两种自由概念》(*Two Concepts of Liberty*)与罗尔斯的《正义论》(*A Theory of Justice*)，尽管二

---

① James V. Schall, *At the Limits of Political Philosophy* (Washington, D.C. : Catholic University of America Press, 1998), 63–64.

② Bellah, "Civil Religion in America," 109, 114–115.

③ 贝拉：《宗教与美利坚共和国的正当性》，第 170—171 页。

④ 在如下的意义上，政治可被称为宗教："它是一套信仰、神话、仪式与符号的体系，这些信仰、神话、仪式与符号使个体与集体的命运从属于一个至高实体 (supreme entity)，从而来阐释与界定人类生存的意义与目的。"政治的神圣化作为一种现代现象，不同于政治权力神圣化的其他历史形式（如君权神授），前者反映了对国家统治权之优先性的确认，文化的世俗化、教会精神的领导权的丧失、政教分离、人民主权原则的胜利及大众政治的创生。见 Emilio Gentile, *Politics as Religion*, trans. George Staunton (Princeton: Princeton University Press, 2006), xiv.

⑤ Robert Bellah, "Democracy in America Today: Preface to the 2007 Edition of 'Habits of the Heart'," *Sociology of Religion* 68, no. 2 (2007): 213–214.

者以不同的方式影响了自由主义思想，却一致重申了自由主义与个人主义的联盟。① 若循此思路，则政体与其中的人的生活方式显然关系重大。贝拉对此有十分清晰的认识，他对自由主义与个人主义的批判也使他在很多学者眼里成为社群主义的代表。② 他一直忧虑，民主制度可能会蜕变为专制、暴政，而功利型个人主义的蔓延不仅无力阻止这种可能性，反而可能成为其助推器。他频繁提及的托克维尔曾扼要地说明了这种个人主义与专制之间的联系：

> 不惜一切代价发财致富的愿望，对商业的嗜好、对物质利益和享受的追求，便成为最普遍的感情。这种感情轻而易举地散布在所有阶级之中，甚至深入到一向与此无缘的阶级中，如果不加以阻止，它很快便会使整个民族萎靡堕落，然而，专制制度从本质上却支持和助长这种感情。这些使人消沉的感情对专制制度大有裨益；它使人们的思想从公共事务上转移开，使他们一想到革命，就浑身战栗，只有专制制度能给它们提供秘诀和庇护，使贪婪之心横行无忌，听任人们以不义之行攫取不义之财。若无专制制度，这类感情或许也会变得强烈；有了专制制度，它们便占据了统治地位。③

贝拉讽刺道，自由主义部分是为了应对新出现的经济秩序而发展的一种政治生活观念，这种传统产生了"在政治思想史上显得最为狂热的乌托邦思想，即认为：仅受一己之利益驱使的公民行为当其通过合适的机制而得到组织时，便可产生一个良好的社会"。④ 事实是，自由主义的立宪政体不但无法提供高层次的道德和精神承诺（上层建筑），而且在以共和德性教化、培养公民方面（基础结构）再次表现出无能。⑤ 由此，公民德性问题

---

① Colin Bird, *The Myth of Liberal Individualism* (Cambridge: Cambridge University Press, 1999), 14–15.
② 赫希曼：《自我颠覆的倾向》，贾拥民译，北京：商务印书馆，2014年，第268页。Bellah, "Reading and Misreading 'Habits of the Heart,'" *Sociology of Religion* 68, no. 2(2007): 190-191.
③ 托克维尔：《旧制度与大革命》，桂裕芳、张芝联译，北京：商务印书馆，2012年，第35页。
④ 贝拉：《宗教与美利坚共和国的正当性》，第168页。
⑤ 同上书，第174页。

就成为回溯共和主义的现实理由。

贝拉从自由的积极维度批评了自由主义立宪政体对公共参与和善的生活的忽视,因此,他也不同意卢克曼的以自我为中心的"无形的宗教"这一消费自选的模式。在他看来,将宗教自由理解为"宗教对政治没有兴趣"或"宗教是纯粹个人的事"忽视了宗教自由的积极的政治意义,只是关注个人利益也必然会败坏共和德性与公共参与,"不顾一切地关注自我利益是共和德性败坏的最好定义,注重自由国家中个人生活方面尤其是经济方面的趋势,会损害对共和国来说至关重要的公众参与,而自由社会生产的财富对共和国基本的政治平等则是致命的。"①

由此亦可看出,虽然贝拉将现代个人主义区分为功利型个人主义与表现型个人主义,且将二者都追溯至洛克,②但他更关注的仍然是功利型个人主义。对这种以利益为导向的功利型个人主义的反思与批判,历来是学界的一个重要论题,③严格来说,贝拉在《美国的公民宗教》与《宗教与美利坚共和国的正当性》中涉及公民德性的文字并不多,但从《心灵的习惯》以来,公民宗教理论的重心越来越多地转移到了个人主义问题上,美国民主制中的个人主义所可能造成的危险是贝拉念兹在兹的一个问题。在《今日美国的民主》中,他说道,《心灵的习惯》是一本关于美国的个人主义的书,也是一本关于抵消个人主义的破坏性后果的种种努力的书。④ 与此相应的是,能够约束个人主义的公民德性成为重中之重,这一问题上尤其显明了公民宗教理论与古典共和主义之间的深层关联。

但是,正如我们看到的那样,古典共和主义中负责培育公民德性的是法律,自由主义政体却是一台纯粹中性的法律机器,无须承担德性的功能。正是在此,教会的重要性再次得以彰显。公民宗教继承了古典共和主义对德性问题的执着,但在政治生活中,主要担当这一功能的乃是教会,贝拉的这种思路实际上只是对基督教传统的重申。在基督教传统中,德性的培育者主要不是属世之法,而本来就应该是教会。公元408年,在给异教徒

---

① 贝拉:《宗教与美利坚共和国的正当性》,第168—169页。
② 贝拉等:《心灵的习性》,周穗明等译,北京:中国社会科学出版社,2011年,第191页。
③ 例如,马塞尔·莫斯:《礼物:古式社会中交换的形式与理由》,第172—173页;查尔斯·泰勒:《现代性的隐忧》,程炼译,北京:中央编译出版社,2001年,第2—14页。
④ Robert Bellah, "Democracy in America Today: Preface to the 2007 Edition of 'Habits of the Heart,'" 217.

内克塔里乌斯的一封回信中,奥古斯丁提醒后者注意西塞罗《论共和国》一书中所赞颂的美德:俭朴、节制、忠诚、贞洁、正直等。他认为,当一个国家饱含诸如此类的美德时,它必然会隆盛,但是,这些美德却是通过教会而得到传播与学习的。① 在此意义上,我们甚至可将基督教称为古典共和主义的一种功能替代物。贝拉之所以完全赞同托克维尔将宗教看作"政治"设施的观点,正是因为宗教承担起了培育公民德性的政治功能。

这不仅体现在他将托克维尔关于"美国的宗教对利己主义的约束"的论述视为对自由主义的批判,② 而且更多地体现在他对柏拉图政治思想的认同与引述上。在《理想国》(*Republic*)中,柏拉图多次提及,政体的类型与人的品性(character)的类型是相互对应的,确切而言,政体是因人的品性而产生的(435e, 544d)。贝拉的公民宗教理论中对基础结构的说明可谓是柏拉图的"不同类型的政体与不同类型的人有关"这一观念的社会学表达:既然政体因人的品性而产生,那么,功利型个人主义就可能造成专制,而公民德性却可以创造民主。③

四、道德的政治

从整体来看,美国公民宗教一方面继承了基督教传统中对于属世法与超验法的区别,将其引入《独立宣言》中,将政治置于作为主权者与审判者的上帝之下;另一方面则继承了古希腊政治哲学对政治之道德性的追求与承诺,但实际在美国的政治生活中担当这一功能的已不再是法律,而是《圣经》宗教。这两个方面分别针对自由主义立宪政体及其核心个人主义。自从霍布斯的《利维坦》之后,国家在现代自然法中基本上就被缔造为一个技术—中立的工具,这种中立性的关键在于,国家的这种法律要独立于任何实质性的、宗教的真理和正义。④ 贝拉也同意,从自由主义的立场来看,并不需要也不应该有公民宗教,因为国家本来就被设想为一台纯粹中性的法律机器,它的唯一功能就是维护个人的权利。但是,从共和主义的

---

① Augustine, *Political Writings*, ed. Ernest Fortin and Douglas Kries (Indianapolis: Hackett, 1994), 204.
② 贝拉:《宗教与美利坚共和国的正当性》,第 175 页。
③ Bellah, "Ethical Politics: Reality or Illusion?" *Daedalus* 136, no. 4 (2007): 60.
④ 卡尔·施米特:《霍布斯国家学说中的利维坦》,应星、朱雁冰译,上海:华东师范大学出版社,2008 年,第 78—82 页。

立场来看，韦伯所说的"守夜人"的角色是不够的，共和国必须在积极的意义上合乎道德。① 他提倡的实质上就是一种道德的政治，一种政治与道德不可分离的主张。

在 2007 年发表的《道德的政治：现实还是幻想？》中，贝拉提请人们注意，亚当·斯密的《道德情操论》已经指出了，自利在经济上可能是一个合适的原则，在政治上则不然。若没有道德的政治（ethical politics）的框架，一个纯粹自利的经济将很快失去经济交换所需要的信任。尤其让人注意的是，贝拉明确表达了如下看法：如果我们真的想要一个民主的社会，则道德的政治就不是一个选项，而是必需。② 如果说公民宗教是对美利坚民族所体现或揭示出来的普遍与超验的宗教实在的一种真实理解，③ 那么，这肯定意味着，道德的政治绝非一种纯粹的理论幻想或乌托邦，而是对经验现实的一种概括。也就是说，公民宗教不是应然，而是实然。但是，贝拉同样发出了这样的感慨："这些东西已经从我们的记忆中消失得如此遥远。"④ 如此一来，公民宗教就扮演着双重角色：一方面，就美国的历史经验与现实而言，公民宗教确实是客观存在的事实；另一方面，就美国"腐败"的政治现实而言，公民宗教又足可作为一种诊断与治疗的尺度，亦即，它是一种理想。这并不矛盾，因为"社会学是从理想领域出发的：这是社会学的起点，而不是逐渐达到的研究终点"。⑤

虽然贝拉已经反复表白过，他关于公民宗教的观点受益于涂尔干，⑥ 而且他对美国政治生活中的宗教维度的概括、对功利型个人主义的批判也十分明显地反映出了涂尔干的影响，但是，当他更直接地将道德看作政治的必需，更直白地将柏拉图视为自己的同路人时，公民宗教理论与柏拉图、亚里士多德⑦之间的联系就再清楚不过地表现了出来。当他超越托克维尔

---

① 贝拉：《宗教与美利坚共和国的正当性》，第 171 页。
② Bellah, "Ethical Politics: Reality or Illusion?" 60.
③ Bellah, "Civil Religion in America," 109.
④ 贝拉：《宗教与美利坚共和国的正当性》，第 177 页。
⑤ 涂尔干：《社会学与哲学》，梁栋译，上海：上海人民出版社，2002 年，第 104 页。
⑥ Robert, "Civil Religion in America," 116; "Comment: [Twenty Years after Bellah: Whatever Happened to American Civil Religion?]" 147.
⑦ 有意思的是，贝拉将亚里士多德视为社会学的奠基者，并认为这一观点是涂尔干本人也认同的，因为后者最早开始在波尔多大学授课的时候，就将《政治学》指定为学生的基础教材。见 Bellah, *Religion in Human Evolution: From the Paleolithic to the Axial Age* (Cambridge: Harvard University Press, 2011), 595.

而依据柏拉图修正了自爱的现代意义,将我们真正的欲求与最深的需要只认为拥有好的自我时,我们甚至能隐约听到柏拉图笔下的苏格拉底在雅典法庭上的那番话:

> 高贵的公民啊,你是雅典的公民,这里是最伟大的城邦,最以智慧和力量闻名,如果你只关心获取钱财,只斤斤于名声和尊荣,既不关心,也不想到智慧、真理和自己的灵魂,你不感到惭愧吗?①

---

① 柏拉图:《苏格拉底的申辩》,29d—e。

第五章 宗教与秩序

第一节 伊凡的抗议

一、约伯问题

康德认为，道德主体既是立法者又是守法者，道德法则不存在任何外在依据，它由于建立于自由意志的自律之上而是神圣的。自由意志能依照普遍法则必然符合于它自己原应服从的那种东西。它不存在于任何外在于主体的地方，而是自我规定、自治的，因而也是自由的。然而，康德对"个人从内心听到的声音"的极力强调通过费希特和浪漫主义运动（强调"自然"和"个性"的神圣）对欧洲意识形成了冲击，并成为启蒙运动的反动。[①]这对于鼓吹理性普遍主义的康德来说，无疑是始料不及的。就此而言，说康德的理性的道德哲学与克尔凯郭尔式的非理性的信仰哲学之间存在着密切的联系并不为过。麦金太尔已经敏锐地察觉到，正是康德几乎在所有的领域都为基氏（克尔凯郭尔）设置了哲学的场景。康德试图建构以实践理性为基础的道德主体，后者因处于"究竟应该选择哪种伦理原则"的两难困境中而意识到对立的道德选择，亦即：道德主体如何在善与善之间选择？康德之诉诸理性不过是对狄德罗和休谟之诉诸欲望和激情的历史回应，其失败之处恰恰成为基氏的出发点：选择的行为被要求去完成理性

[①] 伯林（Isaiah Berlin）认为，康德对自治和内心导向的倡导，可以将理性自我转变为某个非人格化的更大的实体，并将后者与一个终极权威的目的等同起来而为各种绝对主义信仰打开道路，表现之一即为民族主义。参伯林：《现实感》，潘荣荣、林茂译，南京：译林出版社，2004年，第284—286页。对于康德的内在化，伯氏强调其路德教、虔信派的反启蒙的教育背景的影响，查尔斯·泰勒虽提到清教影响，但是更注意发掘康德对卢梭主义的继承关系。卡西尔亦持后一观点，见氏著：《卢梭·康德·歌德》，刘东译，北京：三联书店，1992年，第58页。

不能胜任的工作，选择本身即成为理由，自律的道德行为转化为个体意志的决断，理性走向情感化的非理性。①

在《论神义论中一切哲学尝试的失败》("On the Miscarriage of All Philosophical Trials in Theodicy")一文中，康德专门论及了约伯的问题。他提出，"从确实可信的神义论出发，我们看到：在这样一种神义论中，关键并不在于精妙的推论，而在于体察我们理性的无能方面的开诚布公，在于表述时不歪曲自己思想的诚实，无论这种歪曲是出自多么虔诚的意图。"②在约伯的质疑与其朋友对上帝的辩护之间，康德做了个比较："如果考察一下双方所持有的理论立场，则约伯的朋友的立场可能更多地传达了更为强烈的思辨理性和虔诚恭顺；而约伯则极可能在任一个教义神学家的法庭面前、在一个宗教会议面前……遭受一种悲惨的命运。"③但是恰恰是质问上帝的约伯得到了上帝的喜悦，康德的用意显然在强调"心灵的坦诚"的重要性。尽管恶与苦难可能确实出自一种整体安排，但它们并不因此而成为其他的什么东西，而只能仍旧是恶与苦难。易言之，恶与苦难作为否定性的生存事实不容粉饰，因此，约伯的怀疑与质问亦具有不可置疑的正当性。但是，在这种神义论中，关于恶与苦难的原因，康德保持了实质上的沉默，这种沉默由于反映了理性的自承无力而是唯一正确的态度，确实可信的神义论被转化为：在悖谬的生存性事实以及由此而来的疑问面前，依然保持对上帝的信仰。这种立场遭受的最强硬的质疑来自于陀思妥耶夫斯基的《卡拉马佐夫兄弟》中的伊凡。

据陀思妥耶夫斯基自己介绍，《卡拉马佐夫兄弟》可分为两部，第二部是主要的，写的是主角阿辽沙在当时时代的活动。④但是，作者在第一部小说出版后不久就去世了，因此，在我们所能看到的《卡拉马佐夫兄弟》这部小说中，预定的主角阿辽沙只是被勾勒了出来而并未得到充分展示，伊凡则成了这部未来即完成的小说中的核心人物。陀氏此前长篇小说中的典型人物皆可被视为预备性的，伊凡则是最后与完整的表达者⑤。伊凡的精神

---

① 麦金太尔：《追寻美德》，宋继杰译，南京：译林出版社，2003年，第55—56、60页。
② Kant, *Religion within the Boundaries of Mere Reason and Other Writings*, trans. and ed. Allen Wood and George Di Giovanni (Cambridge: Cambridge University Press, 1999), 27.
③ Kant, *Religion within the Boundaries of Mere Reason and Other Writings*, 26.
④ Fyodor Dostoevsky, *The Brother Karamazov and Related Readings,* trans. Constance Garnett (New York: Glencoe/McGraw-Hill, 2000), v.
⑤ 罗赞诺夫：《论宗教大法官的传说》，张百春译，北京：华夏出版社2007年，第11—12页。

世界主要体现于他与阿辽沙在酒馆中的谈话（包括"兄弟俩相互了解""反叛"与"宗教大法官"三节）和他的梦魇这几节。陀思妥耶夫斯基曾谓，《卡拉马佐夫兄弟》整部书可视为对"宗教大法官的传说"的一个回答，[①]而宗教大法官无疑是伊凡理性一面的化身，[②]因此，即便不能说《卡拉马佐夫兄弟》整部书是对伊凡的精神世界的阐发与回应，在最低的程度上，也可以将这部小说中视为对伊凡所提出的所有问题的进行解答的尝试。

二、自由与幸福

"自由"是陀思妥耶夫斯基的创作顶峰"宗教大法官"的主题。[③]宗教大法官对于基督的核心指责即是："你非但没有控制人的自由，反而扩大了人的自由，以自由的苦难对人的精神王国永远地施以重荷。你希望人们自由的爱，要人们受你的诱惑与俘虏而自由地追随你。取代古代严苛的律法，人们今后必须用自由的心灵自行判断什么是善，什么是恶，你的形象仅仅在他面前作为指引。"[④]真实的信仰必须是自由的，而非来自奇迹、神秘与权威。但是，在宗教大法官看来，问题恰恰在于：基督要求于人的太多了，软弱的人类难以忍受由上帝所赐予的自由以及因自由而来的苦痛，由此造就了这样的吊诡——上帝出于对人的爱而赐予人自由，且为拯救众生而降临，但是能承受自由之重的却只是少数选民。

由此，伊凡提出了第一个对立：能够承受自由的极少数与无力承受自由的大多数。并非偶然的是，在这部小说中，首先提出这一对立的并不是伊凡，而是斯麦尔佳科夫。后者嘲笑道，既然能够凭借信仰而移动山的人只有一两个人（奇迹成为虔诚信仰的外在标志），那么，难道上帝会对其余的人统统加以诛谴而不宽恕吗？

伊凡与斯麦尔佳科夫都敏锐地察觉到，若单以数量来计算，真正履行

---

① Joseph Frank, *Dostoevsky: the Mantle of the Prophet, 1871-1881* (Princeton, N.J.: Princeton University Press, 2002), 571.

② 虽然有论者谓，不能将伊凡等同于宗教大法官，因为"传说"中有两个主角，即耶稣和宗教大法官，伊凡并未在二者之间做出抉择。但是，我认为，伊凡尽管面临着两难困境，但他的天平是倾向宗教大法官一边的。参 Philip Rahv, "The Sources and Significance of 'The Legend of the Grand Inquisitor'," in *The Brothers Karamazov and the Critics*, ed. Edward Wasiolek, Belmont (Calif.: Wadsworth, 1967), 89.

③ 别尔嘉耶夫:《俄罗斯思想》，雷永生等译，北京：三联书店，2004，第 178 页。

④ Fyodor Dostoevsky, *The Brother Karamazov and Related Readings*, 256–257. 陀思妥耶夫斯基:《卡拉马佐夫兄弟》，荣如德译，上海：上海译文出版社，2004 年，第 301 页。

上帝信仰的"强有力者"是处于少数派地位的。二人的指责矛头针对的也并不是这少数派，而是上帝：上帝的拯救如何在这种对立中自圆其说？在小说中，陀思妥耶夫斯基通过佐西马长老的言行对这种对立进行了破解。佐西马临死前谈道："要信仰到底，即使世上所有的人都已误入歧途，只剩下你一个人矢志不移，你也要呈上奉献，独自赞美上帝。假如有两个你这样的人聚在一起——那就是整个世界，一个充满活生生的爱的世界……因为虽然只有你两个人，上帝的真理已经实现了。"① 出于自由的信仰，也就是真正的信仰与上帝的真理联系了起来，后者破除了平面化的数量，在"稀少"中体现出"全部"：二者实现了和谐统一。陀思妥耶夫斯基认为，自由不是人的权利而是人的义务与责任。不是人要求上帝自由，而是上帝要求人自由，并在这种自由中人要意识到自己的"神性"尊严。② 因此，若以上帝赐予的自由为标尺，真正有价值的反而只在于那出于自由而信仰的极少数人之中，因为后者使得上帝的真理与人的神性尊严在自由中显示了出来。面向自由体现为一种"向上"的运动，反之，则只能是"向下"的运动。

在东方教会里，恩典与自由意志的问题从未像自奥古斯丁以来的西方那样紧迫，东正教也从未将这两个因素分离开来。根据东正教的教义，恩典并不外在于自由。③

但是，吊诡之处仍然在于，虽然这一"传说"使任何传统都遭受了打击，不仅是天主教中的君主帝国，也打击了东正教和任何宗教中的君主帝国，④ 但宗教大法官却确实统治了大多数。宗教大法官认为，他和他的教会的功绩正在于消灭了人的自由，而这么做则是为了使人们幸福。亦即，人们只有在服从中才可能获得幸福。自由由于自身不可承受之重而与幸福成为完全不相容的两极，由此，伊凡的问题提出了第二个对立：幸福以放弃自由为代价，自由则意味着苦痛。对上帝的爱逐渐蜕变为幸福论

---

① Fyodor Dostoevsky, *The Brother Karamazov and Related Readings,* 323. 陀思妥耶夫斯基：《卡拉马佐夫兄弟》，第380页。

② 别尔嘉耶夫：《俄罗斯思想》，第153页。

③ Vladimir Lossky, *The Mystical Theology of the Eastern Church,* trans. The Fellowship of St. Alban and St. Sergius (Cambridge: James Clarke & Co., 2005), 191.

④ 别尔嘉耶夫：《俄罗斯思想》，第153页。考夫曼（Walter Kaufmann）则认为，陀思妥耶夫斯基的思想恰恰易导向一种"仁慈的极权主义"（benevolent totalitarianism），参 Walter Kaufmann, *Existentialism, Religion, and Death: Thirteen Essays* (New York: New American Library, 1976), 23.

(eudaemonism)。① 假若我们将这种"幸福"与伊凡所论及的"孩子的眼泪"（苦难）做一比较，便不难发现，二者在本质上是相通的，它们与第一种对立所提出的"大多数"一样，都首先指向此世的作为自然生物、感性机体的"人性"，这种人性所寻求的幸福无法理解苦难。伊凡所诅咒的也并不是"永恒的和谐"，而是以"孩子的眼泪"为代价，亦即以"绝对"无辜者的苦难为代价的永恒和谐。他所寻求的幸福的首要要求是消除苦难，在此意义上，他的主张首先是消极性的。正如宗教大法官所说，这种幸福是"将人类视为如其所是的软弱生物的温顺卑微的幸福"，它是以"地上的面包"为基础的。幸福即是以"人性"为依据来破除自由和消除因自由而来的苦难，而由于苦难的无意义性，"自由"自然也是可以质疑的。

然而，陀思妥耶夫斯基通过佐西马提出了一种截然不同的"幸福"观，这种幸福赋予苦难以意义。佐西马长老在劝勉阿辽沙到尘世中生活时，说了这样的话，"你将会看到大悲苦，并且在这种悲苦中你将会领悟幸福。这就是我对你的最后的话：在痛苦中寻找幸福。"② 在此，痛苦与幸福之间的关系并非如在伊凡处那样剑拔弩张，而是趋于消弭。这是一种"苦中作乐"与"自找苦吃"的积极的苦难观：苦难成为具有道德洁净效用的存在。倘若将伊凡所持的幸福视为"理性的幸福"，将其对立面视为"信仰的幸福"，二者的区别即为"地上的幸福"与"天上的幸福"之间的区别。在伊凡看来，既然天上的幸福以苦难为代价，那么，他宁可为众生选择以自由为代价的地上的幸福。陀思妥耶夫斯基则通过伊凡的梦魇给我们举了一个思想家的例子，对"天上的幸福"做出了直观的解释。这个思想家生前否定一切，包括法律、良心、信仰，尤其否定身后生命。他死后，出现在他面前的却是死后生命，他大为吃惊而又愤慨，认为这违背了自己的信念。为此，他被判罚在黑暗中走一百万的四次方公里，何时走完这一路程，天堂之门就何时向他敞开并宽恕一切。虽然经过抵制，但是，他还是走完了这一行程。刚跨进天堂之门，还没有待上两秒钟即赞叹："为这两秒钟，休说是一百万的四次方公里，就是一百万的四次方乘一百万的四次方，再乘

---

① Max Scheler, *Ressentiment*, trans. Lewis B. Coser & William W. Holdheim (Milwaukee Wisconsin: Marquette University Press, 1994), 103.

② Fyodor Dostoevsky, *The Brother Karamazov and Related Readings*, 323. 陀思妥耶夫斯基：《卡拉马佐夫兄弟》，第337页。

一百万的四次方公里也值得。"① 可以想见的是，陀氏在此以时间和空间的极致为例，并非偶然。时间与空间正象征着欧几里得式的启蒙理性的限制，它们代表了"这个世界"的维度。

由此，我们看到了第二种对立的破解之道，而这种破解本身也是一种巨大的对立：时间的"短暂"（两秒）与信仰的幸福的"多"。与天上的幸福——这种幸福只有通过自由的信仰才可以得到——相比，原本难以承受的代价（黑暗中的一百万的四次方公里）变得微不足道。以这种方式，陀思妥耶夫斯基实际上消解了伊凡的神义论疑问：属于上帝之国的永恒的幸福才是真正的幸福；也唯其如此，应该以"另一个世界"来衡量这一个世界而非相反，因此，人们所应追求的是永恒的幸福而非暂时的地上的幸福。亦即，自由的信仰是通往天上的幸福的唯一途径，第一亚当的使命必须由天上的亚当即基督来完成，但并不是以他来取代人，而是为了把完成自己任务的机会归还给人，为了给人重新打开通向神化之路，这是通过人实现上帝与被造宇宙的最高综合，全部基督教人类学的意义就在于此。② 在自由的信仰中，人与上帝和好而体验到天上的幸福，而去除自由之重负的信仰，其目的与后果都是以"人性"为依据而将天上的幸福与地上的幸福本末倒置。

三、弑父之路

宗教大法官的事业赖以成立的基础是，人们自由地让渡出无力承担的自由，但是，在《卡拉马佐夫兄弟》中，佐西马长老说道："地狱就是'再也不能去爱'的痛苦。在无法以时间和空间衡量的无限存在中，精神生命体被与生俱来地赋予了一种可以说'我存在着并且我能爱'的能力。"③ 这种爱是切实的、活生生的爱（active living love），因此，爱是一种本原性、内在性的存在，具有一种本体论地位。对于陀思妥耶夫斯基来说，自由的信仰实质上即是以上帝信仰为前提的，生发于爱、充盈着爱的信仰，他笔

---

① Fyodor Dostoevsky, *The Brother Karamazov and Related Readings,* 650–651. 陀思妥耶夫斯基：《卡拉马佐夫兄弟》，第 760 页。

② 弗·洛斯基：《东正教神学导论》，杨德友译，石家庄：河北人民教育出版社，2002 年，第 57 页。

③ Fyodor Dostoevsky, *The Brother Karamazov and Related Readings,* 324. 陀思妥耶夫斯基：《卡拉马佐夫兄弟》，第 381 页。

下的白痴、阿辽沙与佐西马的基督徒顺从的态度也是对于包围着他们的异教的、非基督教的、反基督教的世界的反抗，是对于上帝而非人的意志的顺从。在这种顺从中，他们走向的是基里洛夫之反向形式的"自我意志"，从而肯定了自己的自由。① 相比之下，伊凡的爱是无根基的，因此也必然走向虚无：无所不可。

倘若以此作为伊凡的"自由"的注脚，则不难在陀思妥耶夫斯基笔下的基里洛夫那里找到这种实证主义时代的自由的另一种死亡模型，② 即自杀。在《群魔》中，基里洛夫这样论证"自杀"的"自由性"："我不明白，何以到目前为止，一个无神论者虽然明白没有上帝，却又不立刻自杀？认识到没有上帝，却又未能在同一瞬间认识到自己已变成上帝，这是荒唐的，否则你一定会自杀。……我必须相信我不信神。……这就是我可以用来在最主要的问题上表明我的独立不羁和我的新的可怕的自由的一切。"③ 自杀成为确证"伊凡的自由"的顶峰，这正如阿辽沙对伊凡所提出的问题："你将怎样生活，你将怎样爱这一切？"无法爱即地狱，而天堂则是与道德团结（moral solidarity），也就是与爱联系在一起的："我们每一个人都在所有人的面前为一切事负责，只是人们不知道；若是知道了，世界马上就成为天堂。"④ 天堂与地狱的区别被归结为两种爱的区别，分别以"天上的幸福"和"地上的幸福"为指向的爱，这两种爱又分别规定着各自的自由。

按照舍勒的理解，道德团结原则在佐西马长老的言行中得到了卓越的表述。⑤ 道德团结指的是，"我们中的每一个人都毫无疑问地为世界的所有人和所有事负责"（every one of us is undoubtedly responsible for all men and everything on earth），⑥ 这并非仅仅因为"人人都有罪"，而且因为他确实应该为所有的人，包括全世界的和个别人的罪恶负责。需要强调的是，陀思

---

① 梅列日科夫斯基：《托尔斯泰与陀思妥耶夫斯基》，杨德友译，沈阳：辽宁教育出版社，2000年，第254页。

② 伊琳娜·帕佩尔诺：《陀思妥耶夫斯基论作为文化机制的俄国自杀问题》，杜文娟等译，长春：吉林人民出版社，2003年，第188页。

③ 陀思妥耶夫斯基：《群魔》，南江译，北京：人民文学出版社，1983年，第821页。

④ Fyodor Dostoevsky, *The Brother Karamazov and Related Readings*, 300. 陀思妥耶夫斯基：《卡拉马佐夫兄弟》，第352页。

⑤ Max Scheler, *Ressentiment*, trans. Lewis B. Coser & William W. Holdheim (Milwaukee Wisconsin: Marquette University Press, 1994), 163.

⑥ Fyodor Dostoevsky, *The Brother Karamazov and Related Readings*, 166. 陀思妥耶夫斯基：《卡拉马佐夫兄弟》，第192页。

妥耶夫斯基对于道德休戚与共的阐释并非单单体现于佐西马长老，还体现于这部小说中获得"新生"的三个人：佐西马的哥哥，他原本对上帝信仰嗤之以鼻，重病即死时，却变得开朗而快乐，并认为"每一个人都确实地为所有的人，所有的事都负有罪责"；重生的米卡，他全然不惧被流放到西伯利亚（虽然他没有犯罪），而害怕那个"复活"的人再度离开他，并认为"我们所有人都对所有人负有罪责"；阿辽沙，他在佐西马长老的尸身"迅速地"发出腐臭的气味后，先是沮丧万分，但接着得到了格鲁申卡的"一根葱"，又在神秘的宗教体验中见到长老，遂忍不住拥吻大地，渴望"为万众、万事、万物祈求宽恕"。① 显然，陀思妥耶夫斯基本人对于这一原则是极为重视的。再三强调"休戚与共"针对的无疑是伊凡拒绝为他人罪过负责的现代道德，后者宣称："我受苦受难可不是为了用我自己，用我的罪孽与苦难做肥料为其他人栽培未来的和谐。"这在"神秘的客人"一节中对于"孤立"的论述得到了表现。

伊凡所提出的问题以及陀氏在叙事中对这些问题所做的思考，归根到底就是两种爱的对立：基督教的爱（自由）与宗教大法官对人的爱（解除自由）。正是出于对人类的软弱本性的深刻体察，宗教大法官才解除了人的自由裁决善恶的重负，由自己来承担人类的罪恶，将基督的事业建基于奇迹、神秘与权威之上。这其中存在着宗教大法官的自觉转变："我也到过旷野，我也吃过蝗虫和草根，我也曾珍重你用以祝福人们的自由，我也曾向往加入你的选民的行列，奋力成为强有力者中的一员，渴望组成那少数人。但是我觉醒了，不愿服侍疯狂。我回来加入了纠正你所作所为的人之中。"② 这种转变以平均化的"多数"为基准，自觉颠覆了上帝赐予人的自由与神性尊严，而以人性代之。这实质就是理性战胜信仰，从而试图彻底放逐"超理性"的"自由"的过程。正是出于对人类的爱，宗教大法官才无法理解基督对于人类的爱并因此拒绝了上帝的爱。这也是伊凡对于上帝的世界的强硬控诉。但是，即使按照宗教大法官的逻辑，我们也不难看出陀思妥耶夫斯基的真实目的：因为宗教大法官的统治的合法性建立于奇迹、神秘与权威之上，众生自愿接受了假象而得到幸福，那么，这种幸福也就

---

① Fyodor Dostoevsky, *The Brother Karamazov and Related Readings,* 166. 陀思妥耶夫斯基：《卡拉马佐夫兄弟》，第 428 页。

② Fyodor Dostoevsky, *The Brother Karamazov and Related Readings,* 261. 陀思妥耶夫斯基：《卡拉马佐夫兄弟》，第 306 页。

只能是一种虚幻的幸福。因此，陀氏实质上对地上的幸福进行了否定。然而，无论伊凡如何宣称"没有上帝，无所不可"，我们都不得不承认，他身上存在的对生命的渴望与热爱，问题是：这样一种爱为何会（至少在理念上）走向了"弑父"之路？

在陀思妥耶夫斯基笔下，伊凡的爱的无力与匮乏已经在其自身经历的困境中显示出来。倘若依照伊凡的逻辑——没有上帝和永生，无所不可，他应该认可其父亲费尧多尔的所作所为，至少坦然处之，但事实上，他一方面确实承认费尧多尔的"想法是正确的"，另一方面却发自心底地厌恶憎恨他，甚至发出"谁不想父亲死？"这样的反问。颇具意味的是，三个儿子中，正是伊凡最像他的父亲，而比起大儿子米卡，费尧多尔也认为自己更害怕伊凡，然而，一旦看到斯麦尔佳科夫将自己"弑父"的理念付诸现实，伊凡仍然无法承受"弑父"真的变成了现实，"无所不可"遭遇了挑战。按照伊凡自己的逻辑，他无法解释自己良知的谴责，也无法解释自己对于生活的"不体面的"渴望："我渴望生活，于是我就继续活着，尽管不合逻辑。"在伊凡的"抗议的无神论"①中，他自白的核心与其说是"苦难"，毋宁说是"愤怒"：

"无人对苦难负责以及我知道无人负责——这不能使我心安理得。我需要得到补偿，否则我将消灭自己，而且兑现不在无涯无垠的地方和遥遥无期的未来，而是在这个世界上，让我亲眼看到。"②

"我不要和谐，这是出自对人的爱。我宁愿留在苦难得不到补偿的状态。我宁愿我受的苦得不到补偿，我心中的愤怒得不到发泄，哪怕我并不正确。"③

所谓的"永恒的和谐"由于以"孩子的眼泪"为代价而绝对地丧失了自己

---

① 参莫尔特曼：《被钉十字架的上帝》，阮炜等译，上海：三联书店，1997年，第268—270页。

② Fyodor Dostoevsky, *The Brother Karamazov and Related Readings*, 246. 陀思妥耶夫斯基：《卡拉马佐夫兄弟》，第289页。

③ Fyodor Dostoevsky, *The Brother Karamazov and Related Readings*, 248. 陀思妥耶夫斯基：《卡拉马佐夫兄弟》，第290页。

的合理性。在伊凡看来,"无辜者不应因别人的罪而受苦,尤其是这样的无辜者。"① 这是伊凡出于对人类的爱而提出的上帝与苦难的对立。这一对立与第二个对立紧密相关,二者都以人性无法承担的重负为依据质疑上帝,但差异在于,第一个对立侧重的问题是:在自由之中如何可能幸福?第二个对立侧重的问题是:在苦难之中如何可能信仰上帝?这就再次回到了约伯的问题。

四、人神的悲剧

在康德用来作为约伯终点的地方恰恰成为伊凡的起点,并构成其道德哲学的基石。康德式的对恶与苦难的解决并不能让伊凡满意,当他将宗教的终极性承诺拉回到"在这个世界上"或者将历史的未来性承诺拉回到"我也在场"的状态而非"无涯无垠的地方和遥遥无期的未来"时,他不仅以"当下"的恶与苦难为依据否认了宗教彼岸性的拯救应许,也否认了此世历史的未来性的承诺。亦即,他不仅否定了基督教终末论,也否定了其世俗版本的黑格尔式的历史哲学。这就将恶与苦难作为一种绝对性的生存体验来体认。康德保留了约伯呼求与质疑的正当权利,伊凡则将这种权利最大化并引至彻底的虚无主义:无所不可。

但是,同样将康德的终点作为起点,克尔凯郭尔、陀思妥耶夫斯基的生存哲学却引出另外一条完全不同的路径,并在一定程度上回应了伊凡的绝望。在生存哲学看来,"与斯宾诺莎以及在斯宾诺莎之前和之后在哲学中寻求'理解'(*intellgere*),并使人类理性成为审判创世主的法官的那些人相反,约伯对我们言传身教:为了理解真理,应该不把'悲哀与诅咒'(*lugere et detestari*)从自身驱逐,也不禁止它们,而是从它们出发。"② 个体在虚无面前面临抉择:"要么"绝望,"要么"断然跳入信仰,在这种跳跃中,个体摆脱了虚无,来到绝对超验者上帝面前。伊凡将世界视为荒唐的而最终走向虚无,这种爱呈现出自身的无根基性。但是生存哲学则认为,正是在个体生存的困境与悖谬中,才能寻求至通往上帝的路径,此即为生存哲学的基调。恶与苦难非但无法凭借人力消除,甚至信仰者亦不愿

---

① Fyodor Dostoevsky, *The Brother Karamazov and Related Readings*, 241. 陀思妥耶夫斯基:《卡拉马佐夫兄弟》,第 282 页。

② 列夫·舍斯托夫:《旷野呼告 无根据颂》,李勤等译,上海:上海人民出版社,2004 年,第 14 页。

将之消除，他们毋宁在生存的卑微与苦难中渴求与追随上帝：信仰超越了逻辑。①

伊凡之抗议的有力性在于他在 19 世纪实证主义的境遇中提出了这样的问题：没有上帝信仰的道德是否还可能？② 无疑，对于陀思妥耶夫斯基来说，答案只能是否定的，这在伊凡自身的精神困境中已经得以显示。与《罪与罚》中的杀人者拉斯柯尼科夫相同，伊凡的真正悲剧不在于决定违法，而在于他认识到自己无力迈出这一步，其本质是：他无法开始一种新的、不同的生活。这种悲剧是如此深刻而毫无希望，以致陀思妥耶夫斯基不难将他的杀人的主角们的痛苦经验作为原因来构造悲剧。③ 然而，正是在"犯罪"那里，罪犯可以接触到"另一个世界"。

陀氏特意在《卡拉马佐夫兄弟》小说的扉页上引用了《约翰福音》第十二章二十四节："我实实在在地告诉你们：一粒麦子落在地里如若不死，仍旧是一粒；若是死了，就会结出许多子粒来。""存在，还是毁灭"这样的现代哈姆雷特的问题，④ 其答案在陀氏这里是一种"信仰的跳跃"，由此，"生"在"死"处萌发，这也是为何陀思妥耶夫斯基如此热衷于讲述罪犯的故事的原因。随着犯罪的出现，罪犯接触到了对所有其他人都封闭着的东西的知识。在这种意义上，罪犯超越了所有其他人。那个毁灭他的东西，只有在破坏它之后才能感觉到它的那个东西——在某种意义上看，就是"他与其接触的另外一个世界"⑤。《罪与罚》中，作为受难者与爱的象征的索尼娅对杀人者拉斯柯尼科夫说："现在全世界没有，没有一个人比你更不幸了。"杀人者伊凡与拉斯柯尼科夫都遭到了惩罚：由于良知的内在谴责，每一件罪行根据其本性都已经带着惩罚了。就是在这种"罪与罚"的过程中，这两个无神论者感到了他们所拒绝的世界的存在：人神恰恰在其极致处走向"死"，并在此"死"处，接触到了神人的世界。无疑，这种

---

① William Hubben, *Dostoevsky, Kierkegaard, Nietzsche, and Kafka: Four Prophets of Our Destiny* (New York: Collier Books, 1962), 83.

② Louis Jackson Robert, *Dialogues with Dostoevsky: The Overwhelming Questions* (Stanford: Stanford University press, 1993), 295.

③ Lev Shestov, *Dostoevsky, Tolstoy and Nietzsche,* trans. Spencer Roberts (Ohio: Ohio University Press, 1969), 214.

④ John Middleton Murry, *Fyodor Dostoevsky: A Critical Study* (London: M. Secker, 1923), 223.

⑤ 罗赞诺夫：《论宗教大法官的传说》，第 62 页。

精神的直觉是一种非知识的内在体验，它不是经验可证实的中介形式。[①]

陀思妥耶夫斯基笔下的主角，从拉斯柯尼科夫到伊凡的内在冲突主要应归因于神人（God-man）与人神（man-God）之间的冲突或对立，[②]即：生活应该以神性为据，还是以人性为据？当然，需要注意的是，在陀思妥耶夫斯基笔下，神性与人性并不是不相容的。佐西马教导阿辽沙到尘世中生活，他也并不像费拉庞特神父那样苦修而爱喝茶，他希望人们向上帝乞求快乐，考虑到这些，神性与人性的统一这一点似乎不难理解。神性与人性之间是一个统一的过程：人性是神性的起点与潜在神性，神性则是人的理想目的，若离开了神性的努力方面，人性即可能沦为动物性。[③]这也正是伊凡的问题所在：割裂了神性与人性，乃至忽视了人的神性维度而以人性取代了神性的地位，神义论最终演变为人义论。宗教性则是与将"人性，太人性的"因素绝对化，与虚无主义——否定或不承认绝对（客观）价值——拜伏于外部生活福祉的伦理主义是有着不可避免的分歧的。[④]在陀思妥耶夫斯基看来，两个世界是无法用论证加以调和的。对于伊凡的世界，他也并没有从基督教信仰加以轻视。[⑤]

第二节　秩序化论证：以帕森斯、贝格尔与格尔茨为例

一、帕森斯论秩序

伊凡的抗议涉及的乃是神义论问题。"神义论"（theodicy）这一概念的提出者是莱布尼兹，在他看来，形而下的罪恶（受造物的过犯）是伦理世界秩序中道德罪恶的必然结果，然而道德罪恶的根源却在于受造物的有

---

① 参徐凤林：《东正教——教会学说概要·中译本前言》，载布尔加科夫：《东正教——教会学说概要》，徐凤林译，北京：商务印书馆，2001年，第4页。
② Janko Lavrin, *Dostoevsky: A Study* (New York: The Macmillan Company, 1947), 194.
③ 徐凤林：《俄罗斯宗教哲学》，北京：北京大学出版社，2006年，第52页。也正是在此意义上，我不能同意将陀思妥耶夫斯基视为较之克尔凯郭尔、叔本华和尼采更为激进的"反理性主义者"。参 Eliseo Visa, "The Two Dimensions of Reality in The Brothers Karamazov," in *The Brothers Karamazov and the Critics*, ed. Edward Wasiolek, Belmont (Calif.: Wadsworth, 1967), 89.
④ 弗兰克：《俄国知识分子与精神偶像》，徐凤林译，上海：学林出版社，1999年，第49—51页。
⑤ 汉斯·昆、瓦尔特·延斯：《诗与宗教》，李永平译，北京：三联书店，2005年，第252—253页。

限性。无罪恶的世界是不可能的，因为这是形而上真理的必然，后者则独立于上帝的意志。神义论不能否认这个世界的罪恶，因为罪恶即存在于这个世界概念本身。① 通过强调我们现在所处的世界已经是所有可能的世界中最好的以及否定无罪恶世界存在的可能性，莱布尼兹实际上肯定了恶的合理性与不可消除性，这至少潜在地排除了进行人为改革的可能性。罗素对此予以辛辣的讽刺。② 莱氏的"最好的世界"说实质上是其"前定和谐"说的神学应用。罪恶将一直存在，但是这个世界毕竟是最好的世界，这便是莱氏神义论的简单概括。这种神义论是一种审美式的宇宙论，其特点在于：对于一个整全的宇宙而言，恶与苦难的存在在任何时候都是合理的，它并不特别设定消除恶与苦难的可能性，而视之为整体善的一部分。神义论可谓是一种秩序化的论证，伯纳德·威廉斯（Bernard Williams）认为，与亚里士多德不同，塞涅卡及基督教均相信，从最终或结构上来看，生活不可能是非正义的，这种传统为秩序化论证提供了丰富的思想资源。③

在宗教社会学领域中，20世纪最具影响力的秩序化论证出自帕森斯。"社会秩序是如何可能的？"这一问题贯穿了帕森斯的所有著作，其早期著作倾向于从约束与选择的限制的角度来处理这一问题，成熟期著作如《社会系统》(The Social System, 1951)则体现出明显的涂尔干色彩，不过，整体而言，他始终主张从规范整合而不是功利主义视角来处理霍布斯问题。④ 帕森斯在《社会行动的结构》(1937)中就将"社会秩序"区分为实际／自然秩序与规范性秩序：前者指的是用逻辑理论，尤其是科学进行理解的可能性，例如，从规范性秩序来看，生存竞争或一切人对一切人的战争状态即为混乱，但这种状态仍服从于科学意义上的规律，因此可划归自然秩序；后者则必然与一定的规范性体系有关，它意味着以理想的行为和关系规范（如契约制度）对人类行动进行控制。虽然以"秩序"名之，但对帕森斯来说，"自然秩序"若无规范性要素的充分作用，显然是无法稳定地维持下去，因为若按最严格的功利主义假设，一个完整的行动体系将成

---

① 文德尔班：《哲学史教程》（下卷），罗达仁译，北京：商务印书馆，1997年，第678页。
② 罗素：《西方哲学史》（下卷），马元德译，北京：商务印书馆，1997年，第655页。
③ Bernard Williams, *Shame and Necessity* (Berkeley: University of California Press, 1993), 116.
④ 布赖恩·特纳：《Blackwell社会理论指南》，李康译，上海：上海人民出版社，2003年，第53页。

为霍布斯所说的战争状态,这完全不是秩序,而是混乱。① 由此,帕森斯实际上又取消了"自然秩序"之为"秩序"的可能性与合理性,而视之为失范。规范性秩序的奠基作用内在地排除了霍布斯式的唯意志论,如吉登斯所说:"在帕森斯的思想里,唯意志论始终是与对'秩序问题'的解决联系在一起的,他把'秩序问题'理解为如何协调具有潜在破坏性的个人意志,要解决这一问题,有赖于行动者把社会统合(social cohesion)所仰赖的共同价值观内化为动机。"② 这一思路显然受到了涂尔干的强烈影响。

总体来看,涂尔干的社会学试图以与霍布斯不同的方式来解决其秩序问题。③ 当涂尔干将社会制度作为超越感性经验的客观化的集体观念与情感,进而将宗教视为几乎所有重大的人类制度的来源时,他驳斥的正是从霍布斯到边沁以来的以利己主义人性论来构建社会秩序这一条思路。他反对以往思想家将个体视为终极自然(*finis naturae*)的思路,认为社会绝非理性创造出来的唯名存在,社会学则注定要开辟一条通往人的科学的新途径。④ 如果说霍布斯坚持的是秩序的权力化,也就是以权力来保障秩序,那么,涂尔干坚持的就是权力的秩序化,也就是以秩序来保障权力。涂尔干明确表示,宗教的最初起源不是恐惧与压抑,而是愉快的情感,社会并不像庞大的利维坦一样以权力置人于严厉的规训之下。⑤ 作为智识与道德秩序的至高存在,社会对意识所拥有的绝对权力主要不是由于它在物质上的强力,而是由于它所赋有的道德权威。⑥ 因此,从根本上来讲,(规范性)秩序与权力之间的关系不是后者为前者提供了终极根据,而是恰恰相反。这一思路对帕森斯与贝拉的影响是显而易见的。

与涂尔干一致,帕森斯亦反对霍布斯对权力—秩序关系的建构,反对霍布斯式的以利益—冲突模式来理解权力,这一点在他为米尔斯(Charles Wright Mills)的《权力精英》(*Power Elites*)写的书评中表现得甚为明显。他批评米尔斯的"权力"概念是一个零和概念(zero-sum concept),后者

---

① 帕森斯:《社会行动的结构》,第92—93、340—341页。
② 吉登斯:《社会的构成》,李康、李猛译,北京:三联书店,1998年,第58—59页。
③ Bryan S. Turner, *Religion and Social Theory* (London: SAGE Publication Ltd., 1991), 48. 帕森斯:《社会行动的结构》,第309—313页。
④ 涂尔干:《宗教生活的基本形式》,渠东、汲喆译,北京:商务印书馆,2011年,第613页。
⑤ 同上书,第306页。
⑥ 同上书,第287页。

将权力理解为凌驾于（over）他人的权力，A 在系统中有权力即必然且从定义上就是以 B 为代价的。他认为，米尔斯所说的"政治就是权力斗争"把权力概念普泛化为了整个政治过程的概念，因此，这种权力不是在作为一个系统的社会中以及为了这个社会而践行功能的能力（faculties），而是一个群体（即权力持有者）借以阻止另一个群体获取它想获取之物，并由此来获取自身想获取之物的能力。在帕森斯看来，这种权力概念纯属鸠占鹊巢，因为它将一种总体现象（a total phenomena）的次要与派生的面向提升到了中心位置。具体而言，米尔斯几乎完全集中于权力的分散（distributive）面向，他关心的只是"谁"有权力，以及用权力致力于什么"部派"的利益，而不是权力如何创生以及致力于什么共同利益。帕森斯不赞同以这种利益—冲突模式来解读权力，而认为权力是社会中的一种普泛化的能力或资源（a generalized faculty or resource），它必须被分割与配置，但它也必须被生产出来；它是为了获得达到目标而动员社会资源的能力（capacity），而为了这种目标，人们已经或可能做出一种普遍的"公共"委身。①

在帕森斯的社会理论中，作为权力的关键要素，符号化与合法化将权力与社会集体中的一般性的规范框架联系在一起了。在这一点上，他倒是与阿伦特、卢曼、哈贝马斯颇有共同之处。他们均坚持以权威—媒介模式来理解权力，认为任何与权力相关的分歧、冲突、争夺均是建立在参与各方所共享的价值或观念上的。不过，阿伦特更强调合法性与集体目标的权威模式，卢曼则更关注符号化与系统选择的媒介模式，帕森斯与哈贝马斯则摇摆于两种立场之间。②

二、权力的秩序化

"秩序"就是且只可能是"规范性秩序"，因此，"权力"的规范性自然也就不是装饰物，而是必需的基础，宗教作为一种终极价值体系由此充分显示出其功能。对于宗教，帕森斯曾谨慎地赞同过所谓的宗教私人化，但是，他坚决反对将美国与苏联之间的区别简单地归纳为是将压制组织化

---

① Talcott Parsons, "The Distribution of Power in American Society," *World Politics* 10, no. 1 (1957): 139–140.

② 李猛：《福柯与权力分析的新尝试》，《社会理论学报》1999年第二卷第2期，第377—381、406页。

宗教作为一项核心的公共政策，还是满足于任凭宗教"苟且偷生"（die on the vine）。在他看来，这一说法乃是一项基本的误解，证据之一即为贝拉提出的美国的"公民宗教"。① 他几乎完全接受了贝拉的公民宗教理论加予政治权力的宗教向度，这自然与二人思想共同的涂尔干根源有关。帕森斯指出，美国宗教投身于道德上可被接受的世俗社会（the morally acceptable secular society），但又不只是消极地接受这个社会，而是借着以宗教为基础的良心对其进行积极的形构。②

在帕森斯看来，公民宗教即为涂尔干所说的"道德共同体"的存在证明，后者在制度化价值及其文化合法化（institutionalized values and their cultural legitimation）的层面上具有统一的宗教基础，这就是"价值普泛化"（value-generalization）的现象。美国的宗教多元主义只有作为那种凭借高度普遍性（generality）而建构起来的真正的道德共同体的一个面向才是可能的，在这里，规范性系统（normative system）——其成员以良心（conscience）为纽带与它联结了起来——得到了制度化，而这又是诸多宗教法体系的"律法主义"（legalism）的反命题（antithesis）。③ 他的这一说法几乎将作为"国家"的美国与"道德共同体"等同了起来，权力的（规范性）"秩序化"与宗教价值的制度化也就成了同一枚硬币的两面，宗教介入并塑造政治领域不仅有着个人意识上的驱动力，也有着制度秩序上的有力支持。帕森斯将韦伯与涂尔干结合起来，提出了一个分析宗教与社会的规范结构之间关系的框架，社会必须是道德共同体以维系团结，而宗教信仰为道德共同体提供了原则，仪式则提供了向这些原则的委身（commitment）。从长远来看，宗教伦理为社会制度的理性化提供了道德动力与方向。④ 由此，政教分离就不可能仅仅在消极的意义上意味着政治与宗教的分离，而且也在积极的意义上意味着宗教对于政治系统的规范性塑造。

---

① Talcott Parsons, "1965 Harlan Paul Douglass Lectures: Religion in a Modern Pluralistic Society," *Review of Religious Research* 7, no. 3 (1966): 134–135. 对于欧美之间的宗教态势的不同，帕森斯显然了然于心。他指出，在相当长的时期内，在欧洲极为常见的战斗无神论（militant atheism）在美国却微不足道，这是因为在历史上，美国并无欧洲那样的国教，所以，也就没有一个教士阶层来构成反教士运动的众矢之的。

② Talcott Parsons, "1965 Harlan Paul Douglass Lectures: Religion in a Modern Pluralistic Society," 145.

③ Ibid., 135–136.

④ Vitor Litz, "The Functional Theory of Religion," in *The New Blackwell Companion to The Sociology of Religion*, ed. Bryan S. Turner (Malden, MA: Wiley-Blackwell, 2010), 79.

如英国学者可可萨拉齐（Nikos Kokosalakis）所言，结构功能论将权力刻画为完全根据共识与社会整合来运作之物，仅根据社会系统来看其运作，而忽视了权力是能动者之间的关系；诸如达伦道夫（Ralf Dahrendorf）与米尔斯这样冲突论者亦主要根据能力来讨论权力。这两种思路均将合法化与权力视为社会生活的完全非神圣化与去神秘化的领域，均低估了多元的历史传统在不同的现代社会中作为合法化力量的意义。根据可可萨拉齐的看法，合法化不可能仅仅是抽象的、理性化的、技术统治论的，相反，拯救的隐喻并未完全从现代政治文化与意识形态中消失，它们像任何传统的宗教语言一样，充满了神话与仪式。① 这一点在贝拉的公民宗教理论中体现得尤为明朗，他将政治视为始终须对其主权者上帝负责的秩序，将上帝则认作超越并审判政治秩序的终极实在。在此，霍布斯式的"自然"与"秩序"之间的对立实际上被置换为了"政治秩序"与"超验秩序"之间的对立。帕森斯曾经强调，西方思想中的自然秩序与超自然秩序之间的区分是关系的一种方法论原型（a methodological prototype），一种分析模式。② 在他与贝拉对政治权力与宗教之间关系的论述中，实际上亦延续了这一方法论原型，宗教提供的超验秩序不仅可能成为制度化的规范系统，也可能为政治权力提供可能的指导与发展方向，也就是说，权力被宗教秩序化了。

三、贝格尔、格尔茨：意义与符号

不可否认的是，帕森斯的那种宏大的理论体系无论遭受了多少公平或不公平的非议，都无法遏止它的幽灵经久不息地徘徊在社会学，乃至在宗教社会学领域上空。格尔茨对文化的解释，贝拉对符号实在论与民主的社会整合关系的观点，均可追溯到帕森斯思想中的相关主题。③ 对于在贝拉、格尔茨与贝格尔这里十分重要的符号与意义问题，帕森斯并非视若无睹。他注意到，在涂尔干这里，神圣性并非内在于事物本身，相反，神圣化的对象与实体乃是符号。由此，符号之所指就成了关键问题，而非符号的内在性质，虽然他最关注的仍是涂尔干思想中作为整体的社会，仍是表达与

---

① Nikos Kokosalakis, "Legitimation Power and Religion in Modern Society," *Sociological Analysis* 46, no. 4 (1985): 370–375.
② Talcott Parsons, *The Social System* (London: Routledge & Kegan Paul Ltd., 1964), 369.
③ 亚历山大：《新功能主义及其后》，彭牧等译，南京：译林出版社，2003年，第74—75页。

强化道德情感的宗教仪式对于社会的制度整合（institutional integration）的关键作用。① 同时，他也注意到，宗教理念本身即可视为对"意义问题"的回答，一方面，它们关注对作为整体的行动情境（situation for action）的认知性界定，在此，它们与意识形态信仰是相同的；另一方面，它们也必然包含经验认知对象的意义问题，自然、人的本性、社会等意义问题。以社会系统之整合的角度来看，宗教信仰在其行动意涵中构成了以认知为导向之系统的整合的焦点。②

不过，这当然并不意味着，格尔茨与贝格尔的宗教社会学只是对帕森斯的某些主题在同一方向上的纵深扩展而已。基思·罗伯特（Keith A. Roberts）在通常的功能性定义与实质性定义之外，特意指出了宗教社会学中还存在一种对宗教的符号性定义，并强调，宗教符号与非宗教符号之间的区别在于，前者是宏观符号（macro-symbolic），能够帮助人们解释生命的意义，且涉及一种世界观的宇宙论；后者则是微观符号。③ 与帕森斯不同，格尔茨与贝格尔对宗教符号之于日常生活世界的建构与维系作用，也就是秩序化，给予了足够的重视。格尔茨赞同舒茨的论断，即常识对象与实际行为所构成的日常世界乃是人类经验中的至高实在。他认为，没有任何人始终生活于宗教符号的世界中，宗教视角与常识视角之间的交互变动是社会场景中较为明显，但也最为社会人类学家忽视的经验现象之一。而宗教之所以在社会学上有趣，不是因为像庸俗的实证主义所理解的那样描述了社会秩序，而是因为它塑造了社会秩序。④

就权力与秩序之间的关系而言，如帕森斯所说，在一个复杂的社会中，权力首先居于政治系统中，⑤ 这表明，帕森斯关注的权力显然首先仍是宏观层面的政治权力。在他这里，权力之于政治，恰如货币之于经济，欠缺的乃是对日常生活中的权力因素的分析。有学者在20世纪80年代通过对美国50本导论性质的社会学教材的分析也发现，只有在冲突论中，权力才得到了全方位的关注，但是，权力更经常地在冲突论与马克思主义模式中，

---

① Talcott Parsons, "The Theoretical Development of the Sociology of Religion: A Chapter in the History of Modern Social Science," *Journal of the History of Ideas* 5, no. 2 (1944): 184–185.

② Talcott Parsons, *The Social System*, 367–368.

③ Keith A. Roberts, *Religion in Sociological Perspective* (Belmont, CA: Wadsworth, 2004), 9–10.

④ Clifford Geertz, *The Interpretation of Cultures* (New York: Basic Books, Inc., Publishers, 1973), 119.

⑤ Talcott Parsons, "The Distribution of Power in American Society," 133.

而不是在其他理论视角中得到讨论,却并不意味着马克思主义在这些教材中充任了主导性范式。美国学界广为流行的"权力"概念仍然是韦伯式的,且是在宏观结构的语境中,尤其是以政治机制的形式来呈现的。对于微观的日常生活情境的分析,这种权力观则显得捉襟见肘。①但是,在格尔茨与贝格尔的宗教社会学中,权力问题几乎完全消失了。例如,对于人类关系中的权力现象,贝格尔极少,甚至干脆没有关注。他对权力概念的使用是极其抽象与空洞的,也从未视之为人类直接经历的一种现象,而仅仅视之为社会中的人类境况的一种现象。人类关系中关于权力的经验与感知未被贝格尔视为超验表征之一,因为他将权力归于秩序概念之下,而秩序则又归于意义概念。②在极少数的情况下,贝格尔会提及权力,但也只是以明显的支配模式的色彩,将其用作一个不言自明的概念。③

权力问题的缺失,恰恰是因为,二人的宗教社会学对人的自然倾向的理解与霍布斯截然不同。与霍布斯相比,格尔茨与贝格尔突出了人之自然的秩序化倾向,且均赋予了秩序以本体论的地位。④格尔茨指出,宗教从来就不单是形而上学,也不单是伦理学,其道德活力的源头乃是它所表达的实在之基本性质的可信性(fidelity)。强制性的"应当"(ought)源自一种整全的真实的"是"(a comprehensive factual "is")。⑤贝格尔更明确地表达道,社会的世界不仅仅希望被认为是有用的、正确的,更希望尽可能地被认为是理所当然的,是事物的普遍性质的一部分。制度的程序被赋予一种终极有效的本体论的地位,以致于否认制度就是否认存在本身以及个体在这个秩序中的存在。一旦个人在社会中确立的法则被认为属于"事物之性质",就被赋予了一种稳定性。⑥

---

① Warren R. Paap, "The Concept of Power: Treatment in Fifty Introductory Sociology Textbooks," *Teaching Sociology* 9, no. 1 (1981): 57–64.

② James A. Beckford, "The Restoration of 'Power' to the Sociology of Religion," *Sociological Analysis* 44, no. 1 (1983): 13.

③ Peter Berger and Thomas Luckmann, *The Social Construction of Reality* (London: Penguin Books), 139–141.

④ 贝格尔试图从"自然"实在的范围内发现超验的表征(signals of transcendence),以建立一种从人类学开始的神学。人的秩序化倾向构成了他的第一个论证。参贝格尔:《天使的传言》,高师宁译,北京:中国人民大学出版社,2003年,第60—65页。

⑤ Clifford Geertz, *The Interpretation of Cultures* (New York: Basic Books, Inc., Publishers, 1973), 126–129.

⑥ 贝格尔:《神圣的帷幕》,高师宁译,上海:上海人民出版社,1991年,第32—34页。

他们均将宗教视为一种能够以神圣化方式来进行秩序化活动的符号体系，着力凸显宗教应对日常生活中的无意义问题的功能。格尔茨认为，宗教就是一种符号体系，它借着阐述一种普遍的生存秩序（a general order of existence）的概念而试图在人当中建立有力、通行与恒久的心态与动机，并为这些概念赋予真实性的光环，使那些心态与动机显得具有独特的实在性。① 它能够在三个方面应对混沌（chaos），即分析能力（analytic capacities）、忍受力（powers of endurance）、道德洞见（moral insight）的局限。宗教使得苦难问题变成了不再是如何避免，而是如何使之能够忍受（sufferable）的问题，因为对秩序的每一次怀疑都会收到宗教的同样回应，即通过符号来阐述世界之本真秩序（genuine order）的图像，以它来解释甚至赞美人类经验中感受到的歧义、疑惑与悖论。这种努力不是要否认不可否认之事，如生命之痛，而是否认有不可解释之事。这种问题就是意义问题。② 同样地，贝格尔亦重视符号世界（symbolic universes）为个体经验与制度秩序提供合法化的作用。他认为，正是在对死亡的合法化中，符号世界的超验潜能（transcending potency）才最为清晰地展现了自身。③ 在他看来，人生来就不得不把有意义的秩序加于实在之上，然而，这种秩序又以使世界结构秩序化的活动为前提，脱离社会的根本危险即在于无意义。社会就其制度结构及其对个人意识的塑造而言，均为秩序和意义的卫士，而宗教则是用神圣的方式来进行秩序化的活动，将人安置在具有终极意义的秩序中。④

可以看出，这些秩序化论证实质上是宗教社会学对于神义论问题的经验解释。帕森斯曾经指出，如果价值体系是持续一致且高度制度化的（highly institutionalized），就尤其真实。社会系统中总是有各种各样的机制来缓和挫败与冲突的严重性，罪恶与无意义的苦难（meaningless suffering）是紧张情境中的焦点问题。人对于经验世界的知识，以及指向这种知识且又以这种知识为指向的期待均无法独自担当充分的适应机制，而任何其他的适应模式则必须涉及认知—评价取向的图式（cognitive-evaluative orientation scheme），它必然援引超自然实体，使自身既包含价值体系

---

① Clifford Geertz, *The Interpretation of Cultures*, 90.
② Ibid., 108–109.
③ Peter Berger and Thomas Luckmann, *The Social Construction of Reality*, 113–119.
④ 贝格尔：《神圣的帷幕》，第 25—29 页。

的制度化以及满足期待的面向，亦包含"非理性"的差距（irrational discrepancies）。①

如果说帕森斯的宗教社会学仍是从宏观视角出发来分析宗教的秩序化功能的话，那么，格尔茨与贝格尔就更侧重于将宗教视为作为一种符号体系，它可有效地建构与维系应对日常生活世界中的意义。正如贝拉所说，宗教即"一系列将人与其生存的终极生存条件联系起来的符号形式"②。他承认，宗教符号的确能够提供一种意义语境来应对无意义的经验，但他也指出，宗教符号体系本身完全亦可能引发意义问题。宗教不只是人类经验的某种规定参数，不只是应对焦虑与失望的手段，相反，它是一种形塑人类经验的符号形式，它同时是认知性与情感性的。宗教可以制造焦虑与失望，而在某些语境中，正是在对张力、焦虑的制造与强调中，宗教才最具功能。③

---

① Talcott Parsons, *The Social System*, 370–371.
② 转引自孙尚扬：《宗教社会学》，北京：北京大学出版社，2015 年，第 64 页。
③ Robert Bellah, "The Sociology of Religion," in *American Sociology: Perspectives, Problems, Methods*, ed. Talcott Parsons (New York, London: Basic Books, Inc., Publishers, 1968), 215–217.

第六章 宗教与权力

第一节 宗教社会学中的权力问题

一、霍布斯问题的失衡

根据施特劳斯（Leo Strauss）的看法，在霍布斯的政治学说中，权力第一次成为主旋律，其学说可称作第一部权力哲学。[①]20 世纪美国社会学巨擘帕森斯虽然也注意到了"权力"在霍布斯的秩序问题中的核心地位，但他仍倾向于将"秩序如何可能？"这一问题称为霍布斯问题。一般而言，学界倾向于将权力与冲突论联系在一起，将秩序与功能论联系在一起，但是，在霍布斯的社会理论中体现出来的却是一种综合：从"自然"到"秩序"的转变必然与权力有关。考虑到权力与秩序问题在霍布斯思想中的固有关联，不论是以权力，还是以秩序来概括霍布斯问题，均不可避免地涉及另一方概念，我们亦可将霍布斯问题称为权力—秩序问题。

"秩序"一词在宗教社会学，乃至在社会理论中已经如此普遍，以至于我们在大多数场合下将它作为一个不言自明的概念来使用了；且"秩序"前又往往被冠以各式各样的修饰词，组成了各式各样的秩序，如心的秩序、社会秩序、道德秩序、市场秩序、世界秩序等，不一而足。然而，具体到宗教社会学，我们可以观察到霍布斯问题的一种奇特的失衡，即"秩序"犹在，"权力"却"犹盖琵琶半遮面"了。从古典社会理论以来，"秩序"概念就一直是诸多宗教社会学家的宠儿。"二战"以后，那些研究宗教的最具影响力的美国社会学家，如帕森斯、格尔茨、贝拉、贝格尔等，亦均将秩序视为最重要的议题之一。相比之下，"权力"概念命运则略有不同，有

[①] 施特劳斯：《自然权利与历史》，彭刚译，北京：三联书店，2003 年，第 198 页。

学者认为，在 20 世纪 50 年代至 60 年代的宗教社会学中，往好里说，对权力问题的处理是草率的，往坏里说，则根本没有权力问题的位置。在 60 年代至 70 年代，宗教社会学中的主导趋势是关注宗教解决意义与认同的功能，权力问题的衰落很大程度上亦属这一趋势的结果。① 不过，在这种整体的冷清中，显得甚为有趣但似乎又很自然的一个例外是福柯在美国宗教社会学中的命运：当一些美国学者借用福柯思想来分析宗教现象时总是表现出对权力问题的特殊兴趣，② 个中缘由自是与福柯本人赋予权力关系分析的重要地位有关。另一个例外则是布尔迪厄，有学者试图运用其符号权力思想来解释宗教现象，揭示语言—符号这些所谓的沟通媒介背后的权力关系。③

吊诡的是，对比权力问题在"二战"以后的宗教社会学中的冷遇，它在社会理论中却是一幅热火朝天的景象。在"二战"以后的社会理论中，姑且不论鲍曼在《现代性与大屠杀》中从现代官僚体系与生产技术这样的宏观层面揭示了权力所制造的道德催眠药，也不论福柯在《规训与惩罚》等一系列著作中揭示了毛细血管一般的微观权力从监狱到医院，从工厂到学校编织的秩序网络，也不论贝克（Ulrich Beck）对于全球化时代的全球经济的"元－权力"（meta-power）之于国家权力的异质性的讨论④，单看美国学界，亦不难看到布劳对权力分化⑤，阿伦特对权力与强力（force）及权威（authority）之区分⑥，伯尔曼对于天主教教会法中的权力与权威之区分的历史研究⑦，奥尔森（Mancur Olson）对权力与共容利益（encompassing

---

① James A. Beckford, "The Restoration of 'Power' to the Sociology of Religion," *Sociological Analysis* 44, no. 1 (1983): 12.

② Seran Ghatak and Andrew Stuart Abel, "Power/Faith: Governmentality, Religion, and Post-Secular Societies," *International Journal of Politics, Culture, and Society* 26, no. 3 (2013): 217–235.

③ David Swartz, "Bridge the Study of Culture and Religion: Pierre Bourdieu's Political Economy of Symbolic Power," *Sociology of Religion* 57, no. 1 (1996): 71–85.

④ Ulrich Beck, "The Cosmopolitan State: Redefining Power in the Global Age," *International Journal of Politics, Culture, and Society* 18, no. 3/4 (2005): 151–152.

⑤ 布劳：《社会生活中的交换与权力》，李国武译，北京：商务印书馆，2008 年，第 176—209 页。

⑥ 阿伦特：《人的境况》，王寅丽译，上海：上海人民出版社，2009 年，第 156 页以下；Hannah Arendt, *Between the Past and Future* (New York: Viking Press, 1961), 120–126.

⑦ Harold J. Berman, *Law and Revolution I: The Foundation of the Western Legal Tradition* (Cambridge, MA: Cambridge University, 1983), 207.

interest）之关系的分析①。在古典社会学中，权力就已经是一个极重要，也极受关注的问题了，甚至直至今日我们仍无法奢谈对那时权力理论的超越。就当代而言，虽然大批学者已经在诸多"宗教与（某范畴/领域）"（Religion Ands）这样的题目之下（如"宗教与政治""宗教与经济发展""宗教与性别角色"）触及了权力维度，但是，在宗教社会学领域，直接而明确以权力为中心的研究尚少之又少。②权力问题在"二战"以后的宗教社会学中几乎销声匿迹了。

二、秩序的权力化

在权力问题上，霍布斯以支配模式来界定权力并以权力保证秩序的观点对后来的社会理论产生了极大影响。关于权力的界定，霍布斯认为，一般而言，一个人的权力就是他获取某种未来的明显之善（apparent good）的当下手段，它要么是原初的（original），要么是工具性的（instrumental）。原初性权力指的是身体或心智的机能（faculties of body or mind），工具性权力则是由身心机能或财富而获得的权力。③由于自然状态下的人竞相为食，权力就是据以获得对他人的优势、压制他人的反抗而实现自身目的的能力。霍布斯的这种理解在社会学中屡见不鲜。在古典社会学中，韦伯与涂尔干的权力概念均带有明显的霍布斯色彩。韦伯指出，权力（Macht）就是社会关系中行动者将居于一种面对抵抗却仍可实现自身意志的可能性（probability），而这种可能性的基础是什么则无关紧要。权力概念在社会学上是无定形的（amorphous），一个人身上所有可理解的素质以及诸境况所有可理解的组合均可将此人置于一种在某种情境中强加其意志（于他人）的位置。④甚至涂尔干也是以霍布斯式的支配模式来看待权力的，在他看来，力的观念即蕴含着权力观念，而后者则是从占主导地位的统治与支配及其推导出来的依附与服从关系中表达出来的。社会将确保了

---

① 奥尔森:《权力与繁荣》，苏长和、稽飞译，上海：上海人民出版社，2014年，第2—10页。
② Meredith B. McGuire, "Discovering Religious Power," *Sociological Analysis* 44, no. 1 (1983): 1.
③ 霍布斯:《利维坦》，北京：中国政法大学出版社，2003年，第66页。
④ Max Weber, *Economy and Society*, vol. 1, ed. Guenther Roth and Claus Wittich (Berkeley, Los Angeles, and London: University of California Press, 1978), 53.

发号施令之人的命令在社会关系中的有效性，这就形成了权力。①

直至 20 世纪 60 年代早期的美国学界，人们仍普遍将权力理解为获取目标或战胜抵抗以达成某个目的的能力（ability），它通常是根据控制（control）或支配（dominance）来界定的，中心问题则集中于定位有权力的行动者或组织，分析群体或共同体的"权力结构"（powerful structure），达尔（Robert Alan Dahl）的《谁在统治？》（*Who Governs*?）与米尔斯（Charles Wright Mills）的《权力精英》（*Power Elites*）均为这一社会科学研究路向的代表。如埃莫森（Richard Emerson）所言，这种"权力"观使得权力隐匿地处于对他人的依赖之中，因为若说"Y 有权力"，却不指出凌驾于"谁"的权力，那么，这一说法就是空洞的。所以，它是一种关系型的权力概念（relational conception of power）。这一思路能提供一种关于社会结构与社会变迁的新的考察路径：由于权力来自于他者的依赖，则这些依赖关系的改变就可能从根本上改变权力结构的性质，因此，价值变动、网络拓展，乃至劳动分工与分层均可根据权力过程的结构理论来做出解释。②

至此，我们看到的实际上一种霍布斯式的思路，即秩序的权力化，也就是注重发掘秩序深层的权力关系，以权力关系来解读社会秩序。易言之，权力先于秩序。对于霍布斯来说，所有人的普遍倾向就是对于权力的不死不休的欲求。③这种权力是他所谓的自由的基础，权力越大，就越能自由与完全地在其他物体中运动。善就是我们权力的增加，恶就是我们权力的减少。④根据霍布斯的看法，人的意愿的运动（voluntary motions）在没有表现为可见动作之前而还在身体之内的微小开端，是企图（endeavour），当企图朝向引起它的某种事物，就是欲求（appetite）或欲望（desire）。欲望指的是接近的运动，嫌恶指的则是退避的运动。任何人的欲望的对象被欲望者本人称为善，憎恶的对象则称为恶。善恶这两个语词的用法从来都是

---

① 涂尔干：《宗教生活的基本形式》，渠东、汲喆译，北京：商务印书馆，2011 年，第 504 页。

② Karen S. Cook, "The Power of Sociological Ideas," *Sociological Perspectives* 34, no. 2 (1991): 116–117. 亦可参考渠敬东：《缺席与断裂：有关失范的社会学研究》，北京：商务印书馆，2017 年，第 209 页。

③ 霍布斯：《利维坦》，第 75 页。

④ 米歇尔·艾伦·吉莱斯皮：《现代性的神学起源》，张卜天译，长沙：湖南科学技术出版社，2011 年，第 308—309 页。

和使用者相关的。不可能从对象本身的本质之中得出任何善恶的共同准则，这种准则在没有国家的地方，只能从个人自己身上得出，有国家的地方则是从代表国家的人身上得出的。①不存在法律之前的正义，只有人通过自己的意志创造出了利维坦之后，才可能有正义。由此，霍布斯彻底斩断了善与理性的自然秩序或事物的本质之间的关联，而将善建立在人的欲望，并进而建立在人的激情之上。

从思想史的角度来看，霍布斯改变了"自然"与"自然的"这两个词的涵义，将它们转化为理性与秩序的对立面。②自然正当的客观实在秩序被取消了，自然状态变成了一种纯粹的战争状态。他认为，权力即为一种能够胜过与支配他人的能力，一切人对一切人之间的战争即为追求权力的战争，若无共同权力，即无法摆脱战争状态而进入秩序，这就将秩序的建立与维护系之于一种共同权力，亦即，从自然状态到秩序的转变端赖于一种共同权力。恐惧推动自然状态下的人走向政治状态，即使在国家被创造出来之后，恐惧依然有着巨大的作用，因为在所有的激情中，最不易使人触犯法律的是恐惧。③在霍布斯这里，没有任何秩序不是人为创造出来的，没有任何秩序不是通过、借着并为了权力而建立起来的。

三、布尔迪厄的启示

我们在前文已经介绍了贝格尔与格尔茨的宗教社会学对于秩序化问题的论证，与格尔茨将知识社会学称为意义社会学（sociology of meaning）④的做法不同，有学者更着意于揭露符号世界中内在于"事物本性"（nature of things）的结构性权力及其效应。⑤布尔迪厄尤为明快，他直截了当地将知识社会学或文化形式的社会学称为一种政治社会学，即符号权力的社会学。他反对索绪尔式的"纯粹"语言学秩序的自主性主张，也反对奥斯汀、哈贝马斯式的纯粹沟通模式，在他看来，语言—符号绝不只是一种沟通媒

---

① 霍布斯：《利维坦》，第 39—41 页。
② 海因里希·罗门：《自然法的观念史和哲学》，姚中秋译，上海：三联书店，2007 年，第 78—79 页。
③ 霍布斯：《利维坦》，第 206 页。
④ Clifford Geertz, *The Interpretation of Cultures* (New York: Basic Books, Inc., Publishers, 1973), 212.
⑤ Eric R. Wolf and Sydel Silverman, *Pathways of Power* (Berkeley, Los Angeles, London: University of California Press, 2001), 375.

介，而且也是一种符号权力的关系。言语效力并不像奥斯汀主张的那样，存在于"以言行事的表达式"（illocutionary expressions）或者话语本身，因为这些无非是制度的授权（delegated power）而已。① 按照布尔迪厄的解释，符号权力依赖于两个条件，第一，它必须奠基于对符号资本（symbolic capital）的拥有。符号资本是一种信用（credit），它是被赋予某些人的权力，这些人已经获得了认可，并能强加认可（于他人）；第二，符号的效度（symbolic efficacy）依赖于图像（vision）在多大程度上根植于实在。符号权力是以言构事的权力（power to make things with words），在此意义上，它也是一种神圣化或启示的权力（a power of consecration or revelation）。②

正如意识形态之于马克思，神义论之于韦伯，对于布尔迪厄而言，符号系统不仅仅是知识的工具，也是支配的工具，这也是为什么每时每刻总是由权力关系生产出来的社会分类图式构成了争夺的焦点。社会结构与认知结构之间的结构性关联使得符号系统不只能够反映社会关系，亦能够建构社会关系，因此，人们亦可通过改变世界的表象来改变世界。布尔迪厄的唯物主义人类学即试图揭示符号暴力的各种形式如何发挥特有的作用，从而影响支配结构的再生产及其转换。③

布尔迪厄指出，符号暴力就是只有通过被统治者的同意才能建立起来的强制（coercion）。现象学家们提及的"自然态度"（natural attitude）乃是对作为自明的世界的首要经验，也就是一种社会建构的关系。显明这种经验的现象学家与着手描述这种经验的常人方法学家正确地指出了这一事实，即社会行动者建构了社会实在，却没有探讨这一问题，即客观世界的结构对于建构社会实在之工具的生产与再生产发挥着重要作用。④ 社会行动者本身在受制于社会决定机制的同时，亦助长着这些机制的效力，他们并未将施加在他们身上的暴力视为暴力，而是认可了这种暴力，布尔迪厄称这种现象为"误识"（misrecognition）。他们之所以认为世界是理所当然的，是因为他们的心智是根据认知结构建构的，而认知结构则来自于这个世界

---

① 布尔迪厄、华康德：《实践与反思》，李猛、李康译，北京：中央编译出版社，1998年，第186—196页。
② Pierre Bourdieu, "Social Space and Symbolic Power," *Sociological Theory* 7, no. 1 (1989): 23.
③ 布尔迪厄、华康德：《实践与反思》，第13—15页。
④ Pierre Bourdieu, *Pascalian Meditations*, trans. Richard Nice (Stanford, California: Stanford University Press, 2000), 171–175.

的结构。客观结构与认知结构之间直接的一致关系是一种现实主义的支配理论与政治学的真正基础。在所有的潜移默化的说服中，最难以变更的就是通过"事物的秩序"（order of things）而发挥作用的说服。①

布尔迪厄相信，对于社会秩序本身生产出的社会正义论（sociodicy），社会科学能够以历史化（historicization）来使自然化（naturalization）失效。②由此，作为符号体系的宗教的秩序化功能所试图粉饰与遮盖的权力要素就暴露了出来。从目前宗教社会学的发展来看，布尔迪厄的这一观察与洞见尚未充分地运用到宗教社会学的研究之中。易言之，如何更有效地将布尔迪厄的研究进路运用至宗教社会学领域，尤其是运用至中国宗教的讨论之中，仍将是一个甚有意义的议题。

第二节 福柯权力理论中的基督教

一、引言

根据福柯的说法，我们尚无关于权力关系的研究工具。我们已经求助的思考权力的路径要么以法律模式（legal model）为基础，即"什么使权力合法化了？"要么以制度模式（institutional model）为基础，即"什么是国家？"③他认为，切不可将权力关系（power relations）、沟通关系（relationships of communication）与客观能力（objective capacities）混为一谈，但三者又确实是相互重叠与支撑，且相互将对方作为手段来达成目的的。当这三类关系焊接在一起构成管治与协力的系统时，也就构成了规训/纪律（discipline）。④当然，福柯对于权力关系的分析不止限于规训/纪律这一维度。

正如凯里特（Jeremy R. Carrete）指出的那样，福柯的作品有其演变过程，其后期的一些概念，如"权力""主体"，对前期概念进行了再界定，因此，并不存在"单一的福柯"。他将福柯的学术思想分为三个时期：第一，从1954年至1969年，在这一时期，福柯的思想以考古学为主；第二，

---

① 布尔迪厄、华康德：《实践与反思》，第221—222页。
② Pierre Bourdieu, *Pascalian Meditations*, 181–182.
③ Michel Foucault, "The Subject and Power," *Critical Inquiry* 8, no. 4 (1982): 778.
④ Ibid., 786–788.

从 1970 年至 1975 年，在这一时期，其思想以谱系学为主；第三，从 1976 年至 1984 年，在这一时期，《性史》(*The History of Sexuality*)问世，福柯对基督教的忏悔实践和自我伦理学（ethics of self）有了直接的讨论。① 在他看来，虽然有直接与潜在之别，但这三个时期均实质性地涉及了宗教问题。但是，当我们将福柯权力理论中的基督教作为研究主题时，便需要先回答彼此相关的两个问题，第一，福柯研究的主题是权力吗？第二，基督教对于其权力理论重要吗？这两个问题的答案似乎并不必然是肯定的。关于第一个问题，我们可以合理地将"权力"称为福柯一段时间的研究主题，但福柯也确实说过："我丝毫不是一个权力理论家。"② 他也说过，"我研究的总的主题，不是权力，而是主体。"③ 关于第二个问题，总体来看，虽然基督教在福柯的诸多作品中均有所显现，但似乎确实是在其《性史》之后才更直接、更明显地进入其视野的，而这一时期，福柯关注的重点已经开始转向了性伦理学与自我真相之间的纽带，④ 基督教之于他的意义指向的是自我伦理学，而不是权力。

不过，同样需要澄清的是，福柯固然表现出以"主体"来统摄其全部研究的意图，其作品亦或隐或显地贯穿着这一线索，但是，他也表示，即使是在了解主体的反思与真理话语之间联系的范围内，权力关系也是这其中的决定性要素。⑤ 更何况对于福柯来说，真言（veridiction）类型、治理术（techniques of governmentality）与自我实践（practices of self）——它们分别对应着真理（truth）、权力（power）与主体（subject）——本来就是

---

① Jeremy R. Carrete, *Foucault and Religion: Spiritual Corporality and Political Spirituality* (London and New York: Routledge, 2000), 9.

② 福柯:《福柯集》，杜小真编选，上海：上海远东出版社，2003 年，第 506 页。这里需要强调的一点是，我只是出于方便才使用"权力理论"这样的说法，这并不是说，我试图提出：福柯真的想建构一种新的权力"理论"。相反，福柯会抵制这一诱惑，因为他认为，这会把"权力"与本质论（essentialism）联系起来而忽视了它在历史中的演变。他想要考察的不是"权力是什么"，而是"权力实际上是如何运作的"。参 Christian Borch, "Systemic Power: Luhmann, Foucault, and Analytics of Power," *Acta Sociologica* 48, no. 2 (Jun., 2005): 158.

③ 福柯:《福柯读本》，汪民安主编，北京：北京大学出版社，2010 年，第 281 页。

④ Jana Sawicki, "Foucault, Queer Theory, and the Discourse of Desire," in *Foucault and Philosophy,* ed. Timothy O'Leary & Christopher Falzon (Chichester, U.K.; Malden, MA: Wiley-Blackwell, 2010), 198.

⑤ 福柯:《福柯集》，第 506 页。

相互交织在一起。① 进而言之，当我们将焦点置于基督教时，便不难发现，它几乎跨越了福柯研究过的最重要的两个主题，即权力技术与自我技术，因此，它与权力之间的联系就足以成为一个极具穿透性的问题。我将结合福柯具体的思想脉络，来剖析其权力视角下的基督教是如何得到呈现的。②

二、灵魂是身体的监狱

柏拉图式的二元论模式将"身体"视为追求智慧的障碍、灵魂的监狱，认为真正哲学家所探索的问题就是使灵魂摆脱身体（《斐多篇》，66a—67b）。基督教显然不会接受这种观点，因为身体也是出自神的创造，所以"自然地"一定也就是好的，将恶归咎于身体也就必然是一种谬误，这一点在奥古斯丁的神学中已有了全面深入的讨论。但是，灵魂受身体束缚这一意义上的灵肉之争主题并没有因为基督教对身体的正面看法而消失，这同样在奥古斯丁这里有所体现。据《创世记》的记述，人类的始祖最初在伊甸园中生活的时候是赤身露体的，但并不以此为耻，只是在受了蛇的诱惑，吃了智慧树上的果子之后才对自己的身体感到羞耻的。奥古斯丁对这一叙事的解释是，在堕落之前，初人的心灵是平静的，不受激情扰乱的，羞耻是人堕落后的产物，亦可称为因罪而遭受的正义的惩罚。而情欲之所以是让人羞耻的东西，因为灵魂一方面既非自己的主人，也因此不能完全控制情欲，另一方面亦非身体的主人，因此也不能使器官处于意志的控制之下，因为如果按照意志，就根本不存在羞耻了。但是，现在灵魂感到羞耻的是，在自然上本来低于并服从它的身体却抗拒它的统治。这就是意志与情欲之争（quarrel between will and lust）。③

身体是灵魂的监狱，或者说，灵魂受到身体的束缚，这种思路在古代哲学中并非罕有之论，亦极具影响力，以至于我们甚至能够在现代哲学的笛卡尔的"我思"中听到它的回响。与此形成鲜明对照的是，福柯在《规训与惩罚》（*Surveiller et punir*）中即清楚地表达了这样的看法：灵魂是身

---

① Michel Foucault, *The Courage of Truth,* trans. Graham Burchell (London: Palgrave Macmillan, 2011), 8–9.

② 对于福柯"权力"概念的细致探究，可参考 Mark G. Kelly, *The Political Philosophy of Michel Foucault* (New York: Routledge, 2009), 31–77.

③ Augustine, *The City of God against the Pagans*, 14.23, ed. and trans. R. W. Dyson (Beijing: China University of Political and Law Press, 2003), 623–625.

体的监狱（the soul is the prison of the body）。在这部作品中，福柯讲述的正是现代灵魂与一种新的审判权力之间相互关系的历史，他将惩罚严峻性的减弱这一历史现象归结为惩罚运作对象的置换，即从身体变成了灵魂。当然，他所理解的"灵魂"不是基督教神学中的灵魂，而是因为惩罚、监视与强制而产生的灵魂，它不是一种实体，而是权力解剖学的效应，知识的指涉。这种灵魂的功用是指向身体的，福柯通过对关于身体的政治技术学的分析，试图展示出，禁闭、司法惩罚与规训机构趋向于构成一个宏大的"监狱连续统一体"，后者推动教养技术扩散到各种最单纯的纪律中，使它来控制最轻微、最细小、最不起眼的偏离或反常，正是对规范的偏离或反常作为共相贯通了最轻微的不规矩与最严重的犯罪。①

将灵魂称为身体的监狱，这无疑是对柏拉图的二元图式的彻底颠倒。海德格尔（Martin Heidegger）将尼采的反形而上学称为"颠倒的柏拉图主义"，他认为，作为对形而上学的单纯颠倒，尼采对形而上学的反动绝望地陷入形而上学中了，因为尼采的哲学还拘泥于它所反对的东西的本质。②在同样的意义上，我们亦可将福柯的这一思路称为"颠倒的柏拉图主义"。如果真如尼采所说，基督教是民众的柏拉图主义，那么，福柯对传统形而上学的颠覆就完全落实在形而上学层面了，但是，"灵魂是身体的监狱"之说更具体地触及了西方政治哲学中的一个重要议题：世俗权力能影响人的灵魂吗？

对柏拉图与亚里士多德来说，政治学是一门涉及人的灵魂之本性的学问，要想使公民养成追求德性的习惯就需要法律来践行其使命。柏拉图的《高尔吉亚篇》（Gorgias）指出，关心灵魂的学科乃是政治学，它可分为立法（legislation）与正义（justice）这两个部分，关心身体的学科亦可分成体育与医学这两个部分（464b—465b）。③亚里士多德在《政治学》中指出，城邦不是为了联合，不是为了抵御不正义、保持安全而存在，也不是为了交换与互相往来而存在，而是为了关心德性而存在的。否则，法律就无非

---

① 福柯：《规训与惩罚》，刘北成、杨远婴译，北京：三联书店，2012年，第32—33页，第341—344页。
② 海德格尔：《林中路》，孙周兴译，上海：上海译文出版社，2010年，第231页。
③ Plato, *Gorgias,* 464b–465b, in *Plato Complete Works*, ed. John M. Cooper (Indianapolis, Cambridge: Hackett Publishing Company, Inc., 1997), 808.

像智者吕科弗隆（Lycophron）所说的那样只是一份协议而已。① 在他看来，道德德性（moral virtue）是作为习惯的结果而产生的（a result of habit），而政治则要为人们制定要做什么、不要做什么的法律，所以，立法者应通过塑造公民的习惯而使他们成为好人，这是每一个立法者的愿望，好政体与坏政体的区别即在于能否达成这一目标。② 一言以蔽之，柏、亚均认为，正如人不仅仅是为了活着，而是为了活得好一样，城邦也不仅仅是为了生活而存在，而是为了好的生活而存在。

基督教与古希腊哲学的看法则迥然有异。奥古斯丁将"法"分为互相对立的"永恒与不可变更的法"（eternal and unchangeable law）和"世俗法"（temporal law），前者是不可变的，后者虽然可能是正义的（因为不正义的法根本就不是法），却在时间中正当地改变。属世的法律被用来统治和管理地上之城，其功用端赖于人们对惩罚的恐惧，它允许相对较小的恶（lesser wrongdoings）以防止较大的恶。因此，并不能武断地因其世俗性就彻底否认世俗法的正义性，或者认为它从来不应该被制造出来。③ 但不可否认的是，世俗法不可能深入到人的内心。阿奎那则更明确地指出，人法有着不可避免也不可消除的局限，因为人的判断无法达到隐蔽的内心，所以，人法必须有神法的指导与补充。④ 否定了人法自身走向善的可能性，这代表着与古希腊政治哲学的决裂。

我们可将古希腊与基督教政治哲学之间的这一区别简单地概括为"属世之法能/不能"的区别，这显然是权能与界限上的区别，但是，在现代的自由主义哲学中，就不仅仅是"能不能"的问题，也是"应该不应该"的问题了。按照施密特（Carl Schmitt）的看法，自从霍布斯的《利维坦》之后，国家在现代自然法中基本上就被缔造为一个技术—中立的工具，这种中立性的关键在于，国家的这种法律要独立于任何实质性的、宗教的真

---

① Aristotle, *Politica*, 1280a30–1280b12, in *The Works of Aristotle,* vol. 10, trans. Benjamin Jowett, E. S. Foster, and Sir Frederic Kenyon (Oxford: Clarendon Press, 1925).
② Aristotle, *Ethica Nicomachea*, 1094b5, 1103a16–17, in *The Works of Aristotle*, vol. 9, trans. W. D. Ross, St. George Stock, and J. Solomon (Oxford: Clarendon Press, 1925).
③ Augustine, *On Free Choice of the Will* , 5.12, in *Political Writings* , trans. Michael W. Tkacz and Douglas Kries, ed. Ernest L. Fortin and Douglas Kries (Indianapolis: Hackett, 1994), 213–217.
④ 阿奎那：《阿奎那政治著作选》，马清槐译，北京：商务印书馆，2010 年，第 108、127 页。

理和正义。① 由此，国家完全成为韦伯所说的"守夜人"的角色。② 当然，福柯的权力分析向来就不是宏观权力学，他不是将权力置于或追溯至一个既定的点，而是将权力视为关系，一种或多或少组织起来的、分层的、并列的关系群。③ 权力关系是由一种精细的、有差别的、连续的网络构成的，其中，各种各样的司法、治安、医疗机构和精神病治疗院这些富有效率但是毫无特色的机构密切关联、共同运作，在这种情况下形成的话语是在一种自称基于观察和中立立场的语言中发展的。④ 权力技术不是中立的，而是指向了人的灵魂，进而指向了人的身体。灵魂之所以能够成为身体的监狱，正是因为权力关系通过对人的灵魂的干涉而作用于人的身体，使之成为更有力也更驯服的工具。福柯对"灵魂是身体的监狱"这一命题的解释表明：作为具有某种"科学"地位的话语的认识对象的人是由权力关系构造出来的，这也意味着，借助于科学话语而对灵魂与身体进行的政治干预的知识不可能是中立的。也正是出于这个原因，乔伊斯·施伍德（J. Joyce Schuld）甚至认为，奥古斯丁对帝国荣耀之修辞（rhetoric of imperial glory）的揭露与福柯对科学进步之修辞（rhetoric of scientific progress）的揭露是一样的，二人都断定，这种东西遮蔽了自身的政治目的，使建制性权力躲避了批判性审查。⑤

由此，福柯与基督教之间的一个深层联系就显现了出来。奥古斯丁与阿奎那没有想到的是，若按照福柯的分析，则现代社会中的种种世俗权力机制无非是神法之宗教性功能（即塑造人的灵魂）在尘世的实现，因为关于身体的技术已经在娴熟地运用着关于灵魂的技术了。权力关系不仅能够如基督教神法一般深入人的灵魂，能够干预与构造人的灵魂，而且应该如是而为。福柯在《古典时代疯狂史》（*Histoire de la folie à l'âge classique*）中即已指出，古典时代的监禁所是治安（police）密度最大的象征，而治安

---

① 卡尔·施米特：《霍布斯国家学说中的利维坦》，应星、朱雁冰译，上海：华东师范大学出版社，2008年，第78—81页。

② 对于中立性的讨论可参Ludvig Beckman, *The Liberal State and the Politics of Virtue* (New Brunswick, N.J : Transaction Publishers, 2001), 119–123

③ Michel Foucault, *Power/Knowledge: Selected Interviews and Other Writings 1972-1977,* ed. Colin Gordon (New York: Pantheon Books, 1980), 198.

④ 福柯：《福柯读本》，第113页。

⑤ J. Joyce Schuld, "Augustine, Foucault, and the Politics of Imperfection," *The Journal of Religion* 80, no. 1 (Jan., 2000): 15–17.

在此已经被构想为宗教的俗世对等物了,其目的即在于建立理想的城邦,因此,宗教的要求在治安规定中得到了满足,这些监禁体制证明了秩序和美德可以完美配合。①古典时代的收容总署使得行政软禁变成了道德惩罚的途径。"古典时期大禁闭中最重要的、具有历史新事件意义的,便是法律已不再定罪:人被监禁在纯道德的城市之中,在其中,原应施行在人心之中的律法,以毫无妥协、毫无宽容的方式被人运用,而其实施则通过最严厉的人身束缚。"②这不啻是"灵魂是身体的监狱"在历史中的具体表现。

三、基督教忏悔实践的双重意义

我们已经证明,权力关系能够监视、检查、审视、塑造人的灵魂,并进而支配、控制人的身体,它是基督教神法的宗教性功能在地上的实现,是神法的世俗性的功能替代物。但是,这种解释要想具有说服力还必须解决如下问题:如果说因为世俗权力具有可塑造人之灵魂的功能而将它与基督教传统联结起来,那么,为什么不直接将它与古希腊传统联结起来,毕竟基督教实际上的确限制了世俗权力的这种功能,而古希腊却直接赋予了世俗权力以这种功能?关于这一问题,最有力的回答即在于福柯本人对作为灵魂技术学的精神病医学的分析,在这种分析中,精神病医学与基督教的忏悔实践——而不是古希腊传统——之间的深层联系得到了呈现:福柯将前者视为后者的变形。

对福柯来说,基督教的忏悔实践与规训机制,或者说,与规范化权力之间的亲和性与差异都同样值得关注:

> 它们指向的对象却是相同的,至少在某种程度上是一样的:把日常生活纳入话语体系,调查充斥着无关紧要的违法行为和骚乱的微小领域。在这一系统里,忏悔不再扮演基督教曾经给它留出的显赫角色。为了实现对社会的监察和控制,长久以来所采用的程序被沿袭下来,还有过去仅在局部运用的手段:告发、投诉、调查、报告、密探、审讯。一切以这种方式言说的东西,都经由书写的方式记录并积累下来,整理成卷宗和档案。悔罪时的声音是单一的,持续片刻之后,不留半

---

① 福柯:《古典时代疯狂史》,林志明译,北京:三联书店,2005年,第118页。
② 同上书,第115页。

点痕迹,在消解自身的同时也消解了罪恶。取而代之的是多重声音,这些声音存放在庞大的档案堆中,并经由时间的推移不断增长,记录下世界上所有的苦难。由不幸和违规行为所致的微小困扰,不再通过忏悔中几乎难以听见的低声吐露向上传至天堂,而是通过书写的痕迹在尘世间积聚起来。这样,在权力、话语和日常生活之间,一种完全不同的关系建立起来,形成一种全然不同的控制和阐述日常生活的方式。于是,就日常生活而言,一场全新的演出诞生了。①

精神病医学亦充斥着对"无关紧要的违法行为和骚乱的微小领域"的编码。在《不正常的人》(Les Anormaux)中,福柯指出,精神病鉴定报告中总是存在着一种过渡,一种溢出,鉴定导致从行为过渡到品行,从犯罪过渡到生存方式,使生存方式仅仅作为犯罪而不是别的东西显现出来。犯罪的欲望总是与主体的缺陷、断裂、弱点和无能联系在一起,因此,在鉴定报告中出现的人已经不再是站在法官和陪审员面前的司法主体,而是一个客体:一种纠正、使再适应、使再被接纳、改造的技术和知识的客体。②亦即,精神病医学指向的不是犯罪的行为,而是犯罪的欲望,是犯罪者的灵魂,这种灵魂不再是惩罚的对象,而是治疗的对象。权力关系使得主体客体化,由此,知识(精神病医学)与权力之间的关联再次得到了揭示。

不过,精神病医学与基督教的忏悔实践之间的联系主要是通过"性"的问题建立起来的。福柯所界定的"不正常的人"涵盖了三种形象,即畸形人、需要改造的人与手淫的儿童,最后一种形象即属于性的问题。性的问题与精神病医学的接通是如何发生的?或者说,当"不正常"成为精神病医学的合法干预领域时,性如何成为问题?福柯对此的回答是,在1850年左右,"不正常"成为精神病医学控制、分析与干预的领域,这实质上只是被迫的、强制的坦白程序(即忏悔)的一种变形而已。在他看来,忏悔对性的坦白进行了完全的编码与强制,而所谓的沉默则只是坦白的积极程序的功能之一。③之所以说现代惩罚—监禁体系扮演着基督教的神法所扮演的角色,是因为在福柯这里,精神病医学即扮演着基督教的忏悔实践所扮演的角色。也正是在此意义上,我们可将福柯笔下的现代惩罚—监禁体系

---

① 福柯:《福柯读本》,第109页。
② 福柯:《不正常的人》,钱翰译,上海:上海人民出版社,2004年,第15—21页。
③ 同上书,第187—188页。

与精神病医学均称为基督教实践的某种变形:它们披着世俗性的知识外衣,却具有并担负着基督教的宗教性功能。

在基督教的忏悔实践中,身体仍然是审察的对象,① 但是,这绝非忏悔的唯一意义,相反,福柯对于基督教忏悔实践的解释已经超出了"灵魂是身体的监狱"这一问题,而开启了新的论域,即主体。按照福柯的说法,在从宗教改革运动到特兰托公会议(Council of Trent)的这一时期中,现代国家开始形成,同时,基督教对个人生活的限制收得更紧。"国家当时正在向自己提出作用于身体的权力技术的问题以及通过何种手段人们可以确实建立作用于身体的权力的问题,与此同时,教会在它那一边将制造一种管理灵魂的技术,即教士守则,由特兰托公会议确定的教士守则。"② 之所以将教士守则称为管理灵魂的技术,即与基督教的忏悔制度有关,这一点仍可通过性的问题来进行说明。在《性史》第一卷,福柯描述了权力借以构造主体的战略,但在第二、三卷,他转而关注的是,作为多样权力之产物的主体如何占有与关注他们自身的:权力因此成为自我创造(self-creation)能力。③ 实际上,据福柯自述,《性史》最开始的题目是"性与真理"(*Sex and Truth*),后来放弃了,但这仍然是他的关注所在:为了在与性快感的关系中提出真理问题,西方历史必须发生什么?这自《古典时代疯狂史》以来就一直是他的一个问题。关于疯狂,他想要找出:疯狂问题如何能够根据真理话语(discourses of truth)——在西方,这就意味着科学

---

① 福柯:《福柯集》,第 466 页。

② 福柯:《不正常的人》,第 196 页。

③ Kenneth W. Stikkers, "Persons and Power: Max Scheler and Michel Foucault on the Spiritualization of Power," *The Pluralist* 4, no. 1 (2009): 52. 福柯之所以在性问题上大耗笔墨,除了我们下文将提到的自我技术之外,还与权力技术有关。他认为,从 18 世纪起,建立起了两种相互重迭的权力技术,一种是惩戒的技术,它围绕着身体,产生个人化的后果,把身体当作力量的焦点来操纵,使其既有用又驯服;另一种则是调节的技术,它不是围绕着身体,而是作用于生命的技术,针对的对象乃是人口。这两种技术都是身体的技术,只是在前一种技术中是身体被个人化,在后一种技术中,身体被置入整体的生物学过程中。之所以说性是重要的,是因为一方面,性作为完全身体的行为,揭示了监视形式的个人化惩戒控制,另一方面,则通过生殖效果,性进入生物学过程,这一过程不是与个人的身体有关,而是与构成人口的要素与整体有关。性正好处于身体与人口的十字路口。就此而言,性实际上处于福柯的两个重要主题——规训机制与安全配置——的交叉点。参福柯:《必须保卫社会》,钱翰译,上海:上海人民出版社,1999 年,第 234—235、236—237 页。可对照福柯:《福柯集》,第 441 页。

话语——来运作？这也是他切入性问题的角度。① 对于性的研究正是对自反性形式，也就是对于自我对自我之关系的分析，更确切地说，主体如何依据被禁止之物而被迫解读自己，言说自己的，这是禁欲主义与真相/真理之间关系的问题。② 易言之，忏悔的另一种意义即在于它是自我之真相的形式。

有意思的是，福柯在对基督教的忏悔实践的分析中执行了两种区分，第一种区分是在基督教内部做出的，第二种区分则是在基督教与古希腊—罗马之间做出的。关于第一种区分，福柯认为，忏悔并不是最初就如此重要。他指出，早期基督教实际上有两种关于自我之真相的形式，一种是 *exomologesis*，即对悔罪者悔罪状态的戏剧性表达；另一种则是 *exagoreusis*，即在与他人的强制性的、彻底的服从关系中对思想进行不间断的分析。前者可称之为戏剧式的自我表露，后者即直言，也就是口头表现的自我舍弃，它在基督教的历史中变得越来越重要。③ 关于第二种区分，福柯指出，在希腊—罗马的直言（free-spokenness）程序中，老师是传达真理话语的人，但在基督教这里，表达真理的则是被指导者的灵魂，这是一种唯有这种灵魂才能说出以及才能持有的真理。在基督教的精神性（spirituality）中，被指导的主体必须作为他自身的真话之对象在真理话语中被呈现出来。④ 说出关于自己的真相成为拯救的一个不可或缺的程序，这一时刻是西方的主体性历史上，或是主体性与真理之间关系的绝对关键的时刻。而这种原则在古希腊、希腊化时代与古罗马则并不存在。⑤

综上所述，忏悔之所以重要，在于它具有双重意义。首先，福柯视之为性与精神病医学之接通的背景，并由此彰显出了它与一种新的知识话语，一种新的规范化权力之间的关联，这也可谓是"灵魂是身体的监狱"的一种深化与延伸。在他看来，直至 16 世纪中叶，教会只是以一种相当冷淡的方式来管理性意识。从特兰托公会议开始，在教士体制内部出现了一种新的程序，这是一种对日常生活，对自我检查、忏悔的技术，是对意识的指

---

① Michel Foucault, *Power/Knowledge: Selected Interviews and Other Writings 1972-1977*, 201.
② 福柯：《福柯集》，第 496—497 页；福柯：《福柯读本》，第 240 页。
③ 福柯：《福柯读本》，第 225—228、252 页，亦可对照福柯：《不正常的人》，第 189—195 页。
④ Michel Foucault, *The Hermeneutics of the Subject*, ed. Frederic Gros, trans. Graham Burchell (New York: Palgrave Macmillan, 2005), 407–409.
⑤ Ibid., 364.

导，对指导者与被指导者之间关系的管治，正是这种技术被人们用来注入作为一个整体的社会中。① 其次，福柯在后期将其视为自我之真相的重要形式，并因此与"主体"这一主题之间有着莫大的关联。忏悔者与神甫、受指引者与精神引导者、病人与精神病医生、患者与心理分析专家，都被纳入了"直言"及"直言者"（parrhesiast）的历史之中。② 主体由权力塑造，途径则为：说出关于自己的真相／真理（truth-telling about oneself），即直言—忏悔，这表明，在西方的主体形成过程，基督教的忏悔实践发挥了直接的推动作用。这也是福柯的主体解释学（hermeneutics of the subject）所论及的重要内容。

四、主体解释学：权力技术与自我技术

福柯在后期确实将注意力转向了自我伦理学，但是，这是否意味着权力已经完全淡出了他的视野呢？并非如此。首先，我们必须承认，福柯的确宣称过，他不是权力理论家——但是，他同样宣称，他拒绝从主体理论开始的想法。③ 在1983年，在以《结构主义与后结构主义》为名的一篇访谈中，福柯讲道："我不研究权力理论，我研究的是，在某一时期自我对自我的自反性以及与此相联系的真理话语的建构方式之历史。"④ 他试图凸显的不是权力，而是"自我"，在此前提下，他甚至将此前频繁论及的监禁体系、精神病医学与主体问题勾连起来。在1982年，他就指出，所谓经济学、生物学、精神病学、医学及刑法学，无外乎是人类以不同方式发展出的关于自身的知识，关键在于我们应将它们作为真理游戏（game of truth）来分析，它们与不同的技术——包括生产技术、符号系统技术、权力技术与自我技术——结合而成为人类了解自身的工具。⑤

但另一方面，我们也必须注意到，自我技术与权力技术虽然分属两种技术，但即便是自我技术本身，权力关系亦显乎其中——关于这一点，我们在上文实际上已经有所涉及。福柯明确表示，"正是权力形式，使得个体成为主体。'主体'一词在此有双重意义：凭借控制和依赖而屈从于他人；

---

① Michel Foucault, *Power/Knowledge: Selected Interviews and Other Writings 1972-1977*, 200.
② Michel Foucault, *The Courage of Truth*, 5-7.
③ 福柯：《福柯读本》，第357页。
④ 福柯：《福柯集》，第506页。
⑤ 福柯：《福柯读本》，第240—241页。

通过良心和自我认知而束缚于他自身的认同。两个意义都标明权力形式的征服性。"① 权力技术与自我技术正对应着主体的双重意义，因此，二者最终都统一于"主体"这一概念之下，且都涉及权力形式的征服性，就此而言，主体解释学不仅包括自我技术，亦包括权力技术。在他看来，主体性历史始于对社会区分的研究，而对社会进行区分，凭借的是疯狂、疾病和过失，以及它们对理性而正常的主体的建构所产生的影响。通过对疯狂、精神病、犯罪的研究，他试图揭示出，西方人如何借着把某些他者（如罪犯、疯子等）排除在外，来间接地建构我们自身的；通过对古希腊—罗马与基督教的自我伦理学的研究，他试图揭示出，西方人如何借着自古至今的这些自我技术，来直接地建构我们自身的身份的。② 如果说对于他者（不正常的人）的研究的重心在于权力技术的话，那么，对于我们自身（正常的人）的研究的重心则在于自我技术，二者均属于主体解释学。

关于主体解释学的权力技术层面，福柯在《规训与惩罚》中已经提出，在规训程序的核心，检查显示了被视为客体对象的人的被征服与被征服者的对象化。其中，检查首先把个人当作一个可描述、可分析的对象。在他看来，各种纪律的出现标志着个人化的政治轴心以及个人化程序的历史性颠倒。在一个规训制度中，儿童、病人、疯子与罪犯比成年人、正常人与守法者更个人化。③ 规训机制有一种使征服与客体化重合的技术，"它本身就带有新的造成个人化的技术。这种权力—知识造成了人文科学的历史可能性。"④ 这种个人化（individualisant）的权力体现为个人的客体化，究其实质而言，这种客体化仍然只是主体与真理之间关系的一种形态而已。福柯认为，主体与真理（truth）的关系这一问题就是要追问：在何种实践之上，通过何种话语，我们试图言说关于主体的真相（truth）？因此，言说关于疯狂之主体或犯罪之主体的真相也无非在追问：在何种话语的基础之上，言说、劳动，以及生存着的主体被建构为一种可能的知识客体（a possible object of knowledge）？⑤

主体—真理关系的一种形式是"主体的真相"能够被述说的真理话语，

---

① 福柯：《福柯读本》，第 284 页。
② 同上书，第 267—268 页。
③ 福柯：《规训与惩罚》，第 216 页。
④ 同上书，第 350 页。
⑤ Michel Foucault, *The Courage of Truth*, 3.

另一种形式则是主体可能且能够说出关于自身真相的真理话语，后者可能是誓愿、忏悔，或对于意识的检查，我们很容易即可在性领域中发现其重要性。① 对福柯而言，现代人对隐藏的欲望的迷狂在古代并不那么重要，它是基督教的发明。正是在基督教文化中，性开始与对内在冲动的解码联结起来。基督教的基本贡献不在于它对被禁止的与被允许之行为的编码，而在于使人被设想成这样一种类型，即他将自身作为一种爱欲的存在（erotic being）。② 人被迫说出关于自己的真相，这最终成为《性史》的主题，亦可谓是主体解释学的自我技术层面。

作为主体—真理关系的一种形式，关于自身的真相却是被迫说出的，就此而言，正如福柯指出的那样，主体—真理之关系的问题亦可从对自我及他人的治理（the government of oneself and others）这一角度出发来切入。③ 这表明，权力关系实质上在此并未缺席，其中，基督教的作用再次得到了显示。根据福柯在《安全、领土与人口》（*Sécurité, territoire, population*）中的阐释，以分析性的身份、臣服、主体化为特征的个体化过程就是由基督教建立起来的。基督教的牧领权力（pastoral power）以两种方式预演了治理术：（1）不是简单运用拯救、律法和真理的原则，而是在它们之下建立了其他的关系；（2）通过对主体的特殊建构，这个主体的功德是以分析的方式确定的，他臣服于服从的连续网络，被人们强迫他以说出真实的方式主体化。④

自我技术与治理术密切相关，这进一步表明，自我技术中仍然渗透着权力技术的因素。现代西方世界中潜伏着的毁灭性权力可追溯至对于自我、知识与权力的独特配置，而这种配置即是将早期的基督教实践与传统上所理解的政治权力相结合的产物。⑤ 福柯断定，对治理概念的反思在理论与实践上都无法避免通过由自我与自我之间的关系（relationship of self to self）所界定的主体因素，或者说，对治理的分析必然涉及一种由自我与自我之

---

① Michel Foucault, *The Courage of Truth*, 3.
② John Rajchman, *Truth and Eros: Foucault, Lacan, and the Question of Ethics* (London and New York: Routledge, 1991), 89.
③ Michel Foucault, *The Courage of Truth*, 8.
④ 福柯：《安全、领土与人口》，钱翰、陈晓径译，上海：上海人民出版社，2010年，第159页。
⑤ Nancy J. Holland, "Truth as Force: Michel Foucault on Religion, State Power, and the Law," *Journal of Law and Religion* 18, no.1 (2002–2003): 86.

间的关系所界定的主体伦理学。这意味着,在福柯一直以来试图提出的分析类型中,权力关系、治理术、对自我及他者的治理、自我与自我的关系构成了一条链条与线路。正是围绕着这些概念,福柯才能将政治问题与伦理问题联系起来。①

如前所述,自我伦理学不仅包括基督教,也包括古希腊—罗马的伦理学,那么,同为言说关于自身的真相的伦理学,二者有何区别呢?我们已经提到,在希腊—罗马的直言程序中,老师是传达真理话语的人,但在基督教这里,表达真理的则是被指导者的灵魂,这是一种唯有这种灵魂才能说出以及才能持有的真理。在基督教的精神性中,被指导的主体必须作为他自身的真话之对象在真理话语中被呈现出来。福柯在对基督教的牧领权力进行诠释时,亦从无情(*apatheia*)概念出发比较了基督教与古希腊—罗马的伦理学的重大差异。他指出,希腊人所说的 *apatheia* 指的是没有欲望与激情,亦即,不再有任何被动性,在放弃激情的同时,人们成为自己的主人;在基督教那里,它却主要意味着放弃属于我个人的意愿。之所以抨击肉体的快感,不是因为快感造成了扰乱——这是斯多亚(Stoics)和伊壁鸠鲁(Epicureans)的主题——而是因为在这种快感中展开的是一种个人的主动性。②基督教的牧领制度吹响了治理术的前奏,*apatheia* 的演变即可谓是在思想上的表现之一。

值得额外指出的是,福柯在论述"自我技术"或"关心你自己"的自我伦理学在基督教中的表现时,多次将尼撒的格列高利(Gregory of Nyssa)作为一个重要的案例来进行分析,③而将阿奎那视为"认识你自己"(*gnothi seautou*)与"关心你自己"(*epimeleia heautou*)之间的一个楔子。他认为,从公元5世纪末至17世纪,基督教当中的主要冲突不是发生在精神性与科学之间,而是精神性与神学之间,而神学的一个典型代表就是阿奎那。④

---

① Michel Foucault, *The Hermeneutics of the Subject*, 252.
② 福柯:《安全、领土与人口》,第154页。*apatheia* 在基督教的牧领结构中所表现出来的对自我的否弃以及对上帝的恐惧,依然可归入"直言"主题中:福柯将直言的正面概念概括为对上帝的信任,并认为这种立场乃是基督教的神秘主义传统的根源;将直言的负面概念——或者说,反直言的一极——概括为对上帝的恐惧,并认为这种立场乃是基督教的苦行主义传统的根源。在历史与体制上,都是直言的负面一极更重要。参 Michel Foucault, *The Courage of Truth*, 333–337.
③ 福柯:《福柯读本》,第243页。
④ Michel Foucault, *The Hermeneutics of the Subject*, 26–27.

福柯的这种分析并非不会引起争议，至少就基督教思想史而言，阿奎那恰恰在福柯非常重视的性问题上对尼撒的格列高利有所批判。根据福柯的观点，尼撒的格列高利要求人们离弃婚姻，摆脱自己的肉体，这就是他的"关心自己"的开始。① 阿奎那的自然法理论则指明，人身上有一种根据与其他动物共有的天性而追求某些比较特殊目的的倾向，如性关系。② 因此，他也反驳了尼撒的格列高利所说的"伊甸园中人口是借着非性交的方式增多的"这一观点，而认为，凡是对于人而言是自然的事物都是既不会由于犯罪而获得，也不会由于犯罪而丧失的，所以，借性交而获得生育在初人堕落之前即已经合乎自然地存在了。③ 如果我们将舍勒对基督教的理解与福柯在对基督教的自我技术的分析做一对比，这种争议性会更明显地显现出来。舍勒认为，从基督教道德的根基只可能产生一种禁欲主义，它首先是去解放人的精神位格，其次是去操练生命的功能，使活生生的存在独立于暂时的外界刺激。而那些基于对身体的憎恨与蔑视的禁欲主义，以及那种试图使"灵魂"服从于专断"纪律"（discipline）的禁欲主义均非来自于基督教，而是基督教道德与衰败的古代的怨恨（ressentiment），尤其是与新柏拉图主义（New-Platonism）以及艾赛尼派（Essenianism）相结合的产物。由此出发，舍勒虽然承认，基督教历史上确实存在着对身体，尤其是对性冲动的蔑视，却依然坚持，基督教理论与实践的核心与这些现象无关，与灵肉二元论亦毫无关联。在他看来，只是在现代哲学中才出现了新的态度，即"思维的自我"（thinking ego）如同看一个外在的客体一样自上而下地看着活生生的身体。④ 如此来看，舍勒定然会认为，福柯对基督教的分析就正如尼采对基督教的分析一样，都找错了对象。

---

① Michel Foucault, *The Hermeneutics of the Subject*, 492.
② 阿奎那：《阿奎那政治著作选》，第112页。值得一提的是，阿奎那所设想的自然法的三条法则在康德的《单纯理性限度内的宗教》中几乎原封不动地得到了继承，只不过康德归之于"人的本性中向善的原初禀赋"，可参康德：《单纯理性限度内的宗教》，李秋零译，北京：中国人民大学出版社，2003年，第10页。
③ 阿奎那：《神学大全（第一集第6卷）》，段德智译，北京：商务印书馆，2013年，第438页。
④ Max Scheler, *Ressentiment*, trans. Lewis B. Coser & William W. Holdheim (Milwaukee Wisconsin: Marquette University Press, 1994), 108–109.

五、对宗教经济学的思考：以福柯的权力理论为视角

作为宗教社会学中的"新范式"，宗教经济学因其强大的解释效度已经成为国内外学界的一门显学，① 其中，最具影响力，也最争议的大概算是"理性行为者"的理论起点与"放任将导致宗教兴盛"的命题。下文将以福柯的权力理论为视角对这两个看法进行简单的分析，并试图将宗教经济学整合到福柯的权力理论中，这可谓一种理论与另一种理论相遇时所可能迸发的一点火花。

斯达克在《信仰的法则》中明确说道："我们的出发点是这样一个设定：人们作宗教选择跟作其他选择采取的是同样的方式，即权衡代价和利益。"② 因此，宗教行为和人的其他行为一样都是理性的。虽然斯达克在"理性选择"之前加上了诸如"在其信息和理解局限之内""在可行选择的制约下""在其喜好和趣味的引导下"等诸多限定，虽然他甚至直言不讳地反对自己被称作"理性选择论者"，③ 但他还是承认，他的理论建构只能以"一个真空中的理性行为者"作为起点。④

简单地说，我认为，宗教经济学的强大解释力恰恰在于它设想的人是"正常的人"，而不是"不正常的人"。更直接地说，面对诸如"你为什么会这么做？"这样的问题时，正常的人的每一个有意识的行为一定可以被赋予某种有意义的解释，不管是为了不可见的彼世、上帝，还是为了可见的此世，不管是为了信仰、道德本身，还是为了金钱、权力。如亚里士多德所说，一个人可能不知道他是谁、他在做什么、他施作用于什么或谁，有时候也会不知道用什么（例如，用什么工具）来做、为什么而做（例如，

---

① 关于宗教经济学的基本文献以及国内外对它的质疑与批评，汲喆的《如何超越经典世俗化理论？——评宗教社会学的三种后世俗化论述》中有大致的梳理，载《社会学研究》2008年第4期，第55—75页。这里只补充几条材料，卢云峰：《超越基督宗教社会学——兼论宗教市场理论在华人社会的适用性问题》，《社会学研究》2008年第5期，第81—97页；范丽珠：《现代宗教是理性选择的吗？质疑宗教的理性选择研究范式》，《社会》2008年第6期，第90—109页。对于作为一门学科的经济学的批判，可参 Robert H. Nelson, *Economics as Religion: From Samuelson to Chicago and Beyond* (University Park, PA.: Pennsylvania State University Press, 2002）。在此，我对宗教经济学的分析只以斯达克（Rodney Stark）和芬克（Roger Finke）的《信仰的法则》（杨凤岗译，北京：中国人民大学出版社，2003年）为立论基础。

② 斯达克、芬克：《信仰的法则》，第103页，亦可参第53、69页。

③ 同上书，第46-50页。

④ 同上书，第56页。

他会认为他的行为有益于某个人的安全），以及如何来做（例如，是温和地，还是激烈地），但是，一个人不可能对所有这些事情都不知道，除非他疯了。① 宗教经济学中的"理性行为者"之行为之所以是可以理解的，正是因为他没有疯，也就是说，他是"正常的人"。

如前所述，通过对疯狂、精神病、犯罪的研究，福柯试图揭示出，西方人如何借着把某些他者（如罪犯、疯子等）排除在外，来间接地建构我们自身的。这表明，所谓的"不正常的人"无外乎权力关系执行的社会区分。为了进一步说明这个问题，我们可将福柯反复提及的1810年刑法典第64条作为一个参照。根据这一条规定，只要人在行为的时候处于精神错乱的状态下，就既无罪行，亦无犯法，因为疯癫取消了罪行。福柯举到了一个例子：在1817年的阿尔萨斯爆发了非常严重的饥荒，一个穷苦的女人杀死了自己的女儿，把她肢解并煮熟吃掉，但最后却被判无罪，因为人们发现了这样一个事实，即她的柜子里还有储藏的食品。因此，她吃她的女儿这件事情就无法解释：利益体系在此无法发挥作用。②

在这个案例中，我们可看到：犯罪主体的理性是法律实施的条件。宗教经济学几乎可以解释人的一切行为，但在这个案例上，它也不得不保持沉默：它将无话可说，因为这个女人不是正常的人，亦即，她不是"理性行为者"。此处我们可能立刻会面对的一个质疑是：凭什么让宗教经济学去解释这个案例，既然这个人本来就不正常？但这种质疑反而立刻会暴露出一个似乎甚是平常的预设，即正常的人就是"经济人"。用福柯的话来说："犯罪的利益是他的可理解性，同时也是他的可惩罚性。犯罪的理性（因此被理解为可辨认的利益机制）被惩罚权力的新经济学据为己有。"③ 对福柯而言，旧体系没有对罪犯的本质提出问题，也不存在属于一种可能知识对象的犯罪机制；新体系则提出了犯罪行为的内在理性与可理解性问题：它与利益机制有关。④ 亦即，在关于惩罚的旧体系向新体系的转变过程中，一种新的东西浮现了出来，所谓的理性、可理解性、利益机制无非是一种权力关系（规范化权力或规训机制）的效应与指涉而已。

然后，再来看"放任将导致宗教兴盛"这一命题。斯达克通过数据证

---

① Aristotle, *Ethica Nicomachea*, 111a2–6.
② 福柯：《不正常的人》，第123、152页。
③ 同上书，第126页。
④ 同上书，第92—96页。

明,"如果宗教经济是无管制的和有竞争的,宗教参与总体程度会高。"① 以福柯的权力理论视之,则这种无管制的和有竞争的宗教经济无外乎是他笔下的自由主义的游戏。也就是说,即使是"自由",亦可且应当纳入权力技术的更替和转换中来理解。在福柯这里,自由并非别的什么东西,而是与安全配置的建立相关的东西,而安全配置能正常运行的必要条件是,人们被给予现代意义上的自由:不是赋予某个人以特权,而是人和东西的移动、迁移、流通的自由,任其自由,放任不管,让现实自我发展和前进,根据其自身的规律在它自己的道路上前进。② 宗教经济学中的放任、竞争即由此被转化为福柯所谓的安全配置的条件。

宗教经济学并不讳言"放任将导致宗教兴盛"这一命题与亚当·斯密(Adam Smith)之间的渊源——哪怕是他们提出命题在先,后来才发现它与斯密之间的亲和性——而福柯对于亚当·斯密的"看不见的手"的说法的解释亦足以证明宗教经济学的"自由"精神。他认为,"看不见的手"的根本功能就是取消君主在政治与经济上的合法性,甚至在整个现代世界中,由治理实践、社会主义、计划化、福利经济所提出的问题均为关于经济君主的问题,而在19世纪和20世纪的自由主义与新自由主义的所有反复与循环,亦不过是经济君主之不可能性的问题而已。③ 既然人口与经济都服从于自然,这意味着,试图给人口强加一些命令、指令、禁令就是毫无道理,也毫无利益的事情。因此,国家的角色就与一种新的治理术形式联系了起来,而这种治理术的根本原则即是尊重自然程序,由其运作。这种管理的目标不是阻止事物,而是让必然的和自然的调节自己运作。由此,自由成为了治理术本身的一个不可或缺的因素。④

简而言之,以福柯的权力理论切入,则宗教经济学中的"理性行为者"对应的是规范化权力的效应,"放任"或"竞争"对应的则是治理术的要素,这样一来,宗教经济学的这两个观点就被吸纳进福柯的权力理论。

---

① 斯达克、芬克:《信仰的法则》,第247页。
② 福柯:《安全、领土与人口》,第37—38页。
③ 福柯:《生命政治的诞生》,莫伟民、赵伟译,上海:上海人民出版社,2011年,第246—252页。
④ 同上书,第313页。

六、灵魂技术学

在这一节，我先是分析了福柯的"灵魂是身体的监狱"这一论断对于传统的灵肉二元论的颠覆，并指出，他所描述的种种权力机制起着基督教神法的宗教性功能。接着，我又分析了福柯对于基督教的忏悔实践的解释具有双重意义：它一方面将忏悔视为精神病医学的前身，从而深化了"灵魂是身体的监狱"的看法；另一方面又将忏悔视为关于自我之真相的一种形式，从而转向了"主体"这一主题。不同于《规训与惩罚》中的思路，现在，直言实践提供了主体—构成（subject-formation）的替代途径与说出真相（truth-telling）的替代模式，身体也不再是"知识的身体"（body of knowledge），而是"实践的身体"（body of practices）。① 最后，我分析了福柯的主体解释学，指出它不仅包括"关心自己"的自我技术，亦包括权力技术，而且在主体的形成过程中，基督教的牧领权力起了直接的推动作用。

事实上，虽然与其原意略有不符，但是，用福柯本人曾经使用过的"灵魂技术学"（technology of the soul）这一概念来概括其权力理论中关于基督教的论述并非全然不妥。福柯曾将教育专家、心理学家或精神病专家的技术学直截了当地称为"灵魂技术学"，认为这种技术学无法掩饰支配身体的权力技术学，因为前者是后者的工具。② 虽然他并未将这一称呼延伸性地运用至此处所论及的忏悔实践与自我技术，但以"灵魂技术学"来称呼后二者亦自有其合理性，因为不论是忏悔对意识及身体的连续、不间断的审查，还是主体为了达至真理而对自身之真相的探究，均与个人的"灵魂"有关。倘若将忏悔与自我技术均纳入灵魂技术学，这就必然意味着，灵魂技术学绝不仅限于基督教，而是还涵括了古希腊—罗马的自我伦理学，因为后者不仅也具备"直言"实践，而且也属于自我技术。在这种情况下，福柯权力理论中的基督教就只是我们所谓的"灵魂技术学"中的一个构成要件而已，而不是完全等同于后者。但是，这并不妨碍我们去使用"灵魂技术学"这一概念，因为它确实涵盖了福柯对于基督教的论述。

我之所以没有过多地依赖于"灵魂技术学"这一现成的概念，主要原

---

① Nancy Luxon, "Ethics and Subjectivity: Practices of Self-Governance in the Late Lectures of Michel Foucault," *Political Theory* 36, no. 3 (Jun., 2008): 378-379.

② 福柯：《规训与惩罚》，第32—33页。

因在于，对于福柯而言，苏格拉底式的"关心你自己"勾勒出了西方哲学中的两条线索，一条以《阿尔喀比亚德篇》（Alcibiades）为起点，它将人必须关心的"自我"等同于灵魂，认为通过灵魂与对灵魂的沉思，《阿尔喀比亚德篇》建立了另一个世界（即真实的世界）的原则，并标示着西方形而上学的起源；另一条线索以《拉凯斯篇》（Laches）为起点，它将"关心你自己"导向了如下问题："关心"到底是什么以及"关心自我"的生活到底是什么样的生活。① 前一条线索涉及的问题可谓是"灵魂"（psukhe）与"灵魂的形而上学"（metaphysics of the soul），后一条线索涉及的问题则可谓是"生命"（bios）与"生存的风格"（style of existence）。② 在这种情况下，"灵魂技术学"似乎又无法将"生存的风格"这一问题及其在基督教中的表现涵括其中。但必须注意的是，福柯也强调，灵魂的形而上学与生命美学（aesthetics of life）或生存美学（aesthetics of life）这两个主题之间的关系绝非不可兼容，亦非有着无法克服的矛盾，相反，二者确实总是彼此相关的。因此，我认为，以这一概念来统摄福柯对基督教的教义与实践的分析，也许仍然是一个值得进一步考察的思路。

---

① Michel Foucault, *The Courage of Truth*, 246.
② Ibid., 160–161.

第七章 宗教个体化的两种模式

一、制度宗教内部的个体化模式

从古典社会理论以来,"个体化"就是一个不断受到社会学家关注的问题,相应地,在宗教社会学领域,亦不断被论及。从韦伯、涂尔干、西美尔开始,"宗教个体化"问题就成为人们解读宗教与社会之关系的一个重要入口。根据埃利亚斯(Norbert Elias)的看法,与社会的监控机构相适应的是个人的精神整体中形成的自我监督机制,后者是一种没有激情的、自动的自我控制,它形成一种细致而稳定的"理性",以致一部分被抑制的本能冲动与情绪不再直接被意识到。随着社会组织的分化,人的心理的自控机制也愈加细密、全面与稳定。[1]就此而言,个体化的进程也就是社会化的进程。从宗教社会学的发展来看,宗教个体化主要呈现为两种进路与模式,第一种是诸如基督教这样的制度宗教内部的个体化模式,第二种则是非制度宗教的个体化模式,后者之"非"制度宗教不一定是"反"制度宗教。

制度宗教内部的个体化模式主要指的是宗教将人与世界分离开来,从而孕育与推动了个体化。根据卡萨诺瓦(José Casanova)的看法,在历史上,宗教与世界之间的关系出现了两次轴心转换(axial shift),第一次即为始于公元前6世纪的拒世(world renuanciation)潮流,宗教往私人个体的内在转向却吊诡地产生了积极地外在后果,即对此世的支配与控制。韦伯、杜蒙(Louis Dumont)、埃利亚斯、福柯均论证了内在纪律(inner discipline)的"文明化"效果。第二次轴心转换则是宗教的私人化,即世界迫使宗教退入制度化的私人领域。[2]如果将第一次轴心转换理解为宗教个

---

[1] 埃利亚斯:《文明的进程》,王佩莉、袁志英译,上海:上海译文出版社,2016年,第446—458页。

[2] José Casanova, *Public Religions in the Modern World* (Chicago and London: The University of Chicago Press, 1994), 49—51.

体化的第一种模式,则这种个体化至少具有如下意义:它超越了任何特殊的社群,将个体从血缘、宗族、阶级、族群等共同体中分离出来,使之转变为面对神的个体。托克维尔、西美尔、贝克等学者均十分注重这种个体化的意义,他们论及的最典型的例证即为基督教。在古典社会学中,涂尔干的《自杀论》即提到,与天主教相比,新教的个体化倾向要强烈得多,①但他对此所言不多。真正深入探讨新教的个体化效用的当属韦伯。

他在《新教伦理与资本主义精神》中展示了这一过程,即英国清教徒牧师班扬(John Bunyan)的《天路历程》(*The Pilgrim's Processing*)所描绘的那个内心孤独、奋力赶往天国的"朝圣者"最终被笛福(Daniel Defoe)的《鲁滨逊漂流记》中兼任传道工作的孤独的"经济人"所取代。②这种个人主义最终丧失了其宗教根基而转变为功利型个人主义,又在斯密的"自爱"命题以及在曼德维尔的《蜜蜂的寓言》中得到了集中体现。它在营利追求最为自由解放的美国,已经褪去了这种追求最初的宗教意涵,而倾向于和纯粹竞赛的营利激情相连接。③加尔文宗的预定论造就了世界的祛魅,孕育出了清教的毫无幻想、带有悲观色彩且具备功利主义性格的个人主义,并形成了与资本主义精神有着"有择亲和"的系统化伦理实践。韦伯发现,清教对社会秩序的理性化建构从根本上来自于理性化的自我秩序的建构,因为清教入世禁欲最重要的手段就是让信徒的生活样式有秩序(着重号为韦伯原著所有),它要求信徒有别于"自然"人的是在每一时刻、每一行为中的整个生活意识的根本转变,如此方能证明人从自然状态(*status naturae*)转向了恩典状态(*status gratiae*),富兰克林(Benjamin Franklin)式的借着表格—统计式的簿记来自我审查可谓是这种自我秩序最经典的例子。在韦伯看来,笛卡尔的"我思故我在"即由此被清教徒承接了过去。就此而言,清教伦理又可谓是对"我思故我在"中所蕴含的自我意识的一种宗教化表达,是宗教个体化的表现形式。相比之下,天主教中虽亦有信仰日记的形式,他们也以填列表格来将罪恶、怀疑与进步一一记录下来,但其目的是为了信徒忏悔的完整,或为"灵魂司牧者"(directeur

---

① 涂尔干:《自杀论》,冯韵文译,北京:商务印书馆,2010年,第151—162页。
② 韦伯:《新教伦理与资本主义精神》,康乐、简惠美译,桂林:广西师范大学出版社,2007年,第180页。
③ 同上书,第55、188页。亦可参韦伯:《经济与历史;支配的类型》,康乐等译,桂林:广西师范大学出版社,2004年,第193—194页。

de l'âme）教导基督徒（尤其是女性信徒）提供基础，而不是借信仰日记之助来自我审查。①

从韦伯宗教社会学的视野与问题意识来看，他并未完全否认天主教的个体化作用，而是强调，与清教相比，天主教的个体化是极不彻底的，也是非系统化的，个中缘由正与其忏悔制度有关。在他看来，在天主教伦理中，恩宠的赐予经常意味着需要救赎的个人可以获得内心的免责（Entlastung），这将导致两个彼此相关的结果，第一就是减轻了罪过的重荷，从而也就降低了一套基于伦理的、个人之体系化的生活方法论的必要性。尤其重要的是，罪过仍被视为个别的行为，其他的行为则可被视为补偿性的或赎罪性的。由此，评价乃视个别具体行为而定，而非视经常需要重新确认的整体人格性而定。另一个结果则是，信徒并不感觉有必要靠一己之力以求得救赎确证（certitudo salutis）。职是之故，就一合理的生活方法论的形成而言，天主教的告解制度的作用就是有限的。②简而言之，韦伯确信，天主教由于受到传统主义的忏悔制度的牵制而不可能如清教一般执行彻底的个体化。就历史来看，中世纪的天主教俗人信徒在伦理上过着"过一天算一天"的生活，他们虽然认真履行传统的义务，但超出这之外的"善行"则只是一种不一定会形成理性化生活体系的个别行为，用以弥补具体的罪过，或因应灵魂司牧的感化，或用来当作临终时的保险费。其道德生活并不是绝对依照一贯动机行事并作价值判断的统一体，而是常常在相互冲突的动机下充满矛盾。③

天主教授予的可谓由制度恩宠而来的救赎，清教则是由预定恩宠而来的救赎，它去除了神的善意，使之成为一个严酷、苛刻的王者，这最终导致了伦理的严格主义、法条主义与合理的生活方法论（Lebensmethodik），并彻底且根本地贬斥一切形式的制度恩宠。④在韦伯的宗教社会学中，善功（gute Werke）伦理的体系化又可采取两种形式，第一种是将各个道德行为与不道德行为一一分开评价，它不是根据一种统一的人格性（einheitliche Persönlichkeitsqualität）来对行为做出伦理评价，相反，生活

---

① 韦伯：《新教伦理与资本主义精神》，第99—113页。
② 韦伯：《宗教社会学》，康乐、简惠美译，桂林：广西师范大学出版社，2005年，第230—231页。
③ 韦伯：《新教伦理与资本主义精神》，第99页。
④ 韦伯：《宗教社会学》，第246—248页。

态度只是不具伦理一贯性的一个个行为的持续。救赎追求者依此被加分或减分,其宗教命运便系于其事实上的种种业绩间的相互关系。例如,祆教(zoroastrianism)认为,审判者会将死者的功与过在精密的"簿记"上相互权衡,然后根据加减计算的结果来做出宗教命运的决定。天主教的簿记亦属于此范畴。第二种则是将个别的行为、业绩认定为整体的、统一的人格的表征与呈现,各个行为真正具有"标识性的"性格,① 清教的簿记则属于此范畴。

当然,韦伯的这一论断绝非没有争议。勒高夫(Jacques Le Goff)即指出,从 11 世纪开始,中世纪的天主教世界就已经开始经历个人意识的深化了,最能说明这一变化的即为"良心"(conscience)概念,"良心审问"也在 13 世纪成了一种意味深长的现象。② 也就是说,这种个体化模式不唯显现于新教,亦显现于天主教。事实上,不少学者也同意,基督教传统中的忏悔实践即为一种个体化形式,它迫使人对自身进行反思,对日常生活进行事无巨细的自我叙述。对于忏悔实践之于个体化的历史作用,用力最勤、影响力最大的仍推福柯。忏悔的意义之一即在于:它是自我之真相的形式。前文已有涉及,此处不再赘述。

格尔茨曾指出,没有任何人始终生活于宗教符号的世界中,宗教视角与常识视角之间的交互变动是社会场景中较为明显,但也最为社会人类学家忽视的经验现象之一。而宗教之所以在社会学上有趣,不是因为像庸俗的实证主义所理解的那样描述了社会秩序,而是因为它塑造了社会秩序。③ 从这个角度来看,在韦伯与福柯这里得到阐释的宗教个体化模式不单是塑造了个体的日常生活,也广泛地渗入了社会秩序中。对于自我之真相的寻求成为宗教加诸个体的训诫,个体对自身之细致的、持续不断的自我监督与审查是由包裹在他身上的宗教权力的外在强制逐渐演变过来的,在此意义上,宗教个体化的过程就是人的"文明化"的过程。同时,新教与"资本主义精神"之间的关联,忏悔实践与"精神病医学"(关于人的科学的知识话语)之间的关联从不同角度揭示了宗教个体化与现代"世界"之间的深刻渊源。个体、宗教与世界难以分解地交织在一起,宗教打造出来的个

---

① 韦伯:《宗教社会学》,第 194—196 页。
② 勒高夫:《圣路易》(上),许明龙译,北京:商务印书馆,2010 年,第 595—604 页。
③ Clifford Geertz, *The Interpretation of Cultures* (New York: Basic Books, Inc., Publishers, 1973), 119.

体是世界需要的个体类型，同时也建造着世界。

二、非制度宗教的个体化模式

贝克曾在西方语境中将个体化区分为相互重叠、相互强化的两种境况，即基督教的个体化与福利国家的个体化。他认为，这二者可表现为两种不同但又有可比性的内化的制度化的个体化，即基督徒的忏悔与社会权利的获得（如赋予个人基本民权与政治权）。这两种个体化形式都迫使我们对自身进行反思，为社会危机承担责任，这也表明了宗教如何有力地塑造了欧洲的制度与心态。① 与这两种个体化相应的是，西方宗教历史上发生了两次个体化：第一次指的是宗教内部的个体化（如新教）；第二次则指的是宗教的个体化（即自己的神）。② 第一次个体化即我们在上文讨论过的宗教个体化的第一种模式，即制度宗教内部的个体化，其开端与目的仍难以脱离个体身处其中的宗教共同体，个体秉持的教义、履行的实践及身份认同也均由该共同体中预先就被相信为真的"真理"来给予与塑造的。第二次个体化则是非制度宗教的个体化模式，又可称之为一种"个体化的宗教"（individualized religion），它未必是"反"制度宗教的，但确实经常不直接归属于某个特定的制度宗教。

在宗教社会学领域中，涂尔干与西美尔可列为最早对第二种宗教个体化模式做出说明的学者。对后期涂尔干而言，宗教作为社会中最深层的道德情感与理想的象征，构成了现代社会中的一种统一性力量。与其说现代化消解了宗教，不如说它促成了宗教的转化，这就是涂尔干所说的"个体膜拜"（cult of individual）或"人性宗教"（religion of humanity）。③ 在1898年发表的《个人主义与知识分子》（"L'individualisme et les intellectuals"）一文中，涂尔干区分了两种个人主义，一种是斯宾塞和经济学家狭隘的功利主义的个人主义，另一种则是康德和卢梭的个人主义，唯灵论（spiritualistes）的个人主义。在涂尔干那里，第二种个人主义中的道德行为的唯一形式必须是能够适合所有人的形式，亦即，这种形式内在于普遍的

---

① 乌尔里希·贝克:《自己的上帝》，李荣荣译，上海：上海译文出版社，2016年，第106页。

② 同上书，第72—74、97—98页。

③ Lise Ann Tole, "Durkheim on Religion and Moral Community in Modernity," in *Emile Durkheim: Critical Assessments*, vol. 6, ed. Peter Hamilton (London: Routledge, 1995), 260ff.

人这一观念，这种道德是一种人既作为信徒又作为上帝的宗教。① 在这篇论文中，涂尔干这样写道："如果宗教确实是不可或缺的，那么同样明确的是，宗教也在变化，昨天的宗教不可能成为明天的宗教。因此，我们需要了解今天的宗教应该是什么样的。如今，一切证据都指向这样的结论：唯一可能的候选者恰恰就是这种人性宗教，其理性的表现形式即是个人主义道德。"② 亦即，涂尔干提出了不同于传统的制度宗教的、以个人主义道德为指向的个体膜拜，也由此克服了整合问题的一个重要的"认识论障碍"（详见本书第一章）。

同样地，西美尔也在一系列论文中明确地将宗教区分为两种形式。他认为，在人类历史中，宗教本质以两种形式出现：一种即为客观宗教或教会现实，这是一种自足的、根据自身法则而建立的世界，其意义与价值完全与个体相对立，后者只能接受或仰望这个世界；第二种宗教则完全位于人的内在生命，每一种超验或膜拜可能作为形而上实在而存在，也可能不作为形而上实在而存在，但是，其宗教意义全然位于个体灵魂的品质与活动中。第一种宗教形式意味着神与灵魂之间的相互对立或接受；第二种的宗教形式则意味着灵魂生命本身，后者作为宗教存在，有着超越主体的形而上意义与庄严。对西美尔而言，宗教世界的客观性在历史上的最大实现就是天主教，但是，诸如教义、仪式、教会这些使得宗教成为历史或者可见宗教的事物，顶多只具有次要的意义，而个体化宗教却并不外在于个体，因而无法形成历史总体现象，且这种宗教性并不能由新教来表达。③ 客观宗教是内在宗教性分化之后的产物，它有着外在建制与教义内容，独立于个体，是一种"有"（Haben），而作为生命本身的宗教即是与生命整体相关的内在宗教性，是灵魂的一种状态或过程，它既无客观建制，亦无任何教义所规定的信仰对象，是一种"存在"（Sein）。在西美尔的宗教理论中，"有"对应的是大众（die Masse）与客观宗教，"存在"对应的则是"宗教人"（die religiösen Menschen）与作为生命本身的宗教。

西美尔提出的不同于传统客观宗教的新的拯救观也是在这种思路中显

---

① 涂尔干：《乱伦禁忌及其起源》，汲喆等译，上海：上海人民出版社，2003年，第201—203页。

② 同上书，第209页。

③ Simmel, "Rembrandts religiöse Kunst," in *Georg Simmel Gesamtausgabe, Bd. 13*, Hrsg. von Otthein Rammstedt (Frankfurt am Main: Suhrkamp, 2000), 70–71.

现出来的。与基督教不同，他所谓的灵魂拯救不是指某种克服死亡的状态，而是终极向往的满足，内在完善的获取，是一种反求诸己的自反性拯救。对他而言，灵魂拯救这一理想可能具有诸多的意义，但其中具有特殊重要性的是，灵魂拯救在某种意义上只是内在的"已是"（ist）的发展或实现。我们的应然（was wir sein sollen）作为理想的现实性已经渗透在不完善的现实中。灵魂无须自外添加任何东西，相反，它需要去除外壳，剥离迷絮，揭示此前因罪和迷惘而面目全非的自身本质的真正内核。因此，灵魂拯救原初地即是对我们最深层人格性（Persönlichkeit）的发掘，灵魂自由于一切非自我之物，根据自我法则（Gesetz des Ich）而充分绽放。① 无怪乎有人说西美尔笔下的后基督教的虔诚表现出了一种解构主义冲动（deconstructionist impulse）。②

不过，值得强调的是，早在涂尔干与西美尔之前，就已经有人在客观宗教（objective religion）与主观宗教性（subjective religiosity）之间做出了区分。③ 与二人大致同时代的特洛尔奇（Ernst Troeltsch）对于教会、教派与神秘主义的区分④，詹姆斯（William James）对"制度宗教"与"个人宗教"的区分⑤，二人以后的卢克曼所说的以自我实现、自我表现为主题的现代宗教⑥，贝拉论及的"希拉主义"（Sheilaism）⑦，均可置于个体宗教的谱系之中。

在这一谱系中，诸如西美尔、卢克曼这样的学者都反对用一个特殊的宗教历史形式（即制度宗教）来代替宗教整体的模型，因而得出宗教在衰落、世界变得缺少"宗教性"这样的结论。相反，他们认为，现代文化为个体自由创造的空间，个体自主性的不断增强，尤其是宗教性向内在生命

---

① Simmel, "Die Religion," in *Georg Simmel Gesamtausgabe, Bd. 10*, Hrsg. von Otthein Rammstedt (Frankfurt am Main: Suhrkamp, 1995), 98-99.

② Deena Weinstein, Michael A. Weinstein, *Postmodern(ized) Simmel* (London: Routledge, 1993), 143-144.

③ Volkhard Krech, "From Historicism to Functionalism: The Rise of Scientific Approaches to Religions around 1900 and Their Socio-Cultural Context," *Numen* 47, no. 3 (2000): 255-257.

④ 特洛尔奇：《基督教理论与现代》，朱雁冰等译，香港：汉语基督教文化研究所，1998年，第43—68页。

⑤ 威廉·詹姆斯：《宗教经验种种》，尚新建译，北京：华夏出版社，2005年，第17页。

⑥ 卢克曼：《无形的宗教》，覃方明译，北京：中国人民大学出版社，2003年，第108—116页。

⑦ José Casanova, *Public Religions in the Modern World,* 52-53.

的回收，皆有可能产生一种不同于制度宗教的个体化宗教。进入 20 世纪末叶以来，宗教社会学家以及其他学科的学者已经使用"灵性"来描述与解释当代社会尤其是在欧美发生的某种转变。他们提出，"宗教"在概念上是以一种客观主义的方式把捉制度、传统、公共世界与外在的权威，"灵性"则强调一种主观主义路向（subjectivist approach）。例如，伍斯诺（Robert Wuthnow）认为，美国"灵性"近来已经经历一种转变，即从结构化堂会所包含的"神圣空间的灵性"（spirituality of sacred spaces）转变为个体自身与神圣者之间交涉的"私人关系"中的"寻求灵性"（spirituality of seeking）。不过，他仍然坚持，灵性是在制度语境以及更广泛的公共语境中发生的。维特尔（Bradford Verter）则代表了对立的立场，即制度在很大程度上与灵性无关。"灵性社会学"对于个体经验的关注部分地构成了对功能—结构主义的反动，卢克曼所说的无形的宗教（invisible religion）、沃特·恒格拉夫（Wouter J. Hanegraaff）所说的"新时代灵性"（New Age spiritualities）均可视为这种思路的表现。[①]

在查尔斯·泰勒看来，这种个体化宗教乃是表现主义革命的继承人，其根源则是浪漫主义时期对纪律的工具化自我的反应，它们追求一种自我的灵性深度，拒斥制度化宗教做出的权威宣称。制度宗教优先选择权威，并对灵性的探问模式抱有怀疑与敌意，灵性模式则可能承认，也可能不承认这些权威形式。[②] 这当中尤其能够表现出宗教个体化的第一种模式与第二种模式（或者说灵性模式）之区别的一个特点是，后者并不存在前者那里对某个特定制度宗教的排他性、整体性或积极投入的委身，而是"只取所需，为己所用"，宗教与宗教之间旧有的界线或壁垒被打破了，不同的宗教可同时成为个体寻求灵性的资源。伍斯诺所说的"拼凑宗教"（patchwork religion）即为其表现；韦德·克拉克·鲁夫（Wade Clark Roof）与艾默尔曼（Nancy Ammerman）也留意到，灵性模式的履行者从不同的传统中抽取出零碎之物，将之组合成一种个体化的宗教，后者不易归于任何

---

① Matthew Wood, "The Sociology of Spirituality: Reflections on a Problematic Endeavor," in *The New Blackwell Companion to The Sociology of Religion*, ed. Bryan S. Turner (Malden, MA: Wiley-Blackwell, 2010), 267—280.
② 查尔斯·泰勒:《世俗时代》，张容南等译，上海：三联书店，2016年，第574—580页。

组织化的宗派之中。① 韦伯说得很清楚，真正的先知预言会创造出一种生活态度，并且有系统地将此种生活态度由内而外地以一种价值基准为取向，面对此一基准，现世就被视为在伦理上应根据规范来加以塑造的原料，行为被理性化为有系统的统一体，而不是由种种有用的、个别的特质所构成的一个组合体。② 但是，个体化的灵性信仰表现出来的却恰恰是一种组合体，③ 这不再是某个宗教对个体的"个体化"塑造，而变成了个体从自我经验出发对宗教的拣选、混合与吸纳，是个体对宗教的"个体化"塑造。

如前所述，按照传统的理解，宗教从来就不单是形而上学，也不单是伦理学，其道德活力的源头乃是它所表达的实在之基本性质的可信性。强制性的"应当"源自一种整全的真实的"是"。这种理解在宗教个体化的第一种模式中仍然是成立的，宗教权力对个体的紧密控制需要个体的自愿接受与配合，而个体的接受与配合则是因为将宗教提供的"真理"认知为"真"。但是，在宗教个体化的第二种模式中，宗教在个体这里至少已经无法再垄断对实在的解释了，个体化也不再"来自"某种外在的宗教强制，而是"指向"了外在的宗教；不再是宗教使人"个体化"，而是个体使宗教"个体化"；不再是个体的对象化，而是宗教的对象化。在这里，"一切固定的东西都烟消云散了"④。

三、两种个体化模式之间的关联

宗教个体化的第二种模式是否剥离了个体的制度基础，学界仍有争议。个体化宗教模式在学界遭遇到的一种批判是，通过在概念上对宗教与灵性进行区分，"灵性社会学"恢复了大量的概念上的二分法，首先就是结构—行动者（structure-agency）的二分，它将人们从其社会语境中分离出来，

---

① Peter Berger, "Reflections on the Sociology of Religion Today," *Sociology of Religion* 62, no. 4 (2001): 448.
② 韦伯：《中国的宗教；宗教与世界》，康乐、简惠美译，桂林：广西师范大学出版社，2004年，第318—319页。
③ 如贝克所说，新自由主义的市场形态亦成为个体化过程中的制度资源之一，市场模式不仅保障了选择宗教的自由与供应宗教的自由，导致了国家边界的流动，也打破了原先的非模糊性逻辑，即社会、宗教或政治的"非此即彼"的逻辑正在被模糊性逻辑，也就是被社会、宗教和政治的"亦此亦彼"的逻辑所取代。乌尔里希·贝克：《自己的上帝》，第61—62、134—137页。
④ 马克思、恩格斯：《共产党宣言》，中共中央马克思恩格斯列宁斯大林著作编译局译，北京：人民出版社，2009年，第31页。

以至于无法给予社会实践、社会互动与人们生活、经历于其中的社会语境以足够的重视。亦即，灵性社会学将人们仅仅表象为个体，而不是社会行动者（social actors），因此，它代表了一种解释上的退化（interpretative regression）。① 这一批判是相当有力度的，在一些学者那里也很有共鸣，如贝拉就曾对卢克曼的以自我为中心的"无形的宗教"这一消费自选的模式表达过不满。② 从卢曼的立场来看，个体宗教这种方案也是甚有问题的。针对在围绕教会内部和教会外部的宗教虔信而展开的现代讨论，卢曼认为，这两个系统之间的分离主要被表述为组织与主体之间的对立，这一区分仅仅将反省能力归诸主体。他主张运用系统与环境之间的区分消解将主体视为终极根据的简单化概念，而提出一种彻底的系统反省形式。通过系统反省，人们可在教会—世界的关系这一问题上超越适应或拒绝适应这样非此即彼的选择。从适应的方面来看，偶然性表现为"对……的依赖"；从反省的方面来看，偶然性表现为一种非必然性。在系统论的框架内，这一区分取代了偶然与自由的区分，而德国唯心主义正是根据后者来表述偶然性问题的。③ 卢曼之见虽非直接针对个体化宗教而发，但他反对将反省能力仅仅归诸主体，这一点无疑也与伍德对灵性模式的批判相契合。

实际上，早在涂尔干那里，即可见到对宗教个体化的第二种模式的深刻思考。涂尔干反对以往思想家将个体视为终极自然（finis naturae）的思路，认为社会绝非理性创造出来的唯名存在，社会学则注定要开辟一条通往人的科学的新途径。④ 他虽提出个体膜拜的观念，却也强调，他所说的个体膜拜是一种关于普遍的人的体系，它作为一种整合力量，将普遍的人与普遍共同体联结了起来。在此，他实际上提出了一种普遍的公民宗教：这不仅仅是对自我论的超越，也是对民族国家的超越。⑤ 涂尔干清楚地指明，

---

① Matthew Wood, "The Sociology of Spirituality: Reflections on a Problematic Endeavor," in *The New Blackwell Companion to The Sociology of Religion*, ed. Bryan S. Turner (Malden, MA: Wiley-Blackwell, 2010), 282–283.

② 贝拉：《宗教与美利坚共和国的正当性》，孙尚扬译，载《社会理论的知识学建构》，刘小枫、苏国勋编，上海：三联书店，2005 年，第 168—169 页。

③ 卢曼：《宗教教义与社会演化》，刘锋、李秋零译，香港：汉语基督教文化研究所，1998 年，第 177—179 页。

④ 涂尔干：《宗教生活的基本形式》，渠东、汲喆译，北京：商务印书馆，2011 年，第 613 页。

⑤ Ruth A. Wallace, "Emil Durkheim and the Civil Religion Concept," *Review of Religions Research* 18, no.3 (1977): 288–289.

个人道德要求我们力求实现的，仍然是社会所构想的理想人，这种理想类型乃是整个社会体系的基石，它能够为社会赋予统一性，因此，集体情感所附着的道德事实才能够产生特殊的神圣性。通过这种膜拜，人们通常所说的个人与社会的对立就不复存在了，因为道德个人主义，乃至对个人的膜拜，均是社会本身的产物。正是社会将人神圣化，它构建了这种膜拜，把人塑造成为这种膜拜所服侍的上帝。[1]

个体化的根源在于社会而非个人，涂尔干的这一观点已经至关重要地预示了后来在鲍曼、吉登斯、贝克等人那里提出的这一看法，即：把个体化当作有意选择或个人倾向所产生的过程是一种误解，相反，个体化是现代制度长久以来强加在人身上的结果。[2]贝克反复强调，个体化已经成为自反性现代性的必然，这不再是自愿地个体化，而是不得不个体化，它是制度化的产物。[3]在现代性的制度丛林中，人的生活被牢牢地限定在一系列引导与规范的网络之中，各种各样的力量事实上强迫人们进行自我组织化与自我主题化。但是，我们切不可将这种个体化混同于市场模式的"自足的个体"的假设，后者将人理解为莱布尼兹式的单子，剥离了人与人之间的相互义务，制造出了虚假的自足图景，[4]由此来看，丧失了传统安全感的个体[5]在现代制度中已经完成了个体化，宗教个体化的第二种模式则是这种个体建构自己的宗教的过程，而这种现代化的个体之所以可能，又与宗教个体化的第一种模式有关。

质而言之，在宗教个体化的第一种模式中，人成为制度化的个体，也只有以这种模式的个体化为历史前提，第二种模式的个体化才可能。不论是在韦伯这里，还是在福柯这里，个体化背后的制度支持都是不可或缺的，可以说，个体化的直接动力正是制度宗教本身。因此，恰恰是宗教"迫使"人个体化的。当韦伯将从天主教到清教在"对人的控制"方面的变化总结为从流于形式的控制转向更紧密的实质性控制时，[6]他实质上正是在表述个体化过程与宗教权力之间的关系。当福柯断定对治理概念的反思在理

---

[1] 涂尔干：《社会学与哲学》，梁栋译，上海：上海人民出版社，2002年，第61—63页。
[2] 乌尔里希·贝克：《自己的上帝》，第85页。
[3] 同上书，第88页。
[4] 同上书，第28—30页。
[5] 乌尔里希·贝克：《风险社会》，何博闻译，南京：译林出版社，2004年，第156页。
[6] 韦伯：《新教伦理与资本主义精神》，第11页。

论与实践上都无法避免通过由自我与自我之间的关系（relationship of self to self）所界定的主体因素时，他实质上也是将权力关系、对自我及他者的治理、自我与自我的关系构成了一条链条。① 因此，欲使宗教"个体化"，人首先必须完成"个体化"进程，而在这一进程中，宗教个体化的第一种模式构成了至关重要（虽然不是唯一）的一环。在宗教个体化的第二种模式中，某种宗教身份认同、对某些神学命题的信仰以及某一标准的宗教实践，这三者之间的紧密规范性关联，对很多人来说已经不再有效，但是，灵性模式的个人主义成分并不意味着对集体关联的强硬拒斥。宗教参照系没有消失，而是退到了一定距离的位置，它在记忆中仍是强有力的，也作为灵性力量或安慰的一种储备。②

这进一步证明了，个体化宗教的模式不是非社会的（asocial），也不是非政治的（apolitical）。人们已经认识到，只有极其复杂的制度结构才能制造与维系一个人在一个一切——甚至一个人最深层的理想——都可选择的世界中生活。在此，脱轨的可能诚然很大，但发展的可能亦是如此。③ "极其复杂的制度结构"当然也包括了制度宗教。在宗教的"去私人化"已成为一个重要议题的今天，④ 宗教个体化的两种模式及其二者之间的关联尤其值得学者们做出进一步的探讨。

四、结语

格尔茨认为，宗教就是一种符号体系，它借着阐述一种普遍的生存秩序（a general order of existence）的概念而试图在人当中建立有力、通行与恒久的心态与动机，并为这些概念赋予真实性的光环，使那些心态与动机显得具有独特的实在性。⑤ 他明显是以一种传统的方式来界定"宗教"的，而尚未将"个体化宗教"纳入视野。因此，当我们谈及宗教个体化的两种模式时，首先就已经突破了传统的宗教定义。

从"个体"的角度而言，宗教个体化的两种模式均涉及自我的真相，

---

① Michel Foucault, *The Hermeneutics of the Subject*, 252.
② 查尔斯·泰勒：《世俗时代》，第 582—591 页。
③ Robert Bellah, "The Sociology of Religion," in *American Sociology: Perspectives, Problems, Methods*, ed. Talcott Parsons (New York, London: Basic Books, Inc., Publishers, 1968), 227.
④ José Casanova, *Public Religions in the Modern World*, 5.
⑤ Clifford Geertz, *The Interpretation of Cultures*, 90.

只不过第一种模式是通过对病态的欲望、激情的治疗来分析与发现自我的真相，个体化也就是在制度宗教已经预先确立的"真理"框架内，通过对自身"本性"的监控来接近神的。第二种模式则是通过"去制度宗教化"来分析与发现自我的真相，个体在使得宗教个体化的同时来追求自我灵性的深度。

参考文献

中文文献

《特兰特圣公会议教规教令集》,沃特沃斯英译,陈文海中译,北京:商务印书馆,2012年。

阿奎那:《阿奎那政治著作选》,马清槐译,北京:商务印书馆,2010年。

阿奎那:《神学大全》,第1集,第6卷,段德智译,北京:商务印书馆,2013年。

阿伦特:《人的境况》,王寅丽译,上海:上海人民出版社,2009年。

爱比克泰德:《爱比克泰德论说集》,王文华译,北京:商务印书馆,2009年。

埃利亚斯:《文明的进程》,王佩莉、袁志英译,上海:上海译文出版社,2016年。

奥尔森:《权力与繁荣》,苏长和、稽飞译,上海:上海人民出版社,2014年。

奥斯勒:《重构世界:从中世纪到近代早期欧洲的自然、上帝和人类认识》,张卜天译,长沙:湖南科学技术出版社,2012年。

北川东子:《齐美尔:生存形式》,赵玉婷译,石家庄:河北教育出版社,2002年。

贝格尔:《神圣的帷幕》,高师宁译,上海:上海人民出版社,1991年。

贝格尔:《天使的传言》,高师宁译,北京:中国人民大学出版社,2003年。

贝克:《风险社会》,何博闻译,南京:译林出版社,2004年。

贝拉等:《心灵的习性》,周穗明等译,北京:中国社会科学出版社,2011年。

毕尔格:《主体的退隐》,陈良梅等译,南京:南京大学出版社,2004年。

毕尔麦尔等:《古代教会史》,雷立柏译,北京:宗教文化出版社,2015年。

毕尔麦尔等:《中世纪教会史》,雷立柏译,北京:宗教文化出版社,2010年。

别尔嘉耶夫:《俄罗斯思想》,雷永生等译,北京:三联书店,2004年。

伯尔曼:《法律与秩序:法律与宗教的复合》,姚剑波译,北京:中央编译出版社,2010年。

伯林:《现实感》,潘荣荣、林茂译,南京:译林出版社,2004年。

布尔迪厄、华康德:《实践与反思》,李猛、李康译,邓正来校,北京:中央编译出版社,1998年。

布劳:《社会生活中的交换与权力》,李国武译,北京:商务印书馆,2008年。

德莱舍尔:《教会法原理》,李秀清、赵博阳译,北京:法律出版社,2014年。

厄尔曼:《中世纪政治思想史》,夏洞奇译,南京:译林出版社,2011年。

福柯:《安全、领土与人口》,钱翰、陈晓径译,上海:上海人民出版社,2010年。

福柯:《必须保卫社会》,钱翰译,上海:上海人民出版社,1999年。

福柯:《不正常的人》,钱翰译,上海:上海人民出版社,2004年。

福柯:《福柯读本》,汪民安主编,北京:北京大学出版社,2010年。

福柯:《福柯集》,杜小真编选,上海:上海远东出版社,2003年。

福柯:《古典时代疯狂史》,林志明译,北京:三联书店,2005年。

福柯:《规训与惩罚》,刘北成、杨远婴译,北京:三联书店,2012年。

弗兰克:《俄国知识分子与精神偶像》,徐凤林译,上海:学林出版社,1999年。

弗里斯比:《现代性的碎片:齐美尔、克拉考尔和本雅明作品中的现代性理论》,卢晖临、周怡、李林艳译,北京:商务印书馆,2003年。

弗林斯:《舍勒的心灵》,张志平、张任之译,上海:三联书店,2006年。

伽达默尔:《伽达默尔集》,邓安庆等译,上海:上海远东出版社,2002年。

伽达默尔:《真理与方法》,洪汉鼎译,北京:商务印书馆,2013年。

伽达默尔、德里达等:《德法之争:伽达默尔与德里达的对话》,孙周兴、孙善春编译,北京:商务印书馆,2014年。

哈贝马斯:《合法化危机》,刘北成、曹卫东译,上海:上海人民出版社,2000年。

哈贝马斯:《后形而上学思想》,曹卫东、付德根译,南京:译林出版社,2012年。

哈贝马斯:《交往行为理论:行为合理性与社会合理化》,曹卫东译,上海:上海人民出版社,2004年。

海德格尔:《林中路》,孙周兴译,上海:上海译文出版社,2004年。

海德格尔:《同一与差异》,孙周兴、陈小文、余明锋译,北京:商务印书馆,2014年。

海德格尔:《形而上学导论》,熊伟、王庆节译,北京:商务印书馆,2010年。

黑格尔:《哲学史讲演录》,第4卷,贺麟、王太庆译,北京:商务印书馆,2013年。

亨廷顿:《文明的冲突与世界秩序的重建》,周琪等译,北京:新华出版社,2009年。

吉登斯:《社会的构成》,李康、李猛译,北京:三联书店,1998年。

吉莱斯皮:《现代性的神学起源》,张卜天译,长沙:湖南科学技术出版社,2011年。

汲喆:《礼物交换作为宗教生活的基本形式》,《社会学研究》2009年第3期。

卡西尔:《卢梭·康德·歌德》,刘东译,北京:三联书店,1992年。

卡西尔:《康德历史哲学的基础》,吴国源译,《世界哲学》2006年第3期。

科塞:《社会思想名家》,石人译,上海人民出版社,2007年。

康德:《历史理性批判文集》,何兆武译,北京:商务印书馆,1996年。

昆、延斯:《诗与宗教》,李永平译,北京:三联书店,2005年。

拉辛格:《基督教导论》,静也译,上海:三联书店,2002年。

勒高夫:《圣路易》(上),许明龙译,北京:商务印书馆,2010 年。
李猛:《论抽象社会》,《社会学研究》1999 年第 1 期。
刘小枫:《现代性社会理论绪论》,上海:三联书店,1998 年。
卢克曼:《无形的宗教》,覃方明译,北京:中国人民大学出版社,2003 年。
卢曼:《信任:一个社会复杂性的简化机制》,翟铁鹏、李强译,上海:上海人民出版社,2005 年。
卢曼:《宗教教义与社会演化》,刘锋、李秋零译,香港:汉语基督教文化研究所,1998 年,
卢梭:《卢梭自传》,刘阳译,南京:江苏文艺出版社,1998 年。
卢梭:《论人类不平等的起源和基础》,高煜译,桂林:广西师范大学出版社,2002 年。
卢梭:《社会契约论》,何兆武译,北京:商务印书馆,1980 年。
罗门:《自然法的观念史和哲学》,姚中秋译,上海:三联书店,2007 年。
罗素:《西方哲学史》,马元德译,北京:商务印书馆,1997 年。
罗赞诺夫:《论宗教大法官的传说》,张百春译,北京:华夏出版社,2007 年。
洛斯基:《东正教神学导论》,杨德友译,石家庄:河北人民教育出版社,2002 年。
洛维特:《从黑格尔到尼采:19 世纪思维中的革命性决裂》,李秋零译,北京:三联书店,2006 年。
洛维特:《世界历史与救赎历史》,李秋零译,上海:上海人民出版社,2005 年。
迈尔:《古今之争中的核心问题》,林国基等译,北京:华夏出版社,2004 年。
曼海姆:《意识形态与乌托邦》,黎鸣、李书崇译,上海:三联书店,2011 年。
梅列日科夫斯基:《托尔斯泰与陀思妥耶夫斯基》,杨德友译,沈阳:辽宁教育出版社,2000 年。
莫尔特曼:《俗世中的上帝》,曾念粤译,北京:中国人民大学出版社,2003 年。
莫米利亚诺:《论古代与近代的历史学》,晏绍祥译,北京:北京大学

出版社，2015年。

莫斯:《礼物：古式社会中交换的形式与理由》，汲喆译，上海：上海人民出版社，2005年。

莫伊西:《情感地缘政治学》，姚芸竹译，北京：新华出版社，2010年。

内莫:《教会法与神圣帝国的兴衰》，张立译，上海：华东师范大学出版社，2011年。

尼采:《偶像的黄昏》，卫茂平译，上海：华东师范大学出版社，2007年。

尼采:《权力意志》，孙周兴译，北京：商务印书馆，2011年。

帕利坎:《大公教的形成》，翁绍军译，上海：华东师范大学出版社，2009年。

帕佩尔诺:《陀思妥耶夫斯基论作为文化机制的俄国自杀问题》，杜文娟等译，长春：吉林人民出版社，2003年。

帕森斯:《社会行动的结构》，张明德、夏遇南、彭刚译，南京：译林出版社，2008年。

帕斯卡:《思想录：论宗教和其他主题的思想》，何兆武译，北京：商务印书馆，2013年。

彭小瑜:《教会法研究》，北京：商务印书馆，2011年。

渠敬东:《缺席与断裂：有关失范的社会学研究》，上海：上海人民出版社，1999年。

渠敬东:《现代社会中的人性及教育：以涂尔干社会理论为视角》，上海：三联书店，2006年。

舍勒:《舍勒选集》，刘小枫选编，上海：三联书店，1999年。

舍斯托夫:《旷野呼告　无根据颂》，李勤等译，上海：上海人民出版社，2004年。

施米特:《霍布斯国家学说中的利维坦》，应星、朱雁冰译，上海：华东师范大学出版社，2008年。

施米特:《政治的神学》，刘宗坤、吴增定等译，上海：上海人民出版社，2015年。

施特劳斯:《自然权利与历史》，彭刚译，北京：三联书店，2003年。

斯达克、芬克:《信仰的法则》，杨凤岗译，北京：中国人民大学出版社，2003年。

苏国勋:《社会理论与当代现实》,北京:北京大学出版社,2005年。

苏国勋、刘小枫编:《社会理论的诸理论》,上海:三联书店,2005年。

苏国勋、刘小枫编:《社会理论的知识学建构》,上海:三联书店,2005年。

泰勒:《世俗时代》,张容南等译,上海:三联书店,2016年。

泰勒:《现代性的隐忧》,程炼译,北京:中央编译出版社,2001年。

特洛尔奇:《基督教社会思想史》,香港:基督教文艺出版社,1991年。

特洛尔奇:《基督教理论与现代》,朱雁冰等译,香港:汉语基督教文化研究所,1998年。

特纳:《Blackwell社会理论指南》,李康译,上海:上海人民出版社,2003年。

涂尔干:《乱伦禁忌及其起源》,汲喆等译,上海:上海人民出版社,2003年。

涂尔干:《社会分工论》,渠东译,北京:三联书店,2000年。

涂尔干:《社会学与哲学》,渠东译,上海:上海人民出版社,2002年。

涂尔干:《自杀论》,冯韵文译,北京:商务印书馆,2010年。

涂尔干:《宗教生活的基本形式》,渠东、汲喆译,上海:上海人民出版社,1999年。

涂尔干、莫斯:《原始分类》,汲喆译,上海:上海人民出版社,2005年。

托克维尔:《旧制度与大革命》,桂裕芳、张芝联译,北京:商务印书馆,2012年。

陀思妥耶夫斯基:《卡拉马佐夫兄弟》,荣如德译,上海:上海译文出版社,1998年。

陀思妥耶夫斯基:《群魔》,南江译,北京:人民文学出版社,1983年。

韦伯:《法律社会学》,康乐、简惠美译,桂林:广西师范大学出版社,2005年。

韦伯:《经济与历史;支配的类型》,康乐、简惠美译,桂林:广西师范大学出版社,2004年。

韦伯:《新教伦理与资本主义精神》,康乐、简惠美译,桂林:广西师范大学出版社,2007年。

韦伯:《学术与政治》,康乐、简惠美译,桂林:广西师范大学出版社,2004年。

韦伯:《中国的宗教・宗教与世界》,康乐、简惠美译,桂林:广西师范大学出版社,2004 年。

韦伯:《宗教社会学》,康乐、简惠美译,桂林:广西师范大学出版社,2005 年。

韦尔南:《神话与政治之间》,余中先译,北京:三联书店,2001 年。

韦尔南:《希腊思想的起源》,秦海鹰译,北京:北京大学出版社,2012 年。

文德尔班:《哲学史教程》,罗达仁译,北京:商务印书馆,1997 年。

沃尔克:《基督教会史》,孙善玲、段琦、朱代强译,北京:中国社会科学出版社,1992 年。

沃格林:《政治观念史稿:希腊化、罗马和早期基督教》,谢华育译,上海:华东师范大学出版社,2007 年。

吴飞:《心灵秩序与世界历史》,北京:三联书店,2013 年。

希林、梅勒:《社会学何为?》,李康译,北京:北京大学出版社,2009 年。

西美尔:《货币哲学》,陈戎女等译,华夏出版社,2002 年。

西美尔:《金钱、性别、现代生活风格》,顾明仁译,上海:学林出版社,2000 年。

西美尔:《生命直观:先验论四章》,刁承俊译,三联书店,2003 年。

西美尔:《宗教社会学》,曹卫东译,上海:上海人民出版社,2003 年。

徐凤林:《俄罗斯宗教哲学》,北京:北京大学出版社,2006 年。

雪莱:《基督教会史》,刘平译,北京:北京大学出版社,2004 年。

亚里士多德:《形而上学》,吴寿彭译,北京:商务印书馆,1996 年。

亚历山大:《新功能主义及其后》,彭牧等译,南京:译林出版社,2003 年。

詹姆斯:《宗教经验种种》,尚新建译,北京:华夏出版社,2005 年。

外文文献

Abraham, Francis M. *Sociological Thought: From Comte to Sorokin, Marx, Spencer, Pareto, Durkheim, Simmel, Weber, Mannheim*. Bristol, In.: Wyndham Hall Press, 1989.

Anderson, Perry. *Passages from Antiquity to Feudalism*. London: NLB, 1974.

Arendt, Hannah. *Between Past and Future: Six Exercises in Political Thought*. New York: The Viking Press, 1961.

Aristotle. *The Works of Aristotle,* vol. 9. Translated by W. D. Ross, St. George Stock, J. Solomon. Oxford: Clarendon Press, 1925.

Aristotle. *The Works of Aristotle,* vol. 10. Translated by Benjamin Jowett, E. S. Foster, Sir Frederic Kenyon. Oxford: Clarendon Press, 1925.

Atoji, Yoshio. *Sociology at the Turn of the Century: On G. Simmel in Comparison with F. Tonnies, M. Weber and E. Durkheim*. Translated by Y. Atoji, K. Okazawa and T. Ogane. Tokyo: Dobunkan Publishing Co., Ltd., 1984.

Augustine. *Political Writings*. Edited by Ernest Fortin and Douglas Kries. Indianapolis: Hackett, 1994.

Bark, William Carroll. *Origins of the Medieval World*. Stanford, California: Stanford University Press, 1958.

Beck, Ulrich. "The Cosmopolitan State: Redefining Power in the Global Age." *International Journal of Politics, Culture, and Society* 18, no. 3/4 (2005): 151–152.

Beckman, Ludvig. *The Liberal State and the Politics of Virtue*. New Brunswick, N.J : Transaction Publishers, 2001.

Bellah, Robert. *Religion in Human Evolution: From the Paleolithic to the Axial Age*. Cambridge: Harvard University Press, 2011.

——."The Sociology of Religion." In *American Sociology: Perspectives, Problems, Methods*, edited by Talcott Parsons, 214–228. New York, London: Basic Books, Inc., Publishers, 1968.

Berger, Peter and Thomas Luckmann. *The Social Construction of Reality*. London: Penguin Books, 1966.

Berman, Harold J. *Law and Revolution: The Foundation of the Western Legal Tradition*. Cambridge, MA: Cambridge University Press, 1983.

Bird, Colin. *The Myth of Liberal Individualism*. Cambridge: Cambridge University Press, 1999.

Bourdieu, Pierre. *Pascalian Meditations*. Translated by Richard Nice. Stanford,

California: Stanford University Press, 2000.

Bryce, James. *The Holy Roman Empire*. New York: The Macmillan Company, 1901.

Carrete, Jeremy R. *Foucault and Religion: Spiritual Corporality and Political Spirituality.* London and New York: Routledge, 2000.

Casanova, José. *Public Religion in the Modern World.* Chicago: University of Chicago Press, 1994.

Coser, Lewis, ed. *Georg Simmel.* Englewood Cliffs, N.J.: Prentice-Hall, 1965.

Davis, Jennifer, and Michael McCormick, eds. *The Long Morning of Medieval Europe: New Directions in Early Medieval Studies.* Burlington: Ashgate Publishing Company, 2008.

Drozdek, Adam. *Greek Philosophers as Theologians*. Aldershot, England: Ashgate; Burlington, VT, 2007.

Dyson, R. W. *Natural Law and Political Realism in the History of Political Thought.* New York: P. Lang, 2005.

Engeman, Thomas, and Michael P. Zuckert. *Protestantism and the American Founding.* Notre Dame, Ind.: University of Notre Dame Press, 2004.

Epstein, Steven A. *An Economic and Social History of Later Medieval Europe, 1000-1500.* Cambridge. New York: Cambridge University Press, 2009.

Fergusson, David. *Church, State and Civil Society*. Cambridge: Cambridge University Press, 2004.

Foucault, Michel. *Power/Knowledge: Selected Interviews and Other Writings 1972-1977.* Edited by Colin Gordon. New York: Pantheon Books, 1980.

——. "Technologies of the Self." In *Technologies of the Self: A Seminar with Michel Foucault*, edited by L.H.Martin, 16–49. London: Tavistock, 1988.

——. *The Courage of Truth*. Translated by Graham Burchel. London: Palgrave Macmillan, 2011.

——. *The Hermeneutics of the Subject*. Edited by Frederic Gros. Translated by Graham Burchel. New York: Palgrave Macmillan, 2005.

Frank, Joseph. *Dostoevsky: The Mantle of the Prophet, 1871-1881*. Princeton, N.J.: Princeton University Press, 2002.

Frisby, David. *Georg Simmel*. London: Routledge, 2002.

——. *Georg Simmel: Critical Assessments*. London: Routledge, 1994.
——. *Sociological Impressionism: A Reassessment of Georg Simmel's Social Theory*. London: Routledge, 1992.
Furseth, Inger, and Pal Repstad, *An Introduction to the Sociology of Religion: Classical and Contemporary Perspectives*. Burlington, VT: Ashgate, 2006.
Geertz, Clifford. *The Interpretation of Cultures*. New York: Basic Books, Inc., Publishers, 1973.
Gentile, Emilio. *Politics as Religion*. Translated by George Staunton. Princeton: Princeton University Press, 2006.
Ghatak, Seran, and Andrew Stuart Abel. "Power/Faith: Governmentality, Religion, and Post-Secular Societies." *International Journal of Politics, Culture, and Society* 26, no. 3 (2013): 217–235.
Heidegger, Martin. *Identität und Differenz, Martin Heidegger Gesamtausgabe*. Bd. 11. Frankfurt am Main: Vittorio Klostermann GmbH, 2006.
Helle, Horst Jürgen. *Georg Simmel: Einführung in seine Theorie und Methode*. München: Oldenbourg, 2001.
Hubben, William. *Dostoevsky, Kierkegaard, Nietzsche, and Kafka: Four Prophets of Our Destiny*. New York: Collier Books, 1962.
Johansson, Thomas. *Social Psychology and Modernity*. Buckingham & Philadelphia: Open University Press, 2000.
Kaern, Michael, and Bernard S. Phillips, eds. *Georg Simmel and Contemporary Sociology*. Dordrecht: Kluwer Academic Publishers, 1990.
Kaufmann, Walter. *Existentialism, Religion, and Death: Thirteen Essays*. New York: New American Library, 1976.
Kelly, Mark G. *The Political Philosophy of Michel Foucault*. New York: Routledge, 2009.
Kracauer, Siegfried. *The Mass Ornament: Weimar Essays*. Harvard University, 1995.
Krech, Volkhard. *Georg Simmels Religionstheorie*. Tübingen: Mohr Siebeck, 1998.
Lavrin, Janko. *Dostoevsky: A Study*. New York: The Macmillan Company, 1947.
Levine, Donald N. *Visions of Sociological Tradition*. Chicago: University of

Chicago Press, 1995.

Lossky, Vladimir. *The Mystical Theology of the Eastern Church*. Translated by The Fellowship of St. Alban and St. Sergius. Cambridge: James Clarke & Co., 2005.

Marshall, Gordon. *In Search of the Spirit of Capitalism: An Essay on Max Weber's Protestant Ethic Thesis*. Aldershot: Gregg Revivals, 1993.

Mila, Natalia Canto. *A Sociological Theory of Value: Georg Simmel's Sociological Relationism*. Bielefeld: Transcript, 2005.

Momigliano, Arnaldo. *The Classical Foundations of Modern Historiography*. Berkeley and Los Angeles, California: University of California Press, 1990.

Nisbet, Robert. *The Sociology of Emile Durkheim*. London: Heinemann Educational, 1975.

O'Leary, Timothy, and Christopher Falzon, eds. *Foucault and Philosophy*. Chichester; Malden, MA : Wiley-Blackwell, 2010.

Parsons, Talcott. *The Social System*. London: Routledge & Kegan Paul Ltd., 1964.

Plato. *Plato Complete Works*. Edited by John M. Cooper. Indianapolis, Cambridge: Hackett Publishing Company, Inc., 1997.

Poggi, Gianfranco. *Money and Modern Mind: Georg Simmel's Philosophy of Money*. Berkeley and Los Angeles: University of California Press, Ltd., 1993.

Pyyhtinen, Olli. *Simmel and "The Social"*. New York: Palgrave Macmillan, 2010.

Rajchman, John. *Truth and Eros: Foucault, Lacan, and the Question of Ethics*. London and New York: Routledge, 1991.

Ritzer, George. *Classical Sociological Theory*. New York: McGraw-Hill, 1996.

Robert, Louis Jackson. *Dialogues with Dostoevsky: The Overwhelming Questions*. Stanford: Stanford University Press, 1993.

Roberts, Keith A. *Religion in Sociological Perspective*. Belmont, CA: Wadsworth, 2004.

Scaff, Lawrence A. *Fleeing the Iron Cage*. Berkeley: University of California Press, 1989.

Schall, James V. *At the Limits of Political Philosophy*. Washington, D. C.: The Catholic University of America Press, 1996.

Scheler, Max. *Ressentiment*. Translated by Lewis B. Coser & William W.

Holdheim. Milwaukee Wisconsin: Marquette University Press, 1994.

Scott, John. *Fifty Key Sociologists:The Contemporary Theorists*. New York : Routledge, 2007.

Shestov, Lev. *Dostoevsky, Tolstoy and Nietzsche*. Translated by Spencer Roberts. Ohio: Ohio University Press, 1969.

Simmel, Georg. *The Conflict in Modern Culture and other Essays*. Translated by K. Peter Etzkorn. New York: Teachers College Press, 1968.

——. *Conflict*. Translated by Kurt H. Wolff. New York: Free Press, 1955.

——. *Essays on Religion*. Edited and translated by Horst Jürgen Helle and Ludwig Nieder. New Haven: Yale University Press, 1997.

——. *Formal Sociology: The Sociology of Georg Simmel*. Edited by Larry Ray. Aldershot, Hants: E. Elgar, 1991.

——. *Gesamtausgabe*. Hrsg. von Otthein Rammstedt. Frankfurt am Main: Suhrkamp, 1988–2017.

——. *On Individuality and Social Forms: Selected Writings*. Edited by Donald N. Levine. Chicago: University of Chicago Press, 1971.

——. *Rembrandt: An Essay in the Philosophy of Art*. Translated and edited by Alan Scott and Helmut Staubmann. New York: Routledge, 2005.

——. *Simmel on Culture: Selected Writings*. Edited by David Frisby and Mike Featherstone. Thousand Oaks, CA: Sage Publications, 1997.

——. *Soziologie: Untersuchungen über die Formen der Vergesellschaftung*. München: Duncker & Humblot, 1923.

——. *The Philosophy of Money*. Edited by David Frisby. Translated by Tom Bottomore and David Frisby. London; New York : Routledge, 1990.

——. *Georg Simmel on Women, Sexuality, and Love*. Translated by Guy Oakes. New Haven: Yale University Press, 1984.

Skoll, Geoffrey R. *Social Theory of Fear: Terror, Torture, and Death in a Post-Capitalist World*. New York: Palgrave Macmillan, 2010.

Stark, Werner. "The Place of Catholicism in Max Weber's Sociology of Religion." *Sociological Analysis* 29, no. 4 (1968): 202–210.

Swartz, David. "Bridge the Study of Culture and Religion: Pierre Bourdieu's Political Economy of Symbolic Power." *Sociology of Religion* 57, no. 1 (1996):

71-85.

Taylor, Charles. *Sources of the Self: The Making of the Modern Identity*. Cambridge: Harvard University Press, 2001.

Thompson, Ken. *Emile Durkheim: Revised Edition*. New York: Routledge, 2002.

Turner, Bryan S., ed. *The New Blackwell Companion to The Sociology of Religion*. Malden: Wiley-Blackwell, 2010.

Turner, Bryan S. *Religion and Social Theory*. London: SAGE Publication Ltd., 1991.

Voegelin, Eric. *The Collected Works of Eric Voegelin*. Vol. 15, *The World of the Polis*, edited by Athanasias Moulakis. Columbia and London: University of Missouri Press, 2000.

Wallace, Ruth, and Alison Wolf. *Contemporary Sociological Theory: Expanding the Classical Tradition*. New Jersey: Prentice Hall, 1999.

Weber, Max. *Economy and Society. Volume 1*. Edited by Guenther Roth and Claus Wittich. Berkeley, Los Angeles, and London: University of California Press, 1978.

Williams, Bernard. *Shame and Necessity*. Berkeley: University of California Press, 1993.

Winroth, Anders. *The Making of Gratian's Decretum*. Cambridge: Cambridge University Press, 2000.

Wolf, Eric, and Sydel Silverman. *Pathways of Power*. Berkeley, Los Angeles, London: University of California Press, 2001.

图书在版编目(CIP)数据

圣俗之间：从韦伯到福柯 / 邵铁峰著. — 北京：商务印书馆，2022
ISBN 978-7-100-20680-8

Ⅰ. ①圣… Ⅱ. ①邵… Ⅲ. ①宗教社会学－研究 Ⅳ. ①B920

中国版本图书馆CIP数据核字(2022)第025203号

权利保留，侵权必究。

圣俗之间：从韦伯到福柯

邵铁峰 著

商 务 印 书 馆 出 版
（北京王府井大街36号　邮政编码100710）
商 务 印 书 馆 发 行
艺堂印刷（天津）有限公司印刷
ISBN 978-7-100-20680-8

2022年11月第1版　　开本 710×1000　1/16
2022年11月第1次印刷　印张 13
定价：75.00元